Qualitätsmanagement im Bildungswesen

Karl L. Knispel M. A., war langjähriger Leiter der Produktentwicklung eines führenden mittelständischen Bildungsanbieters. Er verantwortete die Umsetzung der Unternehmensstrategie Blended Learning, das Qualitätsmanagement der Bildungsangebote sowie den Aufbau einer Online-Akademie. Als Bereichsleiter in einem wissenschaftsnahen Bildungs- und Forschungsinstitut an der Universität Oldenburg realisierte er ein internetgestütztes Qualifizierungssystem für Lehrkräfte im In- und Ausland. Derzeit ist er in einem Großhandelsunternehmen verantwortlich für die Entwicklung und den weltweiten Rollout von E-Learning-Programmen und virtuellen Bildungsangeboten. Von 2005 bis 2008 war er Mitglied der Zertifizierungskommission des TeleCoach der Wirtschaft®, TeleCoach International®, TeleTutor® und TeleTeacher® in Deutschland, Österreich und der Schweiz. Seine Arbeitsschwerpunkte sind Bildungsmanagement, Prozess- und Qualitätsmanagement, E-Learning und Wissensmanagement.

Karl L. Knispel

Qualitätsmanagement im Bildungswesen

Ansätze, Konzepte und Methoden für Anbieter von E-Learning- und Blended Learning-Qualifizierungen

Waxmann 2008
Münster / New York / München / Berlin

Bibliografische Informationen der Deutschen Nationalbibliothek
Die Deutsche Nationalbibliothek verzeichnet diese Publikation in der Deutschen Nationalbibliografie; detaillierte bibliografische Daten sind im Internet über http://dnb.d-nb.de abrufbar.

ISBN 978-3-8309-1994-0

www.waxmann.com
info@waxmann.com

Umschlaggestaltung: Christian Averbeck, Münster
Umschlagfoto: www.photocase.com
Druck: Hubert & Co., Göttingen
Gedruckt auf alterungsbeständigem Papier, säurefrei gemäß ISO 9706

Vorwort

Glaubt man den Medienberichten der letzen Jahre, so liegt unser deutsches Bildungssystem zerstört am Boden. Nachhaltige Lernergebnisse seien bei Schülern, Studierenden und bei Erwachsenen lediglich Zufallserscheinungen. Die Negativnachrichten reißen nicht ab. Ob PISA-Schock und die damit verbundene Auffassung, dass unsere Kinder immer dümmer werden, oder Klagen über das ineffiziente Schulsystem einschließlich überforderter Lehrer; ob Eskalation der Gewalt an den Schulen oder das bürokratische Hochschulsystem mit seinem großen Reformbedarf; ob mangelnde Sinnhaftigkeit bei den Lerninhalten in der Erwachsenenbildung und fehlende Qualitätskontrollen in der öffentlich geförderten Weiterbildung – allerorten werden schlechte Leistungen in unserem Bildungswesen konstatiert. Und doch scheint der „Patient Bildung" alles andere als tot. Er lebt und zeigt Aktivitäten, die vielleicht Anlass zur Hoffnung auf Besserung geben. Welcher Art sind diese Aktivitäten? Sind vielleicht Initiativen und Konzepte darunter, die sich genauer anzuschauen lohnt? Von Politik und Verwaltung hören wir seit Jahren unisono die Forderung: Lernleistungen müssen sich verbessern. Schülerinnen, Schüler und Studierende müssen besser auf die Arbeitswelt von morgen vorbereitet werden. Ebenso muss die betriebliche und berufliche Fort- und Weiterbildung effizienter und effektiver gestaltet werden. Die Exzellenzinitiative der Bundesregierung hat Schlagzeilen gemacht, eignet sich jedoch als Leuchtturmprojekt nicht für die Reformanregung der breiten Masse der Universitäten. Schulbehörden stellen nach dem PISA-Schock die Lehrpläne auf verbindliche Bildungsstandards um und etablieren so genannte Qualitätsprüfungen an den Schulen. Ein erster Versuch, nicht nur die Lernleistungen der Schüler, sondern auch das Umfeld einer Bildungsanstalt, die Rahmenbedingungen und Prozesse einer Bewertung zu unterziehen. Gleiches gilt für viele Institutionen der Erwachsenenbildung. Jedoch werden oftmals die betroffenen Lehrkräfte und Dozenten bei der Umsetzung allein gelassen. Was bedeutet Qualität in der Bildung? Was bedeutet Qualitätsmanagement im Bildungswesen? Welche Rolle kommt einer Messung und Steuerung von einem solch diffusen Konstrukt wie „Qualität" zu? Und was bedeutet es, dieses Konstrukt in komplexen Lehr-/Lernarrangements wie z. B. E-Learning-Szenarien, Blended Learning- oder Online-Bildungsangeboten zu transferieren? Welche bewährten Ansätze des Qualitätsmanagements und welche praktischen Umsetzungshilfen gibt es in diesem Bereich? Antworten auf diese Fragen versucht das vorliegende Handbuch zu geben. Nach der Lektüre hat der Leser ein umfassendes Verständnis über das Qualitätsmanagement im Bereich des Bildungswesens und ist in der Lage, unterschiedliche Ansätze und Konzepte zu bewerten und die beste Methode hinsichtlich ihrer Eignung auf die individuelle Situation seiner Bildungsorganisation oder seines Unternehmens zu adaptieren.

Das vorliegende Buch ist im intensiven fachlichen Diskurs mit Wissenschaftlern und Bildungsverantwortlichen aus Hochschulen, Schulen, Bildungsanbietern und Unternehmen entstanden. An erster Stelle bedanke ich mich bei Prof. Dr. Dr. h. c. Hans Kaminski für den intensiven fachlichen Austausch hinsichtlich der Etablierung internetgestützter Studiengänge im deutschen Hochschulwesen und für die vielen Gespräche über die „Qualität" von Bildung. Großer Dank gebührt weiterhin Prof. Dr. Dr. Dieter Millner für die fruchtbare Zusammenarbeit in Fragen des Qualitätsmanagements und zum Bildungsbedarf im Gesundheitswesen. Dr. Oliver Kamin danke ich für zahlreiche intensive Gespräche und Anregungen zur Prozessgestaltung und -optimierung von Bildungsangeboten sowie zur Mehrfachverwendung und Modularisierung von E-Learning-Materialien in komplexen Lehr-/Lernarrangements. Bei meinem ehemaligen Arbeitgeber, der WBS Training AG, bedanke ich mich für die Chance, aktiv am Aufbau eines nachhaltigen Qualitätsmanagementsystems mitzuwirken sowie für die Nutzungsmöglichkeit von Dokumenten zum Qualitätsmanagement. Dr. Kloppenburg möchte ich für sein wertvolles Feedback danken, Beate Plugge für die professionelle Betreuung bei der Manuskriptbearbeitung und ebenso bedanke ich mich bei meiner Familie, die mich im gesamten Entstehungsprozess der Publikation unterstützt hat.

Oldenburg, 31. März 2008

Karl L. Knispel

INHALT

EINLEITUNG

Gibt man in die Suchmaske eines bekannten Online-Buchversandhandels den Begriff „Qualitätsmanagement" ein, werden als Ergebnis 2.007 Artikel angezeigt. Da mag sich der Leser fragen: „Noch ein Buch zu diesem Thema, muss das denn sein?" Schaut man sich aber die verfügbaren Publikationen zum Thema Qualitätsmanagement im Bildungssektor mit spezieller Ausrichtung auf E-Learning an, wird ein völlig anderes Bild gezeichnet. Ein fundiertes Grundlagenwerk, welches die aktuellen Entwicklungen in diesem Bereich zusammenfasst und praxisrelevant aufarbeitet, ist seit langem überfällig.

Qualitätsmanagement hat sich in den letzten Jahren zu einem Trendthema im Bildungsbereich entwickelt. Es gibt kaum ein Unternehmen in diesem Sektor, welches nicht mit einem Qualitätszertifikat, einem geprüften System zur Qualitätssicherung oder einem Qualitätssiegel um Aufmerksamkeit beim Kunden wirbt. Ob kurze Fortbildungen in Onlineform, Präsenzseminare im Weiterbildungsbereich oder komplexe und zertifizierte Studiengänge an Fach- und Hochschulen: Überall ist eine vermehrte Sensibilisierung für die Themen Hochwertigkeit der Angebote, Kundenzufriedenheit, Qualität und Zertifizierung zu vernehmen. Die Gründe dafür sind äußerst vielfältig. Die Finanzmittelknappheit öffentlicher Haushalte, der vermehrte Wettbewerbsdruck und die Standortsicherung im nationalen und internationalen Kontext sind dabei nur einige Aspekte. Das Thema Qualität von Bildungsangeboten hat aber auch negative Seiten: Viele Qualitätssiegel existieren in Konkurrenz zueinander, Beratungsfirmen favorisieren oftmals einzelne Ansätze der Qualitätsumsetzung und verhindern damit eine objektive Systemauswahl.

Die aktuelle Situation ist durch eine große Anzahl mehr oder weniger gut dokumentierter Konzepte und Methoden gekennzeichnet. Eine zusammengefasste Darstellung der bestehenden Ansätze in einem sachlogischen Kontext mit kritischer Reflexion der Praxistauglichkeit fehlte bislang völlig. Diesen Umstand zu ändern, ist die Intention des vorliegenden Grundlagenbandes. Damit wendet sich das Buch an Bildungsmanager, Personalentwickler, Qualitätsbeauftragte und Produktmanager von Bildungsanbietern, Dozenten, Online-Tutoren und -Tutorinnen sowie an alle Mitarbeiterinnen und Mitarbeiter in Bildungsdienstleistungsunternehmen, die sich mit dem Thema Qualitätsmanagement im E-Learning befassen wollen oder müssen.

Welches Qualitätssicherungssystem ist das richtige für einen E-Learning-Bildungsanbieter? Welches Konzept eignet sich am besten für eine Adaption auf die organisationsinternen Bedürfnisse? Welche Methoden sollte eine Bildungsorganisation in welcher Form als Ergänzung zu bereits bestehenden Qualitätssicherungsmaßnahmen einsetzen? Wie kann ich als Online-Tutor/in die Qualität meines

Blended Learning-Seminars sicherstellen? Hier sind Hilfen gefragt, die die existierenden und oft divergenten Ansätze und Konzepte transparent machen und damit Entscheidungshilfe leisten hinsichtlich einer Adaptionsmöglichkeit in die eigene Unternehmung.

Wandel der Bildungslandschaft

Warum ist das Qualitätsmanagement von E-Learning-Szenarien so wichtig? Was ist der Unterschied zur Qualitätssicherung in „traditionellen" Bildungsangeboten, sprich in reinen Präsenzseminaren? In den letzten Jahren hat sich die Bildungslandschaft fundamental gewandelt. Ein Grund hierfür ist die Durchdringung aller Geschäftsprozesse mit Informations- und Kommunikationstechnologien, den so genannten IuK-Technologien. Diese Entwicklung hat weit reichende Auswirkungen auf die Umsetzung der Bildungsangebote. Wissensmanagement und Lernen werden in Zukunft zusammenwachsen. Aufgabe des internen Bildungsmanagements in Unternehmen wird nicht mehr nur die Sicherstellung eines optimalen Mitteleinsatzes sein (z. B. Umsetzung von E-Learning), sondern die Ausrichtung und Umsetzung aller zur Aus-, Fort- und Weiterbildung zur Verfügung stehenden Mittel an der Strategie der Organisation (Diesner et al. 2006). Hohe Erwartungen werden dabei an technologiegestützte Qualifizierungsangebote und E-Learning gestellt: Die Anforderungen reichen von kostengünstigen und dennoch qualitativ hochwertigen Produkten, die lernerzentriert und mehrfachverwendbar sind, über standardisierte Angebote, die dennoch individuell einsetzbar sind, deren Erfolg im Rahmen des qualitätssichernden Bildungscontrollings valide mess- und steuerbar ist. Dies sind dabei nur einige Forderungen, denen sich moderne Bildungsangebote in Institutionen und Unternehmen stellen müssen.

Die Praxis jenseits der Versprechungen der Bildungsanbieter sieht jedoch anders aus. Eine umfassende Qualitätssicherung ist noch selten. Gerade bei Blended Learning-Angeboten und Online-Seminaren fehlen z. B. die essentiellen Klammern zwischen Online- und Präsenzphasen, etwa hinsichtlich eines optimalen Einsatzes des betreuenden Bildungspersonals. Lehrerzentrierung und starre Abläufe beherrschen das Bild. Bildungsangebote sind zumeist unflexible Standardangebote oder unwirtschaftliche Speziallösungen, die in ihrer Anlage nicht nachhaltig wertschöpfend und skalierbar sind. Diese Defizite betreffen sowohl den öffentlichen, aber auch Angebote des privatwirtschaftlichen Bereichs und verdeutlichen den Entwicklungsbedarf. Qualitätsmanagement im E-Learning bekommt vor diesem Hintergrund einen essentiellen Stellenwert weit über Qualitätssicherung und Bildungscontrolling hinaus.

Beispiel Weiterbildungsbereich

Viele Marktstudien bestätigen den Trend dieses gravierenden Wandels, z. B. im Weiterbildungsbereich: Erhebungen des Wuppertaler Kreises unter dessen Mitgliedsunternehmen[1] zeigen eine Verstärkung des anhaltenden Trends zu integrierten onlinegestützten und Blended Learning-Angeboten (Wuppertaler Kreis e.V. 2006). Die alten Rollenbilder von Trainern, Dozenten, Lehrern sind für diesen Wandel ungeeignet. Heutzutage werden zusätzlich fundierte Medien- und Coachingkompetenzen benötigt. Die lehrende Berufsgruppe müsse sich als „Qualitätsmanager in Lernprozessen" verstehen und nicht mehr nur als reine Wissensvermittler (Graf 2006).

Weiterbildungsanbieter, die im öffentlich geförderten Bereich tätig sind, sehen sich außerdem einem verstärkten externen Druck zur Einführung eines Qualitätsmanagementsystems für ihre E-Learning-Angebote ausgesetzt. So vergibt die Bundesagentur für Arbeit[2] nur noch Aufträge an Weiterbildungsanbieter, die ein zertifiziertes Qualitätsmanagementsystem vorweisen können. Nicht zuletzt durch Instrumente des externen Drucks vom Gesetzgeber ist die Qualitätssicherung der Bildungsangebote ein zentrales Ziel von Qualitätsmanagement bei Bildungsdienstleistungen geworden. Jedoch fehlt bei vielen Konzepten zumeist die Integration von Qualitätsansätzen, die E-Learning und internetgestützte Bildungsangebote im Fokus der Betrachtung haben.

Vor dem skizzierten Hintergrund versucht der vorliegende Grundlagenband eine praxisorientierte Übersichtsdarstellung der gängigsten Qualitätsmanagementsysteme im Bildungssektor zu leisten. Dabei wird vor allem Wert auf Qualitätsansätze, -initiativen, -methoden und -konzepte mit dem Schwerpunkt in Online-, E-Learning und Blended Learning-Angeboten gelegt, um diese transparent zu machen und Adaptionsmöglichkeiten für die Bedürfnisse der eigenen Organisation aufzuzeigen. Dafür sind die Erfahrungen des Autors in leitenden und beratenden Tätigkeiten in Bildungsinstitutionen sowie Erkenntnisse aus Lehrveranstaltungen an Hochschulen im Bereich Organisationsentwicklung und Qualitätssicherung in Bildungsorganisationen eingeflossen.

Kapitel 1 dient als Ausgangsbasis und gibt einen kurzen Überblick in unterschiedliche Auffassungen des Qualitätsverständnisses im Hinblick auf die Spezifik des Konstruktes „Qualität" im Bildungsbereich. Verschiedene Betrachtungsebenen auf Qualitätsaspekte werden grundlegend dargestellt und die Forschungsfelder aktueller Qualitätsforschung werden im Überblick dargelegt. Weiterhin wird auf die zen-

1 Der Wuppertaler Kreis besteht aus einem Zusammenschluss von Bildungsinstituten, die zusammen 8.500 Mitarbeiter, 35.000 Dozenten beschäftigen und 1 Mrd. Umsatz generieren.

2 Weiterbildungsetat 2006 3,8 Mrd. EUR, Handelsblatt Nr. 026 vom 06.02.07, S. 5.

trale Rolle verschiedener Akteure mit unterschiedlichen Ansprüchen an Qualität eingegangen. Im Mittelpunkt stehen hierbei die lernerzentrierte Qualitätsorientierung und die Qualitätserwartungen der E-Lerner.

Kapitel 2 umreißt die Konzeption unterschiedlicher Qualitätsmanagementansätze sowie die grundlegenden Funktionen, Aufgaben und den zu erwartenden Nutzen von Qualitätsmanagement. Abgeschlossen wird das Kapitel mit einer Bewertung der Qualitätsansätze hinsichtlich ihrer Eignung im Bildungssektor. Kernpunkt ist der Ansatz des Total Quality Managements, einen ständigen Verbesserungsprozess von Qualität auf allen Ebenen zu etablieren.

Aufbauend auf Kapitel 1 und 2 stellt **Kapitel 3** Methoden und Konzepte des Qualitätsmanagements hinsichtlich der Qualitätssicherung in den Fokus der Betrachtung. Wie lassen sich verschiedene Ansätze miteinander kombinieren, um flexibel auf unterschiedliche Qualitätsanforderungen reagieren zu können? Die wichtigsten, für Bildungsanbieter relevanten Qualitätssicherungssysteme werden in diesem Kapitel vorgestellt, bewertet und mit Praxisbeispielen unterlegt.

Welche Qualitätsinitiativen, -ansätze und -konzepte gibt es im Anwendungsfeld E-Learning gestützter Aus-, Fort- und Weiterbildung? Im Zentrum von **Kapitel 4** stehen prozessorientierte, standardumsetzende und systemische Qualitätsansätze, die durch Modelle der DIN, PAS, ISO-Normierungen realisiert werden. Dabei liegt der Blickpunkt der Betrachtung sowohl auf Systemebene – aus Sicht des Qualitätsmanagements, aber auch auf Angebotsebene – der Qualitätssicherung des konkreten Bildungsproduktes. Zum einen erfolgt eine Analyse der wesentlichen Qualitätsinitiativen in diesem Bereich, zum anderen werden die maßgeblichen Qualitätspreise vorgestellt. Abgeschlossen wird das vierte Kapitel mit einer Bewertung der Qualitätsinitiativen.

Neben der Organisation müssen sich auch Trainer, Dozenten und Online-Tutoren verstärkt den Anforderungen eines Qualitätsnachweises ihrer Arbeit gegenüber den Institutionen stellen. **Kapitel 5** wendet sich an alle, die eine Handreichung für die praktikable Qualitätssicherung bei der Durchführung von Online-Seminaren und Blended Learning-Seminaren benötigen. Dabei ist es irrelevant, ob in der Organisation ein Qualitätsmanagementsystem existiert, oder ob die eigenen Aktivitäten den Anstoß zur Implementierung von Qualitätssicherungsaspekten sind. Eigene Qualitätsanstrengungen werden dort erwartet, wo noch keine Qualitätssicherungsmethoden etabliert sind. Hier kann das Bildungspersonal den Anstoß geben und ausschlaggebend für die Einführung von Qualitätssensibilisierungen sein. Dieses pragmatische und handlungsorientierte Qualitätssicherungskonzept wird neu in die

Diskussion um die fehlende pädagogisch-didaktische Qualitätssicherung von E-Learning-Bildungsangeboten eingebracht.

Eine umfassende Darstellung von Qualitätsmanagement im Bildungsbereich kann naturgemäß nur bedingt auf interessante Detailprobleme eingehen. Daher sind im Text bei einzelnen Aspekten Verweise auf weitere Informationsquellen eingearbeitet, bei denen im Bedarfsfall das Wissen vertieft werden kann. Qualitätsmanagement wird zunehmend als eine Führungsmethode und als Strategie für das gesamte Unternehmen, die Organisation oder Institution betrachtet. Damit einher geht das Verständnis, die Erhöhung der „Qualität" eines Bildungsangebotes als systemischen, ganzheitlichen Ansatz und komplexen Prozess mit vielen Wechselwirkungen und Interdependenzen zu verstehen. Diesen Prozessansatz etwas transparenter zu machen, ist ein Ziel des Buches. Es kann damit als Ausgangsmaterial und eine Komponente zum Aufbau eines Qualitätsmanagementsystems benutzt werden.

Der Text folgt, wo immer es möglich ist, den Grundsätzen der sprachlichen Gleichbehandlung der Geschlechter, ohne dabei die Lesbarkeit und das Verständnis zu erschweren. Ist die grammatikalisch männliche Form gewählt, schließt das die weibliche Rollenbezeichnung mit ein.

Lernziele

Durch Bearbeitung dieses Buches erlangen Sie:

- die Fähigkeit zur Beurteilung von Qualitätsmanagementsystemen in Bildungsorganisationen und deren Zielsetzungen
- Sicherheit im Umgang mit Konzepten und Methoden der Qualitätssicherung in den verschiedenen Bildungsbereichen
- Kompetenz in der Wahl angemessener Methoden für unterschiedliche Ziele der Qualitätssicherung
- Kompetenz zur Vermittlung der erworbenen Kenntnisse über Qualitätsmanagement an Dritte
- die Fähigkeit zur Beurteilung von Qualitätsmanagementansätzen und Konzepten im E-Learning-Bereich und bei Blended Learning-Szenarien und deren Zielsetzungen
- Kompetenz zur Auswahl, Adaption und Anpassung der Konzepte an die eigene Organisation

1. Qualität im Bildungsbereich

Bildungsangebote sind eine spezielle Form von Dienstleistungen. Der Dienstleistungssektor hat in den letzten Jahrzehnten einen großen Aufschwung erlebt. Ein Grund hierfür ist die sich ändernde Produktions- und Konsumentenstruktur der Gesellschaft. Immer weniger Menschen sind im produzierenden Industriebereich tätig, immer mehr finden dagegen Arbeit im Dienstleistungsbereich. In einem Zeitraum von 14 Jahren ist der Anteil der arbeitenden Bevölkerung um 11% im Dienstleistungsbereich angestiegen. Obgleich die These vom „Weg in die Dienstleistungsgesellschaft" ob ihrer Gründe umstritten ist (Haller 2005, S. 3ff.) belegen die Zahlen diesen anhaltenden Trend.

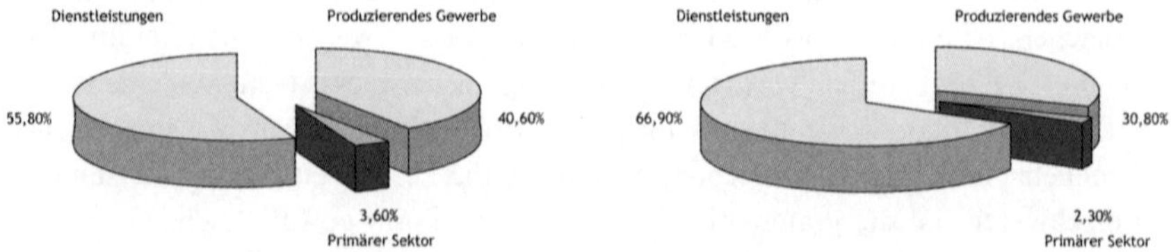

Abbildung 1 Erwerbstätige nach Wirtschaftsbereichen 1990 und 2004
Quelle: Statistisches Bundesamt 2007

Was bedeutet ein so vielschichtiges und schwer fassbares Konstrukt wie „Qualität" in einem Bereich, der sich mit der Bereitstellung einer speziellen Form von Dienstleistungen, in unserem Falle den Bildungsdienstleistungen befasst? Dieses Kapitel des Buches widmet sich dem Versuch, verschiedene Ansätze und Sichtweisen auf „Qualität" vorzustellen. An einer Bildungsdienstleistung sind eine Vielzahl unterschiedlicher Menschen in verschiedenen Rollen beteiligt. Diese haben jeweils ihre spezifische Sichtweise auf „Qualität". Die wesentlichen Interessengruppen in einem E-Learning basierten Bildungsangebot und ihre Qualitätsanforderungen werden benannt. Qualität kann dabei auf verschiedenen Ebenen betrachtet werden: Mit dem Fokus auf der Systemebene können Qualitätsaussagen über das Bildungssystem, die Bildungseinrichtung oder das spezifische Bildungsprodukt getroffen werden. Oder es stehen die Ergebnisse aus der Form der Evaluation im Kern der Betrachtung, je nachdem werden sich auch die Aussagen über Qualität unterscheiden. Auch die Wissenschaft hat sich der Erforschung von Qualitätsfragen von Bildungsdienstleistungen angenommen. Aktuelle Forschungsfelder von Bildungsforschung mit ihren Untersuchungsobjekten werden dargelegt.

1.1 Facetten und Aspekte des Qualitätsbegriffs im Bildungsbereich

Im allgemeinen Sprachgebrauch hat sich der Begriff „Qualität“ mit der Aussage über die Eigenschaften einer Sache oder eines Produktes eingebürgert. Es wird wertend von der „guten“ oder „schlechten“ Qualität eines gekauften Produktes oder einer Dienstleistung gesprochen. Das Wort selbst hat seine Ursprünge in dem antiken Begriff der „qualitas“, die eine eher wertungsfreie Beschreibung der Beschaffenheit eines Gegenstandes bezeichnet. Durch die subjektiven und daher äußerst beliebigen Auffassungen, was denn nun die gute oder schlechte Qualität eines Artefaktes darstellen soll, scheint es daher geboten, sich eines normativen Bezugssystems als Orientierungsrahmen für die Eingrenzung der Begriffsbedeutung zu bedienen. Neben der normativen Perspektive der Qualität spielt aber auch die Betrachtung von Qualität auf differenten Ebenen, der Systemebene und der Betrachtungsebene eine Rolle und umspannt die inhaltliche Perspektive der Qualität. Soll Qualität als Produkt oder als Prozess betrachtet werden, d. h. versteht man Qualität als eher statische Eigenschaft oder als dynamische Kategorie? Die prozessuale Perspektive der Qualität, die sich hinter der dynamischen Kategorie verbirgt, kommt vor allem in der Diskussion um die Qualitätsmanagementsysteme zum Tragen.

Lernziele

Durch Bearbeitung dieses Abschnitts lernen Sie:

- spezifische Ansätze und Sichtweisen auf Qualität im Bildungsbereich kennen
- unterschiedliche Akteure und deren spezifische Qualitätsinteressen kennen
- die Rolle der Produktentwicklung kennen
- verschiedene Betrachtungsebenen auf Qualität kennen
- verschiedene Qualitätsebenen und deren Determinierung auf Aussagen über Qualität kennen
- Untersuchungsgegenstände aktueller Qualitätsforschung im Bildungsbereich kennen

1.1.1 Qualität – Ansätze und Sichtweisen

Am Anfang steht eine Forderung und Hypothese, die fast schon banal klingt, aber dennoch lange nicht selbstverständlich ist: Qualität ist für die Erfolgsaussichten einer Bildungsmaßnahme von entscheidender Bedeutung. Nur ein qualitativ hochwertiges Blended Learning-Seminar oder ein hochwertiger Online-Kurs, durchgeführt von gut ausgebildeten und für die Online-Betreuung der am Kurs Teilnehmenden qualifizierten Online-Dozenten und Online-Tutoren, kann den Erfolg einer Bildungsmaßnahme garantieren. Doch zunächst muss geklärt werden: Was ist überhaupt Qualität in diesem Kontext? Und wie kann man diese sichern oder gar managen? Qualitätssicherung, soll sie nicht Einzelfall und unnachhaltig bleiben, sollte in ein Qualitätsmanagement eingebettet sein und damit institutionalisiert und „gelebt" werden. Bestimmte Grundsätze von Qualitätssicherung werden durch neue Lehr- und Lernformen wie z. B. E-Learning nicht obsolet, sondern es gilt, auf erprobte Konzepte, Modelle und Methoden für Qualitätssicherung auch für Onlinemaßnahmen mit E-Learning-Anteilen zurückzugreifen.

Was ist Qualität? Diese Frage kann gar nicht so leicht und eindeutig beantwortet werden. Qualität ist ein relativer Begriff, der im Spannungsfeld unterschiedlicher Betrachtungsfelder steht. Es gibt die unterschiedlichsten Begriffsverständnisse von Qualität, die aus den jeweils verschiedenen Betrachtungsperspektiven resultieren. Im Folgenden werden die wesentlichen Blickrichtungen des Qualitätsbegriffes, basierend auf den grundlegenden Arbeiten von David A. Garvin (1988) vorgestellt:

Produktbezogene Sichtweise

Die klassische Eigenschaft, der jeder im Alltag begegnet, ist die *produktbezogene Sichtweise*, die Qualität als eine physikalische Eigenschaft von Objekten definiert. Demnach bestimmt sich Qualität als die Eigenschaften und Bestandteile eines Produktes, die jeweils präzise messbar sind.

Bsp.: Ein Kunde kauft ein hochwertiges Buch, was in einem aufwändigen Druckverfahren hergestellt wurde.

Anwenderbezogene Sichtweise

Der *anwenderbezogene Ansatz* betrachtet Qualität aus dem Fokus des Kunden und dessen Nutzerpräferenzen. Höchste Qualität wird hier mit größtmöglicher Gebrauchstauglichkeit eines Produktes gleichgesetzt. Diejenigen Güter und Dienstleistungen, die die individuellen Bedürfnisse und Wünsche am besten befriedigen, werden als qualitativ hochwertig angesehen.

Bsp.: Ein online-basierter MBA-Studiengang[3] soll dem Teilnehmer neben dem Fachwissen ein anerkanntes Abschlusszertifikat einbringen, damit er seine Position am Arbeitsmarkt verbessern kann.

3 MBA steht für Master of Business Administration.

Prozessbezogene Sichtweise

Beim *prozessbezogenen,* auch *fertigungsbezogener Ansatz* genannt, wird vom Herstellungsprozess ausgegangen, indem bestimmte zuvor definierte Qualitätsstandards einzuhalten sind. Demnach definiert sich die Summe der Teilstandards eines Produktes zur Gesamtqualität der Funktionsfähigkeit eines Produktes. Gute Qualität ist somit die Folge einer hochwertigen, alle Anforderungen erfüllenden Arbeit.

Bsp.: Der Bildungsprozess der konkreten Ausgestaltung einer MBA-Ausbildung von der Anmeldung, dem Zeitpunkt der zu verschickenden Lehrmaterialien, dem Wechsel von Online- und Präsenzphasen, den einkalkulierten Lernzeiten, den Prüfungen bis zur Zeugnisübergabe wird durch ein Qualitätsmanagementsystem komplett abgebildet.

Wertorientierte Sichtweise

Diese, auch *Preis-Nutzen-Ansatz* genannte Perspektive rekurriert auf das Verhältnis von Kosten und Preis. Ein qualitativ hochwertiges Produkt erfüllt eine bestimmte Leistung zu einem akzeptablen Preis bzw. zu akzeptablen Kosten.

Bsp.: Im Gegensatz zu einer wertvollen Buchausgabe soll ein Vorlesungsskript nicht hochwertig und teuer sein, sondern die Ausführungen aus der Lehrveranstaltung begleitend zur Verfügung stellen. Hier wird vor allem auf den Inhalt abgestellt, eigene Aufzeichnungen sollen im Script möglich sein um eine optimale Lernunterlage zu bekommen.

Im Bildungssektor greifen diese Ansätze von Qualitätsverständnis nicht ohne Weiteres, da wir es hier nicht mit einem klassischen Anbieter-Kunde-Verhältnis in einer Dienstleistung zu tun haben, sondern ein so genanntes „Ko-Produzenten-Verhältnis" vorliegt (Fend 2000). D. h. der Kunde – im Regelfall der Lernende – muss selbst aktiv sein und lernen, damit eine Bildungsmaßnahme überhaupt erfolgreich sein kann. Dieser Gedanke entstammt der traditionellen Dienstleistungstheorie, die eine Interaktion zwischen Anbieter und Kunde mittels der beiden Kategorien Produktion und Konsumtion beschreibt. Bildungsdienstleistungen dagegen verlangen die aktive Mitarbeit der Konsumenten in Interaktion mit anderen Akteuren oder Ressourcen im Bildungsprozess. Daher müsse sich die Sichtweise weg vom passiven Rezipienten hin zu einem aktiven Ko-Produzenten mit speziellen Bedürfnissen und Präferenzen und damit verbundener entscheidender Qualitätsrelevanz wandeln (Ehlers 2006) S. 40. Nur durch das Engagement und die Initiative des Lernenden selbst kann der Erfolg des Lernprozesses abhängen (Kamin 2004), S. 156. Dies sei ein fundamentaler Unterschied zum produzierenden Bereich und ein gewichtiger Grund, warum die Adaption des Qualitätsbegriffes auf ein Bildungskonstrukt nicht eins zu eins realisiert werden kann.

Betrachtet man den Bildungssektor, lassen sich fünf verschiedene Bedeutungszusammenhänge von Qualität identifizieren:

Qualität als Ausnahme

In diesem Qualitätsverständnis wird von der Einhaltung und dem Übertreffen von Qualitätsstandards ausgegangen. Es ist am ehesten mit dem traditionellen Qualitätsverständnis, das uns auch im Alltagsleben begegnet, verhaftet. Implizit schwingt hier der Gedanke von „Exklusivität" durch Übererfüllen auf. Ebenso die Annahme, dass man Qualität durch Standards messen und objektivieren kann.

Qualität als Perfektion

Hier wird der Zustand der Fehlerlosigkeit beschrieben. Nicht mehr die Übererfüllung von Standards, sondern Qualität durch das Einhalten von Spezifikationen, d. h. detaillierten Beschreibungen von Qualitätskriterien wird angestrebt. Fehlerkontrolle zum Eliminieren fehlerhafter Resultate steht nicht im Mittelpunkt, sondern diese Fehler erst gar nicht entstehen zu lassen. Bei diesem Ansatz sind alle an der Durchführung des Bildungsangebotes beteiligten Mitarbeiter involviert und verantwortlich.

Qualität als Zweckmäßigkeit

Der Grad der Nützlichkeit, die kontextgebundene Zweckerfüllung, steht im Mittelpunkt des dritten Ansatzes. Zur Beurteilung der Qualität einer Bildungsdienstleistung ist bei diesem Ansatz die Betrachtungsperspektive von ausschlaggebender Bedeutung. Bei einem lernerzentrierten und kundenorientierten Qualitätsverständnis sollte dabei immer vom Kundennutzen als Qualitätsfaktor ausgegangen werden.

Qualität als adäquater Gegenwert

Die Korrelation zwischen Qualität und ihrem adäquaten Gegenwert leitet sich von der Vorstellung ab, dass die Zahlungsbereitschaft der Kunden ihre individuellen Erwartungen widerspiegelt (value for money). Problematisch an diesem Verfahren, die Qualitätsregelung allein von Markt und Konkurrenz abhängig zu machen ist, dass hierbei den Anbietern von Bildungsmaßnahmen selbst die alleinige Qualitätshoheit überlassen wird.

Qualität als Transformation

Der Schlüsselbegriff einer transformativen orientierten Qualitätsauffassung lautet Empowerment. Im Gegensatz zur Leistungserbringung durch einen „klassischen“ Dienstleistungsanbieter wird bei Bildungsanbietern davon ausgegangen, den Kunden zu befähigen, selbstständig am Ergebnis mitzuwirken, seine Selbstorganisation zu stärken, kurz ihn zu entwickeln. Diese Stärkung des Kunden soll im Sinne einer besseren Umsetzung des o. g. Ko-Produzenten-Verhältnisses erfolgen. Gerade bei E-Learning gestützten Bildungsmaßnahmen oder Maßnahmen mit Online-Anteilen liegt die qualitative Herausforderung darin, die Selbstorganisations- und Selbstlernfähigkeiten zu stärken. Damit stellt die transformative Qualitätsauffassung einen gewissen Gegenpol zur produktorientierten Qualitätskonzepten dar.

Euler, Seufert und Wirth (Euler et al. 2005) unterscheiden in ihren Untersuchungen zur Qualität in E-Learning-Aus-, Fort- und Weiterbildungsprogrammen vier Perspektiven hinsichtlich der Begriffsbestimmung von Qualität in diesen Settings:

Normative Perspektive

Qualität ist als Konsensfolge von Aushandlungsprozessen im „System“ Bildungsanbieter der beteiligten Interessengruppen zu betrachten. Verschiedene Anspruchsgruppen haben verschiedene Zielvorstellungen von der Ausgestaltung hinsichtlich der Qualität des Bildungsangebotes. So kann in diesen Aushandlungsprozessen ein Qualitätskonsens entweder durch interne selbstgesteckte Qualitätsziele erlangt werden, oder man verständigt sich auf die Adaption von externen Qualitätsnormen eines bereits etablierten Qualitätsmanagementsystems, etwa der DIN ISO 9001:2000 (siehe Abschnitt 3.1). Hier sind auch Mischformen denkbar (zu den unterschiedlichen beteiligten Anspruchs und Interessengruppen siehe die Ausführungen im nächsten Abschnitt). Die bereits vorgestellten Bedeutungszusammenhänge von Qualität sind in dieser so genannten *normativen Ebene* der Qualitätsdiskussion im Bildungsbereich zu verorten.

Subjektive Perspektive

Qualität wird schlussendlich immer durch einen beurteilenden Menschen empfunden, was in jeder Qualitätsaussage eine subjektive Komponente bei der Bewertung von Qualitätskriterien involviert.

Inhaltliche Perspektive

Werden hinsichtlich der Qualitätsbestimmung die gesamte Organisation eines Bildungsanbieters, ein einzelnes Bildungsprogramm oder einzelne Aspekte innerhalb eines Blended Learning-Bildungsangebotes betrachtet? Was ist das Analyseobjekt von Qualität? Diese inhaltliche Unterscheidung hat Auswirkungen auf die Qualitätsaussage. In den Ausführungen zu verschiedenen Betrachtungsebenen im Abschnitt 1.1.5 werden die Überlegungen zur inhaltlichen Perspektive näher ausgeführt.

Prozessuale Perspektive

Ist das Analyseobjekt identifiziert und ist die inhaltliche Dimension der Qualitätsbetrachtung eingegrenzt, kann eine einmal getroffene Qualitätsbewertung dennoch nicht als „gesetzt" angenommen werden, sondern ist als ein veränderliches Konstrukt über einen Zeitverlauf (z. B. eines Bildungsprozesses) anzusehen. Weiterhin setzt sich Qualität aus den Eingangsgrößen, aus umformenden Prozessgrößen und aus der Qualität der Resultate zusammen. Hierfür hat sich das Input-Prozess-Output-Modell etabliert, welches in den Ausführungen im Abschnitt 1.1.4 „Qualität – vom Input zum Output" näher ausgeführt wird.

1.1.2 Unterschiedliche Interessengruppen

Im Bildungssektor finden wir unterschiedliche Interessengruppen vor, die jeweils ihren eigenen Fokus auf Qualität haben, ihre jeweils individuellen Wahrnehmungen auf und Anforderungen an die Qualität einer Bildungsmaßnahme haben. Diese können sich dabei durchaus widersprechen. Da ist zunächst das Unternehmen, die Institution oder Organisation, welche entweder als Anbieter oder Abnehmer einer Bildungsmaßnahme auftreten. Wir identifizieren weiterhin Dozenten und Online-Tutoren, die ein Blended Learning Angebot betreuen. Kursleitung, Personalverantwortliche und Entscheider legen die Rahmenbedingungen des Ablaufes der Bildungsmaßname innerhalb der Organisation fest. Autoren sind für die Erstellung hochwertiger E-Learning-Materialien - dem Content - verantwortlich. Programmierer und Mediendidaktiker sorgen für die elektronische Aufbereitung und die systemseitige Umsetzung in einem Learning Management System (LMS) oder einem Content Management System (CMS). Administratoren stellen die Integration in die bestehende IT-Infrastruktur der Unternehmung sicher, Organisations- und Verwaltungspersonal ist für den elektronischen Workflow des Kunden verantwortlich. Schlussendlich sind die Lernenden selbst als Endkunden zu benennen, die ihre eigenen divergierenden Qualitätsvorstellungen haben. Alle Partikularinteressen dieser Akteure „unter einen Hut" (Goertz, Johanning 2004, S. 83) zu vereinen ist unmöglich, da ihnen jeweils unterschiedliche Blickwinkel, Auffassungen und Qualitätsverständnisse immanent sind.

Akteure in einem Online-Szenario

Die Akteure, die in einem Online-Lernarrangement, einem Blended Learning bzw. einem E-Learning gestützten Bildungsszenario beteiligt sind, sind in Abbildung 2 dargestellt.

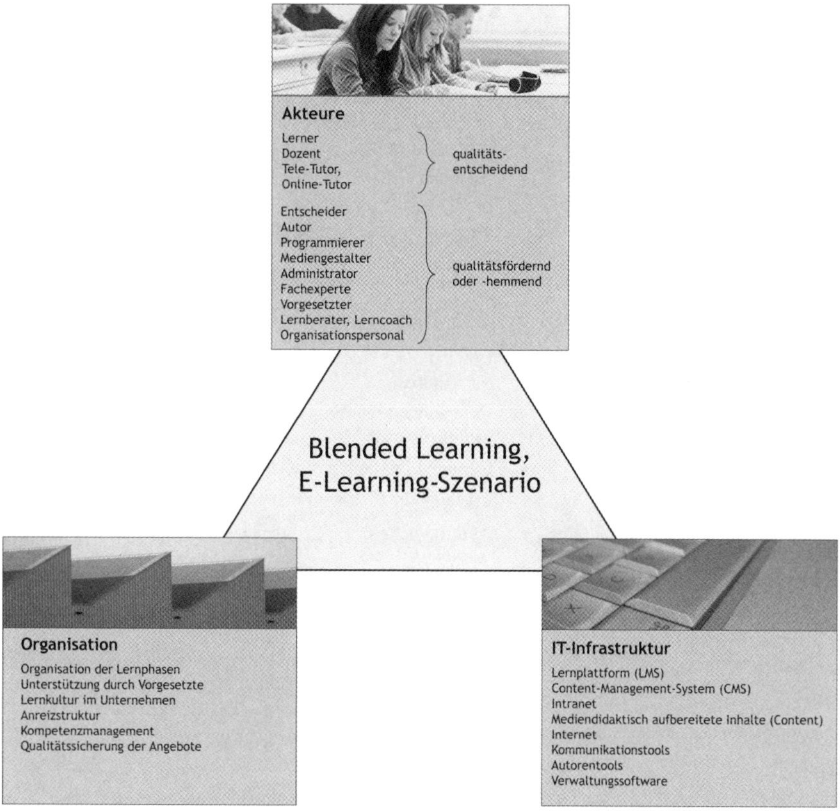

Abbildung 2 Einflussfaktoren für die Qualität eines Bildungsangebotes

Die Akteure finden sich als Beteiligte eines Bildungsangebotes in einem systemisch interagierenden Zusammenhang (dem Bildungsprozess) wieder. Alle verfolgen hierbei Partikularinteressen, haben unterschiedliche und subjektive Prioritäten und damit einhergehende verschiedene Blickwinkel und Qualitätsverständnisse. Die folgende Tabelle listet eine Auswahl an unterschiedlichen Bedürfnissen der drei qualitätsentscheidenden Rollenträger auf, ohne dabei Anspruch auf Vollständigkeit erheben zu wollen.

Tabelle 1 Subjektive Qualitätsansprüche an ein Bildungsangebot

Rollenträger	Qualitätsanspruch
• Lerner	• Gutes Lernergebnis, wirksame Wissensvermittlung • Coaching und Reflexionshilfe beim Lernprozess • Faires Verhalten und objektive Leistungsbeurteilung • Schnelles Feedback • Leichter Zugang zur Lernumgebung, Optische Gestaltung, Inhaltsstruktur, Benutzerführung • Auswahl der Lehrmethoden • Anerkanntes Zertifikat • Praxisrelevanz • Anpassung an Vorkenntnisse • …
• Dozent, Trainer	• Unterstützung der Lehrtätigkeit durch einfache Verteilung der Informationen • Unterstützung und Arbeitserleichterung durch die Arbeit des Tutoren • Unterstützungsstrukturen durch die Organisation, Abnahme der Verwaltungstätigkeiten • Geringe Einarbeitungszeit • Erkennbarer Mehrwert und Nutzwert der neuen Lernform • Auftragssicherung, Arbeitsplatzsicherung[4] • …
• Online-Tutor, Tele-Tutor	• Einfach zu bedienendes LMS/CMS • Unterstützung der eigenen Arbeit durch sinnvolle und zeitsparende Techniktools • Schneller Zugriff auf alle relevanten Informationen • Gute Zusammenarbeit mit dem Dozenten • Aktive, kommunikative und mitarbeitende Teilnehmer/innen • Unterstützungsstrukturen durch die Organisation, Abnahme der Verwaltungstätigkeiten • Gute und qualitativ hochwertige Lehrmaterialien (Content) • …

Diese Liste ließe sich beliebig erweitern. Ersichtlich wird daraus, dass sich die Bedarfe aus unterschiedlichen Themenkreisen speisen und mischen. Bereiche wie

4 Das Merkmal Arbeitsplatzsicherung und Auftragssicherung gilt nur für Dozenten und Trainer in der Wirtschaft. Für verbeamtete Lehrkräfte und Dozenten an Hochschulen gilt dieses Kriterium nur eingeschränkt.

Verwaltung und Organisation, Inhalte, Methodik, Didaktik, Technik, Sozialstruktur stehen nebeneinander im Qualitätsverständnis der Akteure.

Die Heterogenität, Widersprüchlichkeit und Divergenz der Interessen und des Qualitätsverständnisses kann bei fehlerhaftem Management des Bildungsangebotes und durch mangelhafte Produktentwicklung „Zielkonflikte“ in E-Learning-Projekten verursachen, die bis zum Scheitern eines Projekts führen können (Goertz, Johanning 2004) S. 88 ff. Zur Lösung dieser Zielkonflikte schlagen Ehlers und Goertz u. a. vor, in einem gemeinsamen Entscheidungs- und Aushandlungsprozess hinsichtlich der Qualitätskriterien alle Beteiligte (Stakeholder[5]) im Entscheidungsfindungsprozess einzubinden, die Lernzeiten gemeinsam zu regeln, monetäre Anreize zur E-Learning-Förderung zu schaffen sowie die Qualitätskriterien selbst gemeinsam auszuhandeln (Ehlers 2006; Goertz, Johanning 2004). Diese Maßnahmen sind vor allem bei der Angebotsstruktur von Weiterbildungsunternehmen, in der Personalentwicklung, in Business Schools etc. nicht oder wenig praktikabel. Es muss also über andere Wege und Methoden nachgedacht werden, wie ein qualitativ hochwertiges Bildungsangebot realisiert werden kann.

Verschiedene Studien zur Nutzerakzeptanz eines E-Learning-Angebotes haben gezeigt, dass die betreuenden Funktionen, die Trainer, Dozenten, Online-Tutoren, Lerncoaches ausüben, erfolgs- und qualitätsentscheidend für eine erfolgreiche Bildungsmaßnahme sind (Seufert et al. 2007; Ojstersek 2007; Michel 2006; Knispel 2005; Mandl, Bürg 2004; Bundesinstitut für Berufsbildung 2004). Für einen Lernenden stellt sein Online-Tutor – wenn es nicht organisatorisch anders gelöst ist – zugleich Berater, Coach, Betreuer und Motivator in einer Person dar. Deshalb liegt jedem Qualitätsansatz, der im vorliegenden Buch diskutiert wird, folgende These zugrunde:

> Für den Erfolg internetgestützter Lehr-/Lernszenarien sind das betreuende Lehrpersonal und dessen Umgang und Erfahrungen mit virtuellen Lernformen von zentraler Bedeutung. Der Online-Tutor ist das entscheidende Erfolgs- und Qualitätskriterium.

1.1.3 Die Rolle der Produktentwicklung

Die Produktentwicklung von Bildungsangeboten ist ein Bereich, der in der Forschung seit Jahren fast vollständig ausgeblendet wird. In der Praxis der Bildungsdienstleistungsunternehmen ist die Produktentwicklung jedoch zentral. Produktentwicklung ist dem eigentlichen Bildungsprozess immer vorgelagert. Die Qualität eines Bildungsproduktes ist abhängig von der im Produktentwicklungsprozess vorgesehenen Qualitätsparameter und Eingriffsgrößen auf die Änderungen eines Bil-

5 Als Stakeholder (Anspruchsberechtigte) eines Bildungsdienstleistungsunternehmens gelten die Kunden, die Auftraggeber, die Mitarbeiter, die Manager, Kooperationspartner und Lieferanten.

dungsproduktes (z. B. neue Lehrmaterialien, Methodeneinsatz, Virtualität des Angebotes u. s. w.). Der Entwicklungsprozess, auch Designprozess genannt, bekommt damit auch im Qualitätsmanagement vieler Bildungsanbieter zunehmend höhere Bedeutung und den Status eines eigens ausgestalteten Ablaufprozesses zugewiesen. Damit sollen Innovationen, Änderungen, Adaptionen an andere neue Kontexte und Zielgruppen, Rückflüsse von Informationen aus Evaluationen bereits in der Entwicklung des Produktes und nicht erst in der Phase seiner Veränderungen wirksam werden. Für die Produktentwicklung gilt ebenso wie für das o. g. betreuende Bildungspersonal:

> Für den Erfolg internetgestützter Lehr/Lernszenarien ist die Produktentwicklung der Bildungsangebote von zentraler Bedeutung. Die Ausgestaltung des Angebotes entscheidet über die Akzeptanz und damit den Geschäftserfolg der Unternehmung.

Einerseits sind qualitativ hochwertige Bildungsangebote für die Personalabteilungen unabdingbare Voraussetzung für die operative Umsetzung der Geschäftsstrategie und ein Kerngeschäft des Bildungsmanagements.[6] Andererseits besitzen sie aber auch für die extern am Markt unter hohem Wettbewerbsdruck agierenden Bildungsanbieter geschäftskritische und existenzielle Erfolgsrelevanz.

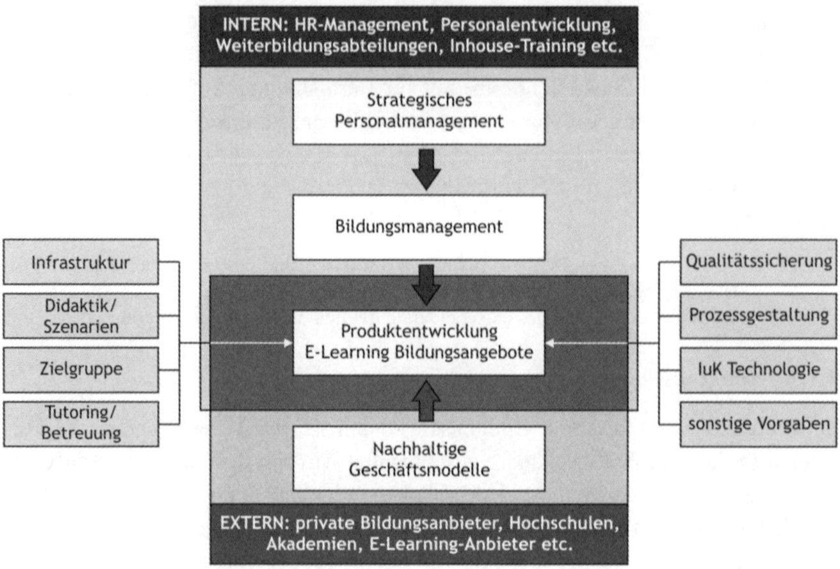

Abbildung 3 Einflussbereiche auf den Produktentwicklungsprozess eines Bildungsangebotes

6 Siehe dazu die Ausführungen in der Einleitung.

Jene Bereiche, die neben den bereits genannten Akteuren und Rollenträgern innerhalb des Produktentwicklungsprozesses qualitätsentscheidenden Einfluss besitzen, soll Abbildung 3 verdeutlichen.

1.1.4 Qualität – vom Input zum Output

Bildungsprozesse können als dynamische Systeme verstanden werden, in denen aus einem Ausgangszustand durch Transformation ein veränderter Endzustand erreicht werden soll. Die Einzelqualitäten der Ausgangszustände (Inputs) des Transformationsprozesses (Lernprozess) und die Ergebnisse (Outputs) bestimmen also die Gesamtqualität eines Bildungsangebotes. Diese Sichtweise ist mittlerweile Konsens in der Forschungslandschaft (Dubs 2003; Kirkpatrick 2006; Busse, Loebe 2005). Qualitätsmanagementsysteme können und müssen die Betrachtungsperspektive auf alle drei Aspekte richten, wobei vor allem der Output gegenüber dem Input stärker gewichtet ist und eine Prozessanalyse im Vordergrund steht.[7] Das Modell der Qualitätserfassung nach dem Input-Prozess-Output Modell sagt aber prinzipiell nichts über den Grad der Gewichtung der Qualitätsbetrachtung aus. Dies muss im organisationsinternen Einzelfall mit allen Beteiligten erarbeitet werden.

Abbildung 4 Qualitätserfassung nach dem Input-Prozess-Output-Modell

7 Vor allem im deutschen Schulsystem wurde lange Zeit nur der Fokus auf den Input gelegt, ohne den Bezug der daraus resultierenden Outputqualität z. B. in Form des Schülerwissens zu korrelieren. Die PISA-Debatte, die aufgrund der verheerenden Output-Ergebnisse entstand (Baumert, Neubrand 2001), hat hierbei ein langsames Umdenken angestoßen. Qualität soll nunmehr verstärkt am Output/Outcome eines Bildungsangebotes gemessen werden und die Ergebnisse lassen rückwirkend Steuerungsmöglichkeiten der Inputeinflussgrößen zu.

Tabelle 2 Beispiele für Parameter und mögliche Instrumente im Input-Prozess-Output-Modell

INPUT	PROZESS	OUTPUT/OUTCOME
• Qualifikation des Lehrpersonals • Qualität der Unterlagen • Qualität der Lernumgebung • Qualität der Ausstattung und der Infrastruktur • Arbeitsbedingungen • Leistungsfähigkeit der Einrichtung • festgelegte Bildungsstandards • eingesetzte Ressourcen: Technik, Personal… • Qualifikation der Teilnehmer • …	• Vorbereitung, Didaktik/Methodik, Mediennutzung, Lernkontrollen • Zielgruppenadaption • Lernprozess • …	• Ergebnis, Prüfungserfolge • Transfernutzen • Zufriedenheit • Erreichte Kompetenzen • …
Mögliche Instrumente: • Controllinginstrumente: Kennzahlen, Lerntagebücher • Kosten-Nutzen-Analyse • …	Mögliche Instrumente: • Prozessanalyse • Kriterienabgleich • Interviews • QM-Systeme[8] • …	Mögliche Instrumente: • Teilnehmerbefragung • Mitarbeitergespräch • Tests, Prüfungen • Kennzahlen, Leistungsdaten • Transferbeobachtung, Transfermessung • Follow-up-Studien • …

8 QM-System steht für Qualitätsmanagementsystem.

1.1.5 Verschiedene Betrachtungsebenen

Wie in Abschnitt 1.1.1 im Punkt inhaltliche Perspektive des Qualitätsbegriffs bereits angesprochen wurde, ist es für eine Qualitätsbewertung essentiell, auf welcher Ebene das Analyseobjekt der Qualitätsbetrachtung verortet ist. Wird von Qualität in Aus-, Fort- und Weiterbildung gesprochen, bleibt meist offen, auf welcher Ebene die Qualitätsanalyse referenziert ist. Grundsätzlich können zwei Ansätze von Betrachtungsdimensionen unterschieden werden. Zum einen gibt es die Unterscheidung von Qualitätsaussagen auf verschiedenen Systemebenen.

Betrachtung nach Systemebene

Wir unterscheiden die Verortung eines Bildungsangebotes auf der Mikro-, Meso- und Makroebene. Auf dieser „mehrebenenanalytischen" Betrachtung (Dubs 2003) wird auf der Makroebene die gesamte Organisation des Bildungsanbieters als Analyseobjekt von Qualität betrachtet. Die Mesoebene fokussiert das Bildungsangebot und dessen Ausgestaltung, z. B. das gesamtdidaktische Design eines Blended Learning-Kurses. Das schließt die didaktische Intention und die Kurs- respektive Unterrichtsgestaltung ein. Auf der Mikroebene werden die einzelnen Beteiligten des Bildungsangebotes, Komponenten und Elemente wie z. B. eingesetztes Material, E-Learning-Lernmaterialien und elektronische Medien, aber auch die kooperativen und kommunikativen Formen der Wissensgenerierung in einem E-Learning-Szenario beurteilt (Euler et al. 2005 S. 519; Kamin, Knispel 2007b, S. 61 f.)[9]

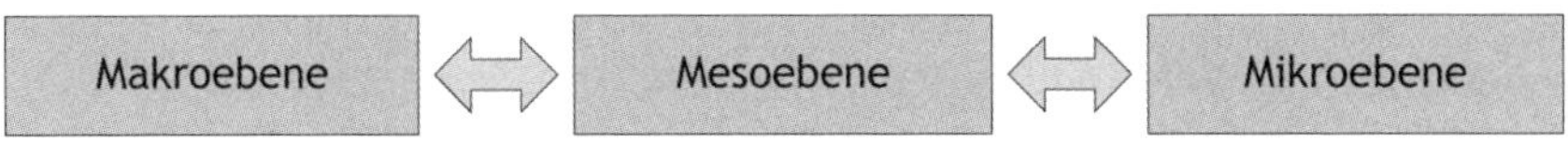

Abbildung 5 Unterschiedliche Systemebenen bei der Qualitätsbetrachtung

Zum anderen unterscheiden wir die Qualitätsbetrachtung nach verschiedenen Evaluationsebenen. Dieser Ansatz hat sich vor allem im Fort- und Weiterbildungssektor etabliert, nicht zuletzt weil er pragmatischer ist und damit eine praxisnähere Umsetzung erfolgen kann.

9 Die Ebenenunterscheidung in Mikro- und Makroebene hat in den neuen Modularisierungskonzepten zur Entwicklung von nachhaltigen anbieterübergreifenden Bildungsprodukten im Zuge der Initiativen zum Lebenslangen Lernen große Bedeutung erlangt. Durch mehrfach verwendbare Modulangebote sollen europaweit durchlässige Bildungswege und individuelle Lernbiografien von der Hochschule über die Fort- und Weiterbildung ermöglicht werden. Dafür ist es notwendig, ein modulares Architekturkonzept für einzelne Bildungsprodukte und deren Kombination zu Bildungsangeboten zu entwickeln. Einzelheiten zu Modulkonzept und Architekturkonzept u. a. hier: Knispel, Kamin 2007.

Betrachtung nach Evaluationsebene

Auf Basis der Analysearbeiten von Kirkpatrick (2006) wird bezüglich der Qualität in folgende Betrachtungsebene unterschieden: Reaktionsebene, Lernerfolgsebene, Transferebene, Resultatebene. Diese vier Ebenen der Qualitätsbetrachtung sind von Schenkel (2000) mit dem Fokus auf der Effizienz und der Kosten-Nutzen-Relation erweitert worden. Abbildung 6 verdeutlicht die Zusammenführung der beiden Betrachtungsmodelle.

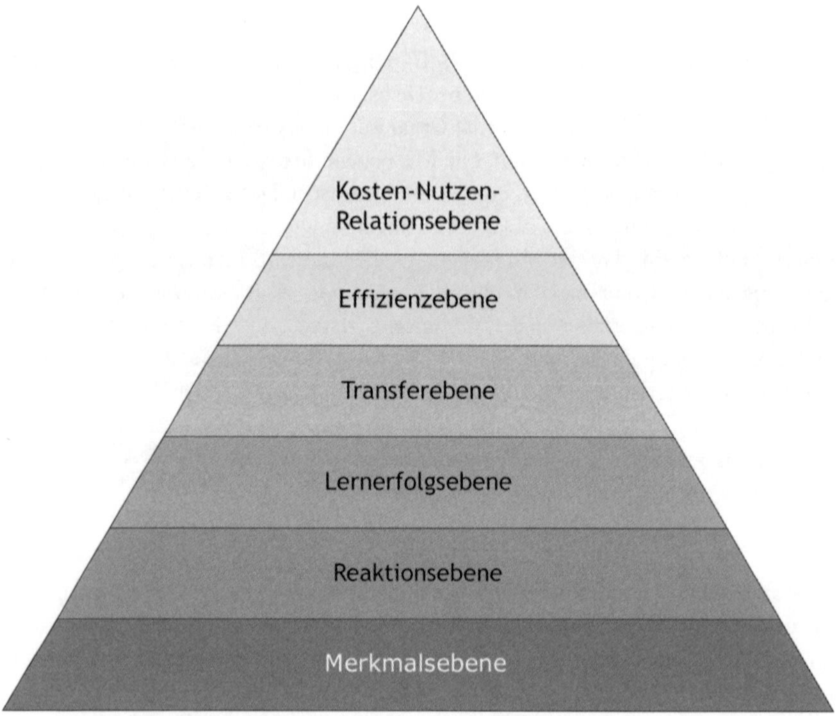

Abbildung 6 Unterschiedliche Ebenen der Qualitätsbetrachtung
Quelle: nach Schenkel 2000

Die folgende Tabelle listet die zusammengefassten Systematisierungsansätze auf Evaluationsebene auf.

Tabelle 3 Systematisierungsansätze der Evaluationsebenen
Quelle: M. Wirth 2005, S. 80 f.

1. Merkmalsebene	Auf der Merkmalsebene werden verschiedene Attribute und Kriterien geprüft. Merkmale können z. B. die Richtigkeit der Lerninhalte, die pädagogische Konzeption (z. B. Lernziele, Curriculum) oder auch die Qualität von präsentierten Lernunterlagen sein. Zentrale Fragen: • Sind die aufbereiteten Lerninhalte vollständig? Gibt es eine Hilfefunktion resp. einen Ansprechpartner bei Problemen? • Sind die Lerninhalte korrekt? Werden Grafiken korrekt dargestellt?
2. Reaktionsebene	Gut bekannt sind aus jeder Aus- und Weiterbildungsveranstaltung die so genannten „Happy-Sheets“ oder „Kurs-Feedback-Bögen“. Mit ihnen wird primär die subjektive Reaktion der Teilnehmer auf die Lerninhalte und das Lehrerverhalten erfasst. Die konsolidierten Ergebnisse dienen so als Grundlage zur Erfassung der Teilnehmer-Zufriedenheit. Zentrale Fragen: • Wie reagieren die Lernenden auf das Lernangebot? • Wie soll das Weiterbildungsangebot gestaltet werden, damit die Lernenden positiv reagieren?
3. Lernerfolgsebene	Vielfach werden Lernende zu Beginn und nach Abschluss einer Aus- und Weiterbildung oder Veranstaltung geprüft. Entsprechend valide und reliable Tests vorausgesetzt, lassen sich aus den unterschiedlichen Ergebnissen grundsätzlich Lernerfolge ableiten. Gerade bei Verhaltensweisen und kommunikativen Qualifikationen, wie zwischenmenschlichem Verhalten oder Führungsfähigkeiten, lassen sich solche Lernerfolge kaum über die genannten Test- und Diskrepanzverfahren ermitteln. Zentrale Fragen: • Welche Lernerfolge werden erreicht? • Konnten die gesteckten Lernziele erreicht werden?
4. Transferebene	Bei der Betrachtung des Lernerfolgs wird oftmals der Transfer in den Berufs- und Arbeitsalltag vernachlässigt: „Leider erlaubt die Feststellung eines Lernerfolgs als Ergebnis einer Bildungsmaßnahme keineswegs die zuverlässige Ableitung von Aussagen über den erzielbaren Lerntransfer in der Anwendungssituation“ (Kerres 2001, S. 111). Eine Aus- und Weiterbildungsmaßnahme wird damit erst dann als qualitativ gut gewertet, wenn das Erlernte zu einem späteren Zeitpunkt und in einem anderen Kontext auch im Alltag umgesetzt werden kann. Zentrale Fragen: • Hat sich die Handlungsfähigkeit erhöht? • Wie muss das Weiterbildungsangebot gestaltet werden, damit sich die Handlungsfähigkeit erhöht?

5. Effizienzebene	Auf der Effizienzebene (‚to do the things right') geht es darum zu klären, ob gewisse Aus- und Weiterbildungsmaßnahmen besser oder schlechter geeignet sind zur Erreichung gegebener Ziele (wie z. B. die Steigerung der Produktivität oder des Umsatzes, bessere Qualität, höhere Arbeitszufriedenheit beigetragen hat). Zentrale Fragen: • Wie stark ist die Wirkung einer Weiterbildungsmaßnahme auf die Steigerung der Produktivität? • Eignet sich Ausbildungsmaßnahme A besser als Ausbildungsmaßnahme B, um den Umsatz zu steigern?
6. Kosten-Nutzen-Relationsebene	Die ganzheitliche Betrachtung aller fünf tiefer gelegenen Betrachtungsebenen führt schließlich zu einer über die Effizienz-Frage hinausgehenden Kosten-Nutzen-Betrachtung. Die Betrachtung geht deshalb über das Effizienzdenken hinaus, weil mit der Frage nach der Eignung der zugrunde liegenden Ziele insbesondere auch die Frage nach der Effektivität (‚to do the right things') adressiert wird. Die große Anzahl nicht kontrollierbarer, intervenierender Variablen machen die wissenschaftlich saubere Messung dieser aus theoretischer wie aus praktischer Sicht sehr interessanten Betrachtungsebene jedoch schwierig, aufwändig (organisatorisch und finanziell) und wenig reliabel. Zentrale Fragen: • Wie ist die Weiterbildungsinvestition gesamthaft zu beurteilen? • Rechtfertigt der ‚Return on Investment' (ROI) das Durchführen einer spezifischen Aus- oder Weiterbildungsmaßnahme?

Grundsätzlich erleichtert und strukturiert die systematische Betrachtung unterschiedlicher Evaluationsebenen den Zugang zur Qualitätsevaluation. Wenn auch die grundlegenden Mess- und Erhebungsprobleme nicht gelöst werden. Die folgende Tabelle versucht, die unterschiedlichen Systematisierungsansätze auf System- und Evaluationsebene zusammenzuführen.

Tabelle 4 System- und Evaluationsebenen der Qualitätsbetrachtung und Beispiele denkbarer Evaluationsformen

Quelle: nach M. Wirth 2005 S. 83

Systemebene	Makroebene ⇔		Mesoebene ⇔		Mikroebene	
Evaluationsebene	Bildungsmarkt, Bildungssystem, Länderstudien	Bildungsanbieter, z. B. Universität, Weiterbildner	Ausbildungsprogramme	Unterricht, Lehr-/Lernszenario	Trainer-Verhalten, Teilnehmer-Verhalten	Lernmaterialien, E-Content, Lernsoftware
6. Kosten-Nutzen-Relation	Kosten pro Studierender in Bezug auf Outcome (im Ländervergleich)		Verhältnis der Trainerkosten in Relation zu Kosten des Ausbildungsprogramms		Verhältnis Trainerkosten zu Outcome Teilnehmer	ROI der Materialien, Mehrfachverwendung
5. Effizienzebene	Marktentwicklung von Studiengängen, Ausbildungsprogrammen	Studiendauer, Studienerfolg	Vermittlungsquote der Teilnehmer in Jobs	Untersuchungen zur optimalen Lerngruppengröße	Effizienz der Fort- und Weiterbildung von Dozenten, Trainern, Lehrern	Berechnungen zu Opportunitätskosten
4. Transferebene	Berufsolympiaden	Evaluation des Wissenstransfers, Programmqualität, Lehr-/Lernleistung etc.				Kognitive Leistungstests
3. Lernerfolgsebene	PISA-Studie	Eingangs- und Abschlusstests, formative und summative Lern-Leistungstests				
2. Reaktionsebene	Befragung zur Zufriedenheit mit der Ausgestaltung von Studiengängen	Teilnehmerbefragungen, Trainerbefragungen, Feedbackgespräche				Usability-Tests, User Experience
1. Merkmalsebene	Bildungsstandards im Vergleich	Ausstattung der Bildungseinrichtung, Vorwissen und Qualifikation der Teilnehmer, Renomee der Schule	Studiendauer, Programmkosten, Vermittlungsorte (Firmen)	Lehr-/Lernziele, Qualifizierungsplanung, Qualifizierungsdauer,	Lerntypen, Lernstile, Dozenten- und Trainerverhalten	Individualität, Personalisierung, Interaktivität, Visualisierung, techn. Standards

1.2 Untersuchungsgegenstände aktueller Qualitätsforschung

Dem Thema Qualität wird in der derzeitigen Situation in allen Bereichen des Bildungssektors große Aufmerksamkeit geschenkt. Ob es die anlaufenden Schulinspektionen sind, ob es den vermehrt eingeforderten Nützlichkeitsnachweis von betrieblicher Weiterbildung angeht oder ob es die Thematik der neuen Lehr- und Lernformen mittels E-Learning betrifft – überall findet man dedizierte Qualitätsinitiativen und Forschungsansätze. Im Folgenden sollen die wesentlichen Ansätze skizziert werden. Die Tradition heutiger Qualitätsforschung liegt in der wissenschaftlichen Begleitforschung amerikanischer Reformansätze in Sozial- und Bildungspolitik, in denen sich die wesentlichen Forschungsfelder herauskristallisiert haben. Diese hatten die Untersuchung von Input-Prozess-Output-Zusammenhängen von Lernangeboten im Auge und waren interdisziplinär ausgerichtet. In der Fort- und Weiterbildung finden sich einige wenige Forschungsansätze zu Qualität, umfangreichere und längere Erfahrungen liegen im Schul- und Hochschulsektor vor. Die folgenden Ausführungen beziehen sich deshalb im Wesentlichen auf die beiden letztgenannten Bereiche.

Lernziele

Durch Bearbeitung dieses Abschnitts lernen Sie:

- Untersuchungsgegenstände aktueller Qualitätsforschung im Bildungsbereich kennen
- Forschungsansätze aktueller Qualitätsforschung im Bildungsbereich kennen
- Subjektive Qualitätsanforderungen von E-Lernern kennen
- Lernstil-Typisierungsansätze in E-Learning-Szenarien kennen

1.2.1 Forschungsansätze zur Qualität

1. Qualität des Bildungssystems

Durch Vergleiche der einzelnen nationalen Bildungssysteme sollen Faktoren wie Effizienz, Effektivität, Nachhaltigkeit, Innovationspotenzial eines Bildungssystems herausgefunden werden. Bildungsqualität wird als Folge institutionalisierter systemischer Rahmenbedingungen erforscht (Dubs 2003; Fend 2000).

2. Qualität der Bildungseinrichtung

Schulen weisen erhebliche Unterschiede auf und die Anstrengungen der Forschung richten sich darauf herauszufinden, welche relevanten schulischen Rahmenbedingungen welche Auswirkungen auf welche Outputfaktoren haben. Trotz starker Kritik bezüglich der äußerst diffusen und unscharfen Mess- und Vergleichskriterien haben sich einige Parameter „guter“ Schulen herauskristallisiert, welche die „School Effectiveness“ Forschung evaluiert hat. Qualitätskriterien betreffen dahingehend die

- Lehr- und Lernkultur bezüglich Zielsetzung und Leitideen
- Lernleistungen und Kompetenzen
- Infrastruktur und Ausstattung
- Organisation und Management
- Qualitätsmanagement bezüglich Personalentwicklung

3. Qualität des Bildungsangebotes

Ein äußerst heterogen diskutierter Ansatz ist die Frage, was eigentlich ein hochwertiges Aus-, Fort- und Weiterbildungsangebot ist. Haworth (Haworth, Conrad 1997) identifiziert verschiedene Fokusbereiche, die Relevanz für die Programmqualität eines Bildungsangebotes aufweisen:

- Ressourcen
- Curriculum
- Lehrkräfte
- Lernende

Die folgende Grafik gibt einen Überblick über die qualitätsentscheidenden Parameter des Programms eines Bildungsangebotes und deren wesentliche Komponenten wieder.

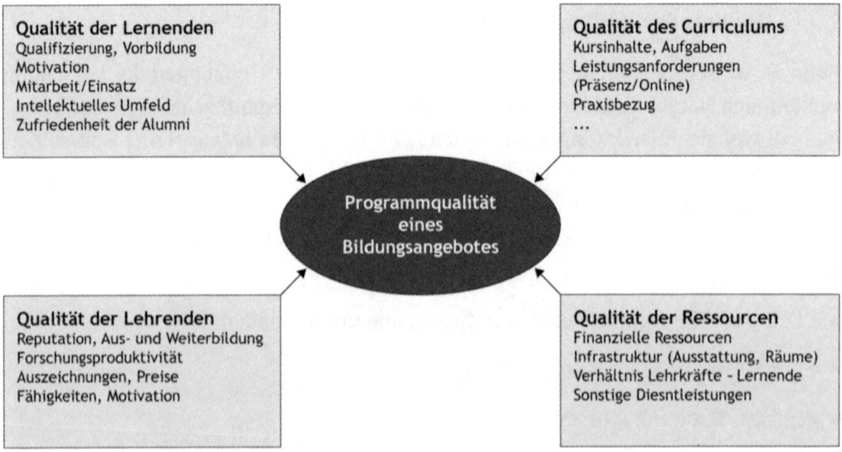

Abbildung 7 Bereiche der Forschungsobjekte zur Programmqualität von Bildungsangeboten
Quelle: nach Haworth, Conrad 1997

4. Qualität des Unterrichts

Qualitätskriterien für einen hochwertigen Unterricht zu finden, ist im Gegensatz zu den vorangegangenen Untersuchungsobjekten Bildungssystem, Bildungseinrichtung und Programm des Bildungsangebotes wesentlich einfacher zu realisieren. Hier liegt eine homogenere Kriterienbeschreibung vor. Unterrichtliche Qualitätskriterien lassen sich klassifizieren in

- Didaktische Qualitätskriterien
- Motivationale Qualitätskriterien
- Lehr-/Lerntheoretische Qualitätskriterien
- Methodische Kriterien

In der Anlage finden Sie im Abschnitt Unterrichtsqualität eine detaillierte Auflistung und Beschreibung unterrichtlicher Qualitätskriterien. Für den Bereich E-Learning- und Blended Learning-Szenarien folgt daraus:

- Die Kriterien für guten Präsenzunterricht gelten genauso für Blended Learning- und E-Learning-Szenarien.
- Klare Lernziele, ein gut strukturierter und vorab kommunizierter Ablauf, ein variantenreicher und abwechslungsreicher Methodeneinsatz sowie regelmäßiges

Feedback sind unabdingbare Voraussetzung für ein erfolgreiches Online-Seminar.

- Die Schlüsselfunktion, Klammer des Seminars und Erfolgsgarant, bildet der Online-Tutor, Tele-Tutor, Lerncoach respektive E-Trainer.

Ohne auf die Forschungsergebnisse der empirischen Unterrichtsforschung in dem Kontext unserer Qualitätsuntersuchung dedizierter eingehen zu wollen, kann doch ein Trend festgestellt werden. Der Streit zwischen Vertretern von instruktionalistischen und konstruktivistischen Ansätzen der Ausgestaltung von Unterricht scheint sich zu Gunsten einer gut strukturierten Mischung der beiden Ansätze zu entscheiden. Zumindest lassen dies neuere Forschungsergebnisse vermuten. Stellvertretend hierfür seien an dieser Stelle auf die Kriterienkataloge bei Brophy (2000) und Meyer (2004) verwiesen.

5. Qualität des Lehrpersonals

Bei der Qualitätsbetrachtung von Lehrenden geht es nicht darum, die individuellen Charaktereigenschaften der Lehrkraft einer Bewertung zu unterziehen, sondern die notwendigen Merkmale der Rolle „Lehrkraft" herauszufinden, welche schlechten von guten Unterricht oder Trainings unterscheiden helfen. Obgleich eine objektive Bewertung und Festlegung trotz vieler Versuche nicht festzulegen sind, haben sich hier einige stabile Leitlinien etabliert. Dazu gehören

- Hohe fachliche Kompetenzen
- Effizientes und effektives Zeitmanagement
- Darbietung des Lehrstoffes
- Flexible Nutzung sozialer Räume
- Analysefähigkeit bezüglich Fehlern und damit verbundene Verbesserungs- und Fördermaßnahmen
- Effiziente Gruppenführung

Zur Vertiefung wird an dieser Stelle auf die Ausführungen bei Oser (2001) verwiesen. Ein Forschungsfeld ist die Frage nach dem Verhältnis von Anreizstrukturen und dem Marktverhalten von Lehrkräften. Damit verbunden ist das Herausarbeiten von Schlussfolgerungen für die Ausgestaltung und die Schaffung geeigneter Anreizstrukturen, die für ein optimales Lehrerverhalten förderlich sind.

In der Anlage finden Sie im Abschnitt Kriterien des Lehrerverhaltens eine detaillierte Auflistung und Beschreibung verschiedener Kriterien und Indikatoren für qualitativ „gutes“ Dozenten- und Lehrerverhalten.

6. Qualität aus Lernersicht

Die Lernforschung hinsichtlich der Lernenden bezieht nicht deren subjektive Dispositionen und Merkmalsausprägungen ins Kalkül, sondern widmet sich der Erforschung von Aufnahme und Verarbeitung von Informationen in der Rolle des Lernenden. In der Pädagogik und der pädagogischen Psychologie ist die Tradition der Lernstil- und Lerntypenforschung, in der Medienpädagogik die Medientypenforschung verortet. Der äußerst problematische Zusammenhang zwischen Lernstil, Lerntyp, Lernprozess und Lernverhalten wird in der Forschung kontrovers diskutiert und weist oft empirische und methodische Schwächen auf. Dass Lernprozess und Lernverhalten stark kontextabhängig sind, ist übereinstimmender Konsens, machen es allerdings auch schwer, praktikable allgemeingültige Handlungsempfehlungen zu erstellen. Die Erforschung von individuellen Lernstrategien hat in letzter Zeit die Diskussion um Lernstiltypen abgelöst.

Aussagen über Qualität und Qualitätserwartungen der Lernenden sind für die Qualität tutorieller Betreuung in einem E-Learning-Szenario erfolgsentscheidend. Deshalb soll dieser Ansatz im Abschnitt 1.2.2 genauer untersucht werden.

7. Qualität von E-Learning

Schlussendlich gibt es seit Aufkommen multimedialer und E-Learning gestützter Fort- und Weiterbildungsprogramme auch viele Qualitätsinitiativen, die sich mit den Besonderheiten medien- und technologiegestützter Lehr-/Lernarrangements auseinandersetzen. Ursprünglich eher technisch dominiert, wurde die Produktqualität von z. B. Computer Based Trainings (CBTs), später Web Based Trainings (WBTs) untersucht und evaluiert. Danach setzte eine Wendung hin zur Begutachtung des Bildungsangebotes ein, in dem diese Produkte integriert sind. Die aktuellen Ansätze zielen auf ein umfassendes Modell ab, in dem neben dem Multimediaprodukt, dem WBT bzw. dem Online-Content auch seine curriculare Einbettung in das Bildungsangebot, die Betreuungsleistungen und die Prozessabwicklung hinsichtlich ihrer Qualitätsrelevanz betrachtet werden. Detailliert vorgestellt werden diese Ansätze im Kapitel 4.

1.2.2 Qualitätsansprüche von E-Lernenden

Ehlers (2004a) hat in einer umfangreichen empirischen Studie 118 Qualitätsfaktoren aus Lernersicht ermittelt, die ein Gerüst für die die Beschreibung subjektiver

Qualitätserwartungen beim E-Learning aus der Lernersicht darstellen. Diese Faktoren wurden von ihm in Qualitätsdimensionen und Qualitätsfelder verortet und bieten Online-Tutoren eine gute Orientierung zur Kurssteuerung und zur Befriedigung der Teilnehmererwartungen und damit zur Kundenzufriedenheit im Bildungsprozess des E-Learning-Arrangements.

Tabelle 5 Qualitätsdimensionen und -felder des Modells subjektiver Qualität bei E-Lernenden
Quelle: nach Ehlers 2004a

Qualitätsfeld	Qualitätsansprüche der Lernenden
QF 1: Tutorielle Betreuung	• Interaktionsorientierung • Lernmoderation / E-Moderation • Tutorverhalten (Lerner- und Inhaltsorientierung) • Individualisierte Lernerunterstützung • Entwicklungs- und Lernförderung • Medien für Tutorsupport: asynchrone/synchrone neue Kommunikationsmedien
QF 2: Kollaboration	• Soziale Kooperationsdimensionen • Diskursive Kooperationsdimensionen
QF 3: Technologie	• Adaptive Bedienung und Personalisierung • Synchrone Kommunikationsmöglichkeiten • Technische Verfügbarkeit der Inhalte
QF 4: Kosten-Nutzen-Erwartung	• Erwartung: Individualisierung und Bedarfsorientierung • Individuelle außerökonomische Kosten • Ökonomische Kosten • Transfererwartung • Außerfachliche Nutzeninteressen
QF 5: Informationstransparenz bei Angebot/Anbieter	• Beratung • Kursübergreifende Informationen • Informationen zu Kursinhalten
QF 6: Kursverlauf/ Präsenzveranstaltungen	• Interpersonale Unterstützung des Lernprozesses • Einführung: technische und inhaltliche Kenntnisse • Prüfungsabnahme • Qualitätsansprüche des Lerners in Bezug auf den Kursverlauf, insbesondere Anzahl und Ausgestaltung der Präsenzveranstaltungen
QF 7: Didaktik	• Hintergrundinformationen (Kursmaterial) • Mediengerechte Materialaufbereitung • Gegliedertes/strukturiertes Material • Lernförderung • Rückkopplung des Lernens • Individuelle Aufgabenstellung

Besonders Qualitätsfeld 1 (QF 1) ist für Online-Tutoren hinsichtlich der Ausgestaltung von tutoriellen Aufgaben, Verfügbarkeit und gewünschter Kommunikationsformen, aber auch hinsichtlich Verhaltensanforderungen interessant.

Ausgehend von den ermittelten Qualitätsfeldern hat Ehlers mittels Clusterbildung versucht, durch die Herausarbeitung von Gemeinsamkeiten zielgruppenbezogene Qualitätsprofile der E-Lerner zu erstellen. Abhängig von den unterschiedlichen Anforderungen an Qualität des einzelnen Lerners, abhängig von unterschiedlichen Faktoren, beispielsweise bildungsbiographische Erwartungen und individuelle Lernkompetenzen, können vier verschiedene Typen von Lernenden mit unterschiedlichen Erwartungen an den tutoriellen Betreuungsumfang identifiziert werden. Tabelle 6 stellt jene Typisierungsansätze vor, die Relevanz für das E-Learning und Online-Lernen, sowie für das Lernen in internetgestützten Lehr-/ Lernszenarien haben:

Tabelle 6 Zielgruppenspezifische Qualitätsprofile (Qualitätstypen) für E-Learning aus Lernersicht
Quelle: nach Ehlers 2004b

Der INDIVIDUALIST	Der ERGEBNISORIENTIERTE
Inhaltsorientiert • Inhaltsbezogene Qualitätsansprüche • Individualisierte Angebote • Didaktische Strukturierung • Eigenständiges, selbstgesteuertes Lernen • Präsenzveranstaltungen, Interaktion und Kommunikation eher unwichtig	**Eigenständig, zielorientiert, selbstgesteuert** • Standardangebote • Arbeitsintegriertes Lernen • Instrumentelle Zweckorientierung • Lern- und Medienkompetenz • Präsenzveranstaltungen, Interaktion und Kommunikation eher unwichtig
Der PRAGMATIKER	**Der AVANTGARDIST**
Bedarfsorientiert • Standardangebote • Sachorientierte tutorielle Betreuung • Außerökonomische Kosten • Information und Beratung • Personalisierung der Lernprozesse • Didaktische Anforderungen	**Interaktionsorientiert** • Diskussion/Kommunikation • Lernerorientierte tutorielle Betreuung • bezügl. Medien/Technik aufgeschlossen • Virtuelle Lerngruppen • Information und Beratung • Didaktische Reichhaltigkeit

Für den Bereich E-Learning und Blended Learning-Szenarien folgt daraus:

- Eine Aufbereitung und Vermittlung des Lehrstoffes im Internet inklusive der Handlungen von Online-Tutoren sollte sich grundsätzlich an den Lerntypen orientieren. Durch die höhere Akzeptanz beim Lerner trägt dieses Verfahren letztendlich zu einem besseren Lernerfolg bei.
- Die Lernenden sind für einen erfolgreichen Lernerfolg in großem Maße selbst verantwortlich. Deshalb muss Qualitätssicherung in jeder Phase des Qualifizierungsprozesses die Lernenden mit einbeziehen.

Die dargestellten Typologien von E-Lernern stellen hinsichtlich der Intensität ihrer Betreuung beim Lernprozess durch Online-Tutoren unterschiedliche Erwartungen. Diese Schlussfolgerungen werden im Kapitel 5 zur Qualitätssicherung der Arbeit von Online-Tutoren genauer betrachtet.

2. Qualitätsmanagement im Bildungsbereich

Im vorigen Kapitel haben wir einige grundlegende Informationen über die Spezifik von Qualität im Bildungsbereich erfahren. Um Aussagen über die Qualität eines Bildungsangebotes zu erzielen, müssen wir uns nun die Strukturen, Aktivitäten, Verfahren anschauen, die den Umgang mit Qualität zum Inhalt haben. Wir richten also den Fokus der Untersuchung auf die Betrachtung des Managements von Qualität und machen es in diesem Kapitel zum Untersuchungsobjekt. Was ist ein Qualitätsmanagementsystem? Welche Funktionen und Aufgaben hat es und welchen Nutzen kann man damit erzielen? Welche grundlegenden Phasen treffen wir in typischen Qualitätsmanagementprozessen an? Diese Fragen und die Darstellung der verbreiteten Qualitätsmanagementsysteme im Bildungsbereich werden uns in diesem Kapitel beschäftigen.

Was ist nun das „Management von Qualität"? Und wozu braucht man dafür ein System? Im Kern geht es um nichts anderes als darum, sich selbstgesteckte Ziele zu erreichen. Die eigene Unternehmung soll in bestimmten Merkmalen besser sein als die Konkurrenz. Durch eine gute Qualität des Bildungsangebotes soll z. B. im Weiterbildungssektor das Geschäftsmodell der Unternehmung gesichert und die Marktposition verbessert werden. Im Vordergrund steht hierbei das Management von Prozessen, die einmal dahin führen sollen, bessere Angebote, Seminare, Schulstunden etc. zur erreichen. Nun stehen diese gesteckten Qualitätsziele nicht monolithisch im Raum oder werden willkürlich festgelegt, sondern – und das deutet sich schon aus dem Managementgedanken an – werden aus der Unternehmensstrategie abgeleitet und das Erreichen dieser Ziele soll wiederum ein Managementprozess gewährleisten.

> Qualitätsmanagement steht für Strukturen, Aktivitäten und Verfahren, die zur Planung, Sicherung, Verbesserung und Prüfung der Qualität eines Bildungsproduktes, eines Bildungsangebotes oder einer Bildungsdienstleitung gehören.

Qualitätsmanagement kann auf Teile der Organisation fokussieren, wie beispielsweise die kundenorientierte Optimierung von Prozessabläufen, die Erhöhung der betriebswirtschaftlichen Effizienz, die Verbesserung der Umweltanbindung oder die Mitarbeiterzufriedenheit, aber auch als umfassende ganzheitliche, die Philosophie des Unternehmens prägende Veränderung der Organisation verstanden werden, die in einen Prozess der kontinuierlichen Verbesserung eingebunden ist.

Die ersten Qualitätsmanagementkonzepte für Bildungsunternehmen stammten ursprünglich aus Adaptionen der Konzepte für klassische Wirtschaftsunternehmen. Dazu zählen das Total Quality Management (TQM), das Europäische Modell für umfassendes Qualitätsmanagement (EFQM), die Benchmarking-Methoden, die Normenreihe der DIN EN ISO 9000 ff. und die Balanced Scorecard. Mittlerweile sind die meisten Methoden auch für den Bildungssektor optimiert und angepasst worden, sodass darauf aufbauend ein gut funktionierendes Qualitätssicherungssystem implementiert werden kann. Dies setzt allerdings eine gründliche Vorbereitung voraus und muss professionell umgesetzt werden. So macht beispielweise im Weiterbildungsbereich der externe Wettbewerbsdruck des unüberschaubaren Bildungsmarktes gewisse Verfahren zur Qualitätstransparenz für die Kunden unumgänglich. Hier sind als zwei relativ neue Verfahren die Lernerorientierte Qualitätsentwicklung und -testierung (LQW) sowie die Anerkennungs- und Zulassungsverordnung Weiterbildung (AZWV) für Bildungsträger im öffentlich-rechtlichen Bereich zu nennen.

Dieses Kapitel stellt die wesentlichen Konzepte vor und führt in die jeweilige Grundphilosophie der verschiedenen Systeme ein. Zunächst lernen Sie systemübergreifend die wesentlichen Funktionen und Aufgaben von Qualitätsmanagement kennen. Der Nutzen und die einzelnen Elemente von Qualitätsmanagement runden die einführende Vorstellung ab. In einem nächsten Schritt wird nachfolgend das Qualitätsmanagementkonzept TQM und dessen konkretes Ausgestaltungsmodell EFQM vorgestellt.

2.1 Kernbereiche von Qualitätsmanagement

Qualitätsmanagement im Bildungsbereich ist noch keine Selbstverständlichkeit geworden. Am weitesten ist hierbei der Sektor Fort- und Weiterbildung, da für diesen Bereich von externer Seite (Unternehmen, Bundesagentur für Arbeit u. a.) in zunehmendem Maße Nachweise zur Qualitätssicherung als auftragsnotwendig eingefordert werden. Eine wesentliche Grundlage für die adaptierten Qualitätsmanagementsysteme bilden die bereits etablierten Konzepte wie TQM, EFQM, DIN ISO 9001:2000, die für den Bildungsbereich adaptiert worden sind. In diesen Konzepten steht als zentraler Gedanke die Kundenorientierung im Mittelpunkt. D. h. der direkte Kundennutzen und dessen Optimierung ist das vordergründige Qualitätsmerkmal. Die Definition des Kundennutzens ist für alle Anspruchsgruppen in allen Prozessen und Teilprozessen angebotsspezifisch festzulegen. Über verschiedene Feedback-, Regel- und Steuermechanismen gilt es eine immerwährende Verbesserung von vorab definierten Qualitätsfaktoren sicherzustellen. Das Konzept der ständigen Verbesserungs- und Optimierungsschleifen – der Deming-Zyklus – wird in diesem Kapitel vorgestellt.

Lernziele

Durch Bearbeitung dieses Abschnittes lernen Sie:

- die grundlegenden Funktionen des Qualitätsmanagements kennen
- die grundlegenden Aufgaben des Qualitätsmanagements kennen
- den Nutzen durch ein etabliertes Qualitätsmanagement kennen
- wesentliche Phasen von Qualitätsmanagementsystemen am Beispiel des Deming-Zyklus kennen

2.1.1 Funktionen des Qualitätsmanagements

Das Qualitätsmanagement kann hinsichtlich seiner Funktionen in drei Funktionsblöcke unterteilt werden:

1. Controllingfunktion

Die Controllingfunktion des Qualitätsmanagements teilt sich auf in die Steuerungsfunktion und die Kontrollfunktion. Qualitätsmanagement hat zunächst eine Steuerungsfunktion, da es der Steuerung von Entwicklungsprozessen dient. Ergebnisse und Aussagen von Evaluation sind die Basis von Verbesserungsvorschlägen und das Fundament problemorientierter und zielgerichteter Bildungsarbeit. Qualitätsmanagement hat somit neben der Steuerungsfunktion auch eine Kontrollfunktion, indem die Ergebnisse den verantwortlichen Akteuren als Handlungsgrundlage für notwendige Interventionen und Änderungsmaßnahmen dienen. Dadurch werden Handlungsabläufe optimiert, gefestigt und vorhandene Ressourcen zweckgesteuert eingesetzt.

2. Legitimierungsfunktion

Qualitätsmanagement dient der Legitimation und Rechtfertigung des vorgenommenen Ressourceneinsatzes und der Ressourcenverteilung, indem Transparenz für eingesetzte personelle und finanzielle Mittel hergestellt wird. Damit ist diese Funktion die Basis strategischer Unternehmensentscheidungen.

3. Marketingfunktion

Die Transparenz und nachweisbare Qualität von Aus-, Fort- und Weiterbildungsprogrammen trägt zu einem großen Teil der besseren Vermarktbarkeit, Werbung und PR der Bildungsangebote bei. Damit kommt dieser Funktion wettbewerbsentscheidendes Potenzial für das gesamte Bildungsunternehmen zu. Die Qualitätsüberprüfungen können beispielsweise in Qualitätszertifikaten (z. B. DQS, DIN-Zertifikat) nachgewiesen werden und wettbewerbswirksam vermarktet werden (Dubs 2003).

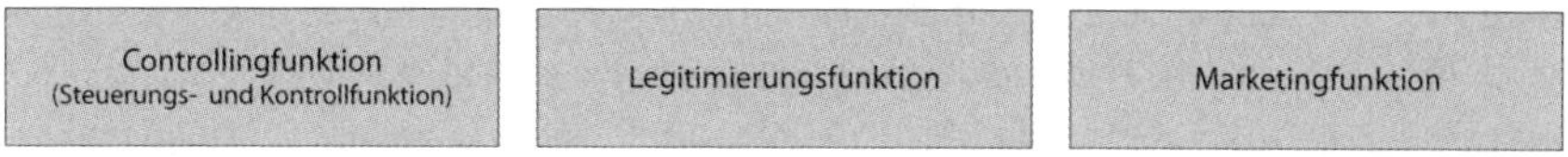

Abbildung 8 Funktionen des Qualitätsmanagements

Durch die Controllingfunktion von Qualitätsmanagement wird deutlich, dass hier ein enger Bezug zum Bildungscontrolling vorliegt. Dabei ist zu beachten, dass der Focus beim Bildungscontrolling stärker in der „Überwachungsfunktion", eben in Kontrolle der für die Zielerreichung einer Bildungsmaßnahme als notwendig erachteten Parameter liegt. Bildungscontrolling zielt auf die ökonomische Perspektive ab und stellt den Transfererfolg, den Geschäftsnutzen sowie den Wertbeitrag (Return On Invest, ROI) einer Qualifizierung in den Mittelpunkt und ist daher als ein Instrument der Strategieumsetzung anzusehen. Qualitätsmanagement dagegen inkludiert die aktive Steuerung und Gestaltung von Prozessen und Abläufen. Idealerweise sind in einem funktionierenden Qualifizierungssystem die beiden komplementären Ansätze integrativ miteinander verbunden. Zur Unterscheidung von Qualitätsmanagement und Bildungscontrolling lesen Sie bitte die vertiefenden Ausführungen in Abschnitt 2.1.5.

2.1.2 Aufgaben des Qualitätsmanagements

Das Qualitätsmanagement kann in fünf Aufgabenblöcke unterteilt werden. Wichtig dabei ist, dass sich diese Aufgaben nicht nur mit der Beschreibung von „Produktqualität" (z. B. einer Schulstunde, einer Vorlesung oder eines Online-Seminars) erschöpfen, sondern auch die Prozess- und Systemqualität mit einbeziehen.

1. Qualitätsstrategie und Qualitätsziele

Die Strategie eines die Qualität verbessernden Systems gibt dessen Richtung und Ausgestaltung vor. Prinzipiell ist die Festlegung einer strategischen Ausrichtung eine Führungsaufgabe des Managements. Meist ist diese Funktion an eine konkrete Person im Unternehmen gebunden, dem so genannten Qualitätsmanager.

2. Qualitätsplanung

Zur Zielerreichung wird meist ein planmäßiges Vorgehen benötigt und dementsprechend gewählt. In den Qualitätsplänen zu beispielweise Produkten oder Geschäftsprozessen sind die Anforderungen hinterlegt, die das entsprechende Bildungsprodukt oder der Bildungsprozess zu erfüllen hat. Weiterhin sind in den Plänen die zentralen Tätigkeiten und Abläufe definiert, die zur Erreichung der Qualitätsziele notwendig sind. Qualitätspläne können die unterschiedlichste Ausgestaltung haben. Sehr oft sind sie in den einzelnen Prozessabläufen und der sie beschreibenden Dokumente integriert, für die die Produktmanager, Bildungsverantwortliche, Prozessgestalter etc. verantwortlich sind.

3. Qualitätssteuerung

Aktivitäten zur Qualitätssicherung und -verbesserung bedürfen der Steuerung und Kommunikation. Das ist die Voraussetzung, dass diese Aktivitäten „gelebt" und umgesetzt werden. Deshalb gehört zur Qualitätsplanung auch das Design der Prozesse zur Qualitätslenkung. Sind Qualitätsmerkmale und -kennzeichen definiert, lassen sich in der täglichen Arbeit über Messverfahren und Kennzahlen Abweichungen feststellen und Maßnahmen zur Verbesserung einleiten. So wird z. B. im Bildungssektor die Kundenzufriedenheit von Seminarteilnehmern erfasst und gemessen. Weichen die definierten Kenngrößen ab, wird ein Prozess zur Verbesserung der Qualität der Kundenzufriedenheit angestoßen. Die Prozesse zur Messung von Qualität sind selber nicht starr und festgelegt, sondern bedürfen der ständigen Beobachtung, Korrektur und der Anpassung an neue, sich ändernde Rahmen- und Geschäftsbedingungen.

4. Qualitätsdokumentation

Damit alle Beteiligten eines Unternehmens, z. B. einer Bildungseinrichtung Handlungssicherheit haben, bedarf es eines Systems zur Aufzeichnung qualitätsrelevanter Tätigkeiten. Nur so lässt sich nachverfolgen, wo Verbesserungspotenzial steckt und Transparenz über die Wirksamkeit der eingesetzten Maßnahmen zur Qualitätsverbesserung herstellen. Eingesetzte Dokumente zur Qualitätsdokumentation im Bildungswesen sind z. B. Qualitätshandbücher, Produktentwicklungsdokumente zu Bildungsmaßnahmen, Prozessablaufbeschreibungen zu Seminaren, Feedbackbögen und Seminarbeurteilungsbögen etc. Diese Dokumente können sowohl in Offline-Varianten oder auch datenbankgestützt in Online-Varianten vorgehalten werden.

5. Qualitätsverbesserung

Werden Dienstleistungen wie z. B. Bildungsangebote, Online-Seminare oder Lehrveranstaltungen durchgeführt, sind zumeist die Prozesse zur Messung von Qualität festgelegt. Treten Qualitätseinbußen über die zuvor definierten Schwellwerte auf, gilt es Maßnahmen zur Qualitätsverbesserung einzuleiten. Ist die Ursache von Fehlern z. B. die mangelhafte Teilnehmerzufriedenheit in einem Online-Seminar gefunden, kann an deren Eliminierung geschritten werden. Qualitätsverbesserung beschränkt sich heute allerdings nicht nur auf das Einschreiten bei Qualitätsverschlechterung, sondern ist als ein ständiger Verbesserungsprozess zu betrachten, der z. B. als zyklischer Revisionsprozess alle qualitätsrelevanten Faktoren einer Bildungsveranstaltung misst und proaktiv Änderungen induziert. In dieser Ausprägung sind im Ablaufprozess des Seminars selbst ständige Verbesserungsschleifen implementiert.

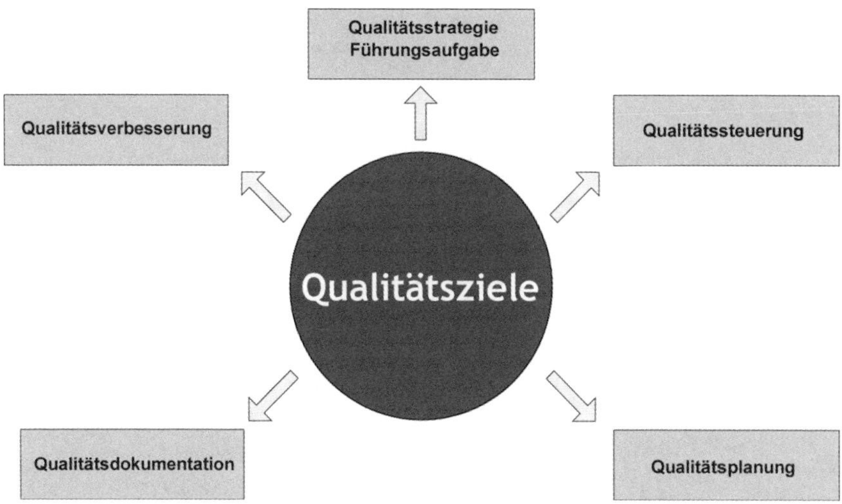

Abbildung 9 Aufgaben des Qualitätsmanagements

2.1.3 Nutzen des Qualitätsmanagements

Erfolgreiche Bildungsanbieter, Hochschulen und Schulen überlassen die Qualität ihrer Veranstaltungen nicht dem Zufallsprinzip, sondern versuchen, gezielt darauf Einfluss zu nehmen.

Zunächst hilft ein Qualitätsmanagementsystem dazu, Fehler zu vermeiden bzw. Fehler einer Bildungsmaßnahme im Entstehen zu erkennen und zu eliminieren. Dadurch werden ungeplante Kosten, die durch Fehler ausgelöst werden, reduziert. Durch die Etablierung eines kontinuierlichen Verbesserungsprozesses dient ein QM-System letztendlich der Nachhaltigkeit einer Bildungsmaßnahme und ist damit eine Querschnittsfunktion der Gesamtorganisation des Bildungsdienstleiters, der Schule etc.

Erfolgreiche und qualitativ hochwertige Bildungsangebote steigern die Attraktivität der Bildungseinrichtung, erhöhen die Zufriedenheit bei den Lernenden (Kundenbindung) und fungieren auf diese Weise als Garant für die Wachstumsziele der Unternehmung.

Bezüglich des Marketing/PR-Effektes ist anzumerken, dass bei der Beurteilung der Qualität von Bildungsdienstleistungen in zunehmendem Maße die Qualitätszertifizierung eine Rolle spielt. Im Industriesektor akzeptieren viele Unternehmen nur noch Zulieferer mit zertifizierten QM-Systemen. Dieser Umstand ist auch auf dem Bildungssektor zu verzeichnen. So werden z. B. Absolventen von Aus- und Weiterbildungen auf dem Arbeitsmarkt nur noch akzeptiert, wenn die Qualifizierung an einer entsprechend zertifizierten Bildungseinrichtung durchgeführt wurde oder wenn das Bildungsprogramm akkreditiert bzw. zertifiziert wurde (Wirth 2005, S. 134).

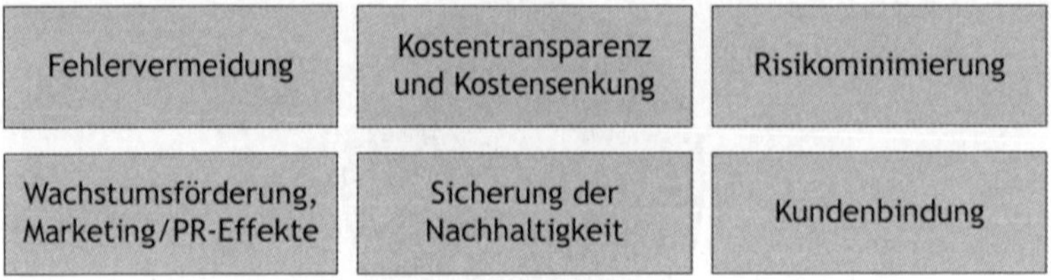

Abbildung 10 Nutzfaktoren des Qualitätsmanagements

2.1.4 Ebenen von Qualitätsmanagementsystemen

Modernes Qualitätsmanagement ist gekennzeichnet durch eine konsequente Kundenorientierung und Prozessorientierung, ist dabei auf die kontinuierliche Verbesserung der Angebote ausgerichtet und zeichnet sich durch Mitarbeiterorientierung und einem strategischem Management-Verständnis aus. Dafür sind organisatorische Rahmenbedingungen zu schaffen, in denen die genuinen Aufgaben des Qualitätsmanagements mit entsprechenden Methoden und Paradigmen konkret ausgestaltet werden können.

Hieraus wird ersichtlich, dass es sich bei Qualitätsmanagementsystemen um moderne Führungssysteme handelt, die durch strukturierende Ebenen determiniert werden. Diese Führungssysteme haben als zentrale Ebenen die Planung, die Sicherung, die Evaluation und die Verbesserung von Qualität zum Ziel. Ein zentrales Moment von Qualitätsmanagementsystemen ist das Prinzip der „ständigen Verbesserung“ (siehe dazu auch Abschnitt 2.2.2). Der ständigen Verbesserung oder Optimierung eines online gestützten Bildungsangebotes kann z. B. der so genannte Deming-Zyklus zugrunde gelegt werden. Benannt nach dem amerikanischen Qualitätsberater W. Edward Deming, bezeichnet dieses Erklärungs- und Anwendungsmodell die zentralen Phasen eines Verbesserungsprozesses. Gemäß Deming wird jeder Vorgang als Prozess betrachtet, der als solcher schrittweise verbessert werden kann. Der Deming-Zyklus wird auch als Plan-Do-Check-Act-Zyklus (PDCA-Zyklus) betrachtet. Dabei wird zuerst die gegenwärtige Situation untersucht und ein Plan für die Verbesserung formuliert. Anschließend wird dieser umgesetzt und überprüft, ob die gewünschten Verbesserungen eingetreten sind. Ist das Ergebnis positiv, wird der neue Zustand als Standard übernommen, kann allerdings durch weitere Verbesserungsideen wieder in Frage gestellt werden. Falls der gewünschte Effekt nicht eingetreten ist, wird ein neuer Plan zur Verbesserung erarbeitet und implementiert. Der PDCA-Zyklus ist identisch mit dem Prinzip des Kontinuierlichen Verbesserungsprozesses (KVP), das ein Grundelement von Qualitätsmanagementsystemen ist und im Abschnitt 2.2.2 näher ausgeführt wird.

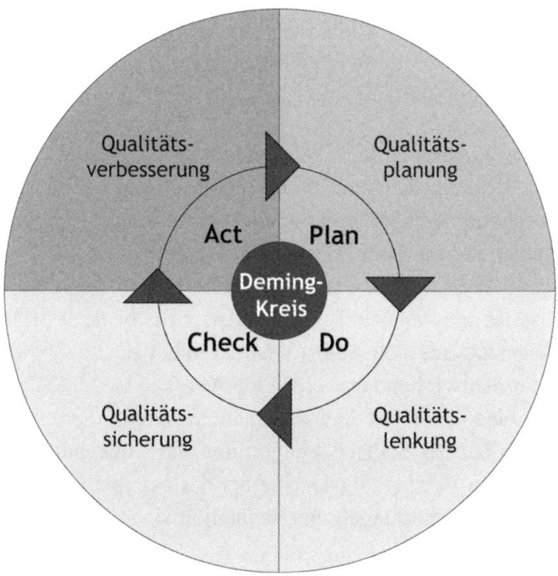

Abbildung 11 Der Deming-Kreis: Qualitätsmanagement als ständige Verbesserung

1. Qualitätsplanung (Plan)

Im Gegensatz zur produzierenden Industrie, bei der die Maximierung der Qualität im Vordergrund steht, handelt es sich im Dienstleistungsbereich eher darum, die Qualität unter bestimmten Bedingungsfaktoren zu optimieren. Die Planung der Aktivitäten zur Qualitätssicherung ist abhängig von den Qualitätszielen und diese basieren wiederum auf der zugrunde liegenden Geschäftsstrategie. Je nachdem, ob die Bildungsinstitution als strategisches Ziel z. B. die Qualitätsführerschaft oder die Kostenführerschaft anstrebt, muss die nachfolgende Qualitätsplanung anders ausgestaltet werden. Strebt sie z. B. die Qualitätsführerschaft im Markt an, werden die Planungsaktivitäten eher auf die kontinuierliche Verbesserung der Bildungsangebote ausgerichtet sein, strebt sie dagegen die Kostenführerschaft an, wird das Qualitätsmanagement stärker auf Effizienz- und Effektivitätssteigerung der Arbeitsprozesse ausgerichtet sein (Wirth 2005, S. 137).

Bezüglich der Konzeption der Standards für Qualität ist anzumerken, dass diese grundsätzlich auf zwei Arten definiert werden können: intern und extern.

Bei *intern* entwickelten Qualitätsstandards etabliert jedes Bildungsdienstleistungsunternehmen seine Qualitätsplanung innerhalb des Qualitätsmanagementkonzepts selbst.

Bei *extern* entwickelten Qualitätsstandards sorgen Dritte (z. B. Zertifizierungsinstitutionen, Schulbehörden) für die Konzeption der Qualitätsplanung. Ein Beispiel für externe Qualitätsstandards wird im Abschnitt 3.1 zur DIN EN ISO 9000 ff näher beschrieben.

Daneben gibt es noch pragmatische Mischformen, die unter den jeweiligen Bedingungen auf die Bildungsdienstleister angepasst werden können.

Die Umsetzung der Qualitätsrichtlinien kann wiederum als Selbstevaluation, etwa durch die eigenen Mitarbeiter oder durch Fremdevaluation, d. h. durch externe Experten erfolgen. Auch hier gibt es Mischformen, etwa wenn ein externes Audit durch vorgeschaltete interne Audits vorbereitet wird. In der Praxis hat sich eine gemischte Vorgehensweise von Selbst- und Fremdevaluation bewährt, da so die Vorteile beider Formen verbunden werden können: Die bessere Kenntnis der Ziele, Prozesse und Probleme vor Ort und die dadurch determinierten gezielteren Eingriffsmöglichkeiten bei der Selbstevaluation und die Notwendigkeit einer objektiven und unabhängigen Beurteilungsinstanz bei der externen Evaluation der Qualitätsplanung. Weitere Ausführungen zur Evaluation siehe unter Punkt 3. Qualitätsevaluation.

2. Qualitätssicherung (Do)

Unter *Qualitätssicherung* werden alle Maßnahmen einer Bildungseinrichtung subsumiert, die dazu dienen, dass die als verbindlich erklärten Qualitätsziele und Qualitätsstandards erreicht und eingehalten werden. Die Funktion der Qualitätssicherung ist also vorrangig, die formulierten Ziele und Standards mit geeigneten Mitteln und Methoden umzusetzen.

> „Qualitätssicherung ist damit weniger ein quantitativer denn vielmehr ein qualitativ inhaltsbezogener Ansatz, der bezogen auf eLearning-gestützte Aus- und Weiterbildungsprogramme von der Planung, über das Design bis hin zur Durchführung und Veranstaltungsevaluation das Erreichen der angestrebten Qualitäten sichern soll." (Wirth 2005, S. 139).

Diese Aussage verdeutlicht die Besonderheit der Qualitätssicherung im Bildungssektor, indem man es nicht mit statisch festgelegten Akteuren zu tun hat, sondern in dem die qualitätsbewusste Leistungserbringung durch die Lehrkraft vollzogen werden muss. Qualitätssicherung bezieht sich auf alle Aspekte des Qualitätsmanagements. Sinnvoll betriebene Qualitätssicherung bezieht sich nicht nur auf Einzelaspekte, wie z. B. die Qualifikation der Online-Tutoren, die Qualität der eingesetzten E-Learning-Materialien oder die zielgruppenadäquate Ausgestaltung des Curriculums, sondern bezieht alle Prozesse von der Entwicklung über das Management und die Durchführung bis zur Nachbereitung der Bildungsmaßnahme ein, inklusive der dafür notwendigen unterstützenden Geschäftsprozesse. Umfassend verstandene Qualitätssicherung beinhaltet also bezüglich der Einsatzbedingungen einer Bildungsmaßnahme nicht nur pädagogisch-didaktische Fragestellungen, sondern bezieht auch die organisatorisch-administrativen Abläufe, die marketingtechnische Marktplatzierung, die Außenkommunikation des Unternehmens etc. mit ein.

Für die Qualitätssicherung gibt es verschiedene methodische Verfahren, die je nach Einsatzzweck punktuell oder prozessübergreifend implementiert werden. Feedbackschleifen, Kontroll- und Messpunkte, Beschreibungen der Geschäftsprozesse stehen hierbei neben einer kontinuierlichen und strategisch ausgerichteten Personalentwicklung der Mitarbeiter, die das Unternehmen flexibel auf Marktänderungen reagieren lassen.

3. Qualitätsevaluation (Check)

Sind alle Qualitätsziele in der Planungsphase definiert und festgelegt, muss man sich Gedanken machen, wie diese Qualitätsziele in konkrete Evaluationsziele zu operationalisieren sind und mit welchen Methoden und Instrumenten man die Erreichung dieser Qualitätsziele und deren Teilziele messen will. *Qualitätsevaluation* als Teilbereich des Qualitätsmanagements steht für die systematische Prüfung, Bewertung und Beurteilung von Qualitätsindikatoren, die für die Erreichung der Qualitätsziele als relevant festgelegt worden sind.

In der Literatur wird der Evaluationsbegriff kontrovers diskutiert. Im Rahmen des vorliegenden Buches ist eine fundierte Darlegung über die Problematik der Evaluation allerdings nicht möglich. Vertiefende Informationen zu Evaluation, Evaluationsmethoden sowie Evaluationsinstrumenten liefern Kirkpatrick, Kirkpatrick (2006), für den Bereich E-Learning Tergan et al. (2004) und Baumgartner (2004). Für die Evaluation auf Grundlage des Input-Prozess-Output-Modells hat Stufflebeam das CIPP-Evaluationsmodell entwickelt. CIPP steht für Context evaluation, Input evaluation, Process evaluation, Product evaluation (Stufflebeam 2001). Dieses Modell eignet sich zur Herleitung einer begründeten Entscheidungsfindung auf Managementebene der Bildungseinrichtung. Spezielle Evaluationsansätze für das Schulwesen finden sich z. B. in Böttcher (2006) und Kempfert, Rolff (2005).

4. Qualitätsverbesserung (Act)

Der Grundgedanke der Verbesserung von Qualität von Bildungsangeboten liegt in der Vorstellung, dass dies allein durch die kontinuierliche Prozessoptimierung möglich ist. Es geht nicht darum, Einzelaspekte der Qualität, etwa der Kundenzufriedenheit beim Seminar oder der Messung von Lernleistungen in den Fokus der Betrachtung von Qualitätsverbesserung zu stellen, sondern das Ziel sollte darin liegen, ein Bewusstsein und eine Vorstellung von Qualität bei allen beteiligten Mitarbeitern zu erwecken und daraufhin eine „Qualitätskultur“ in der Bildungseinrichtung zu etablieren. Dieser Qualitätsgedanke sollte in die Unternehmenskultur und die Strategieausrichtung eingehen und „gelebt“ werden. Daher reicht es nicht aus, Feedbackbögen auszuteilen, ein Qualitätsmanagementsystem einzuführen oder sich durch ein externes Audit zertifizieren zu lassen.

> „Qualitätsverbesserung ist als kontinuierlicher individueller und organisationaler (Lern-)Prozess zu verstehen, der durch systematische Zielsetzung und Priorisierung versucht, die Gesamtqualität einer Institution, eines Programms, eines Produktes oder einer (Bildungs-)Dienstleitung zu steigern.“ (Wirth 2005, S. 154).

Die Idee für eine umfassende Verbesserung von Qualität auf allen Ebenen und einer Sensibilisierung der Mitarbeiter für Qualitätsaspekte stammt ursprünglich aus dem industriellen Umfeld und ist von dem Japaner Taiichi Ohno entwickelt worden. Er hat dieses Vorgehen „Kaizen“ genannt. Kaizen (von Kai = Veränderung und Zen = zum Besseren) ist als schrittweise Optimierung und als kontinuierliche Verbesserung zu verstehen. Im Mittelpunkt stehen hierbei die Mitarbeiter und deren aufzubauendes Qualitätsbewusstsein, was im Wesentlichen durch Humanfaktoren wie Qualifikation, Motivation, Engagement, Verhalten und Identifikation erreicht werden soll.

改善

Abbildung 12 Japanisch: Kaizen
Quelle: Wikipedia

2.1.5 Qualitätsmanagement vs. Bildungscontrolling

Bei der Darstellung der Controllingfunktion von Qualitätsmanagement im Abschnitt 2.1.1 wurde bereits auf das Verhältnis zwischen Qualitätsmanagement und Bildungscontrolling eingegangen. Dieses soll im Folgenden vertieft werden. Als Ausgangspunkt dient die These, dass Bildungscontrolling ein zentraler Bestandteil und Aspekt von Qualitätsmanagement sein muss und zwar auf der Ebene der Qualitätssicherung. Warum ist das so?

Bildungsangebote entstehen nicht im luftleeren Raum, sondern werden aufgrund bestimmter Anforderungen hin konzipiert und ausgehend von einer Bedarfsanalyse geplant. So müssen z. B. Kompetenzlücken geschlossen werden oder Wissen im Hinblick auf definierte Bildungsstandards aufgebaut werden. Damit die Steuerung dieser Bildungsarbeit von den Anfangsbedingungen über das Produktdesign, der Durchführung bis hin zum Transfer hinsichtlich der Effektivität und Effizienz erfolgreich verlaufen kann, ist ein Prozesscontrolling unumgänglich. Wie werden die eingesetzten Ressourcen verwendet? Welche Rückkopplung zu den ursprünglich intendierten Zielen ist eingeplant? Wann heißt es eingreifen, wenn eine Zielerreichung gefährdet ist? Neben den ökonomischen Effizienz- und Effektivitätsbetrachtungen müssen aber auch ebenso pädagogische Standards gesetzt und messbar sein. Die Steuerung der Überwachung dieser Aspekte obliegt dem Bildungscontrolling. Dazu gehören z. B. Kompetenz-Messungsverfahren, Feedback- und Evaluationsmethoden. Weitere Bewertungskriterien sind betriebswirtschaftliche Rentabilität, individuelle Lernziele, Kosten-Nutzen-Betrachtungen und Transfermessungen.

In der *betrieblichen Bildung* ist es State of the Art, dass das Controlling des Outputs und des Transfers, d. h. die tatsächlich entstandenen Verhaltensänderungen und der Nutzen am Arbeitsplatz, immanenter Bestandteil eines umfassenden Qualitätsmanagements sind.

Bildungscontrolling darf jedoch nicht als Selbstzweck missverstanden werden. Das führt sehr schnell zur Ablehnung der betroffenen Mitarbeiter. Es ist immer als Instrument einer transparenten und kommunizierten Strategieumsetzung der Personalentwicklung und des Bildungsmanagements zu sehen. Bildungscontrolling kann nur da sinnvoll eingesetzt und zur Umsetzung der Qualitätsstrategie genutzt werden, wenn im Rahmen des Qualitätsmanagements die Organisation des Bildungsprozesses transparent und nachvollziehbar gemacht wurde, also auch die Sinnhaftigkeit der Messpunkte kommuniziert worden ist und auf Zweckmäßigkeit hin überprüft worden ist. Die Erfolgsmessungen haben in Zeiten des erhöhten wirtschaftlichen Druckes auf die Unternehmen oft zu übertriebenen Aktivitäten seitens des Bildungsmanagements geführt. Im Bildungscontrolling besteht zurzeit eine Diskussion, das Lernen nicht auf die Ertragsmessung von isolierten Events zu reduzieren, sondern den integrierten fortwährenden Prozess in den Mittelpunkt zu stellen und auch massiv in der Kostendiskussion bei der Personalentwicklung einzufordern:

> "Many 'thinking practitioner' trainers/facilitators would strongly advocate dropping what are seen as 'happy sheets', in favour of spending more time and effort on follow-up activities to ensure that action plans are implemented, learning is applied and reinforced, and that the training is not seen as an isolated event in space and time." (Thomson 04.06.2007)

Die Controllinginstrumente selbst sollten im Rahmen des umfassenden Qualitätsmanagements der ständigen Überprüfung, Verbesserung und Optimierung hinsichtlich ihrer Sinn- und Zweckmäßigkeit bewertet werden. Qualitätsmanagement mag auch ohne die Instrumente des Bildungscontrollings praktiziert werden. Es wird dann jedoch nicht effektiv sein. Bildungscontrolling ohne Qualitätsmanagement einzusetzen ist jedoch kontraproduktiv.

2.2 Total Quality Management (TQM)

Seit den 40er Jahren des vergangenen Jahrhunderts gibt es das Konzept des Total Quality Management, kurz TQM. Dieses Konzept besagt, dass eine Organisation die Qualitätssteigerung ihrer Produkte oder Dienstleistungen als zentrales Ziel ihres Handelns betrachtet. Dabei ist das Total Quality Management kein ausdifferenziertes Qualitätsverfahren mit Anweisungscharakter, sondern entspricht eher einer grundlegenden Einstellung des Managements und der Mitarbeiter hinsichtlich aller Prozesse und Akteure in einer Unternehmung. Das Qualitätsmanagement ist ein ständiger und umfassender Prozess, an dem alle Unternehmensebenen beteiligt sind. Der Erfolg der Qualitätsanstrengungen wird an der Kundenzufriedenheit und am Kundennutzen gemessen. Total Quality Management kann im Deutschen als „Umfassendes Qualitätsmanagement" bezeichnet werden.

Lernziele

Durch Bearbeitung dieses Abschnittes lernen Sie:

- Die Grundpfeiler von Total Quality Management (TQM) kennen
- Die wichtigsten Elemente von Total Quality Management (TQM) kennen
- Einen prototypischen Implementierungsablauf von Total Quality Management (TQM) kennen

2.2.1 Grundlagen des TQM

Durch Globalisierung, verschärfte weltweite Konkurrenz und das zunehmende Agieren von Unternehmen des Bildungssektors auf europäischen und internationalen Märkten zeigt sich bei vielen Beteiligten dieser Branche, dass neben dem Preis die Kundenzufriedenheit eine immer wichtigere Rolle spielt. Ziel der Unternehmensstrategie Total Quality Management (TQM) ist deshalb die Verbesserung der Kundenzufriedenheit, die in den Mittelpunkt aller Tätigkeiten des Unternehmens gestellt wird. Um dieses Ziel zu erreichen, muss ein Umdenken bei allen Mitarbeitern und Lehrkräften stattfinden. Fehler dürfen nicht länger als normal betrachtet, sondern durch ständige Verbesserung der Prozesse minimiert und vermieden werden. Wichtig dabei ist, dass neben dem eigentlichen Prozess der Vermittlung des Lehrstoffs – ob online oder offline, auch vor- und nachgelagerte Prozesse, wie Marketing, Vertrieb, Kunden- und Beschwerdemanagement gerade bei Online-Angeboten genau untersucht und verbessert werden. Damit wird der hohe Anspruchsgehalt von TQM deutlich. Es ist keine Managementmethode, sondern eher eine Geisteshaltung, eine Philosophie, die mittels konkreter Methoden umgesetzt werden muss.

Dem legendären Autokonstrukteur Carl Borgward wird der überlieferte Ausdruck nachgesagt: „Qualität beginnt im Kopf". Im Sinne des TQM bedeutet dies, dass die Unternehmensführung diese Philosophie vorleben muss, damit alle Köpfe des Unternehmens den Qualitätsgedanken verinnerlichen können.

Total Quality Management gilt als die umfassendste Qualitätsstrategie, die für eine Unternehmung denkbar ist. Für den Bildungssektor gewendet bedeutet dies,

dass alle im Abschnitt 1.1.2 genannten Interessengruppen, alle Prozesse, alle Input- und Outputvariablen in die Qualitätsdiskussion mit einbezogen werden müssen.
Der Begriff Total Quality Management wird laut deutscher Norm DIN EN ISO 8402 folgendermaßen definiert:

> „Umfassendes Qualitätsmanagement: Auf der Mitwirkung aller ihrer Mitglieder gestützte Managementmethode einer Organisation, die Qualität in den Mittelpunkt stellt und durch Zufriedenstellung der Kunden auf langfristigen Geschäftserfolg sowie auf Nutzen für die Mitglieder der Organisation und für die Gesellschaft zielt." (Kamiske, Brauer 2006, S. 327).

Der Begriff „Total Quality Management" setzt sich aus insgesamt drei Bestandteilen zusammen, die jeweils gleich gewichtete Inhalte aufweisen. *Total* zielt hierbei auf den umfassenden Charakter ab. Die gesamte Institution, d. h. alle Bereiche und Mitarbeiter des Unternehmens sind ohne Ausnahme in die Qualitätsverbesserung mit einbezogen. *Quality* zielt auf den Qualitätsgedanken ab. *Management* bedeutet hierbei, dass es sich um einen Prozess handelt, der durch die ständige Qualitätsverbesserung der an Führungs-, Planungs-, Steuerungs- und Überwachungstätigkeiten beteiligten Personen aktiv vorangetrieben werden muss. Die Ausrichtung der Organisation erfolgt ausschließlich auf die Kunden, wobei die Tatsachen zählen, d. h. Maßnahmen sind mit Daten zu belegen, einfache Begründungen reichen nicht. Prozesse stehen in der Organisation im Mittelpunkt und wirken als Katalysator zwischen Input und Output.[10] Abbildung 13 verdeutlicht das Zusammenwirken der drei Teilbereiche des TQM:

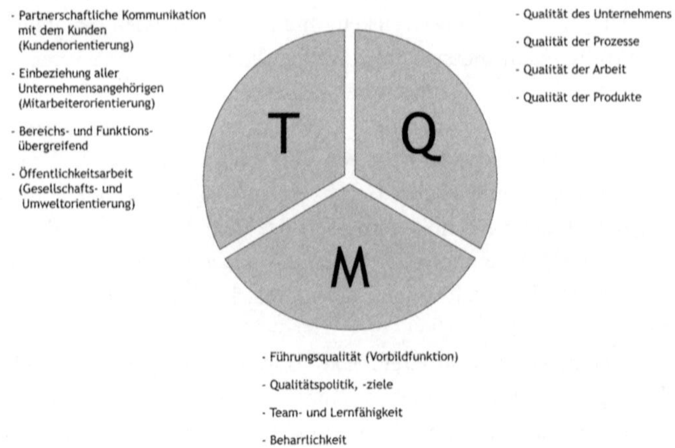

Abbildung 13 Drei Grundpfeiler des Total Quality Management
Quelle: nach Kamiske, Brauer 2006

10 Siehe dazu die Ausführungen zum Input-Prozess-Output-Modell im Abschnitt 1.1.4

2.2.2 Ausgewählte Elemente des TQM

1. Die Rolle der Unternehmensführung

Einen Bewusstseinswandel seitens der Mitarbeiter einer Unternehmung herbeizuführen, ist eine der schwierigsten Managementaufgaben. Deshalb kommt den Führungskräften eine besonders verantwortungsvolle Aufgabe zuteil. Sie sind diejenigen, die nicht nur voll hinter der neuen Strategie stehen, sondern auch mit bestem Beispiel vorangehen müssen. Eine Unternehmensleitung, die sich für TQM entschieden hat, muss zwei Verpflichtungen übernehmen:

- Eine kontinuierliche und fördernde Begleitung des TQM-Prozesses
- Vorleben der ständigen Qualitätsverbesserung im persönlichen Auftreten und Handeln und Vermeiden von bloßen „Lippenbekenntnissen“
- Die Vorbildfunktion des Managements ist eine notwendige Voraussetzug dafür, dass die Mitarbeiter den hohen Stellenwert der Qualität für das Unternehmen erkennen. Sie werden motiviert, sich selbst aktiv am kontinuierlichen Verbesserungsprozess zu beteiligen, um in allen Unternehmensbereichen eine Qualitätsverbesserung zu erzielen.

2. Kontinuierlicher Verbesserungsprozess (KVP)

Nicht die großen Innovationen an Projekten, neuartige Qualifizierungsangebote oder die Einführung von informationstechnischer Unterstützung von Kommunikationsprozessen tragen zur nachhaltigen Qualitätsverbesserung bei. Die Summe der kleinen, kontinuierlichen Verbesserungen bestehender Prozesse sind viel besser geeignet, dass Fehlleistungen, unrationelle Arbeitsweisen, Kommunikations- und Informationslücken etc. Stück für Stück beseitigt werden. Dieser Prozess wird als kontinuierlicher Verbesserungsprozess (KVP) bezeichnet. Jeder Mitarbeiter kann in seinem Arbeitsbereich durch sein Wissen und seine Fähigkeiten seinen Beitrag zur Qualitätsverbesserung beisteuern. Das gilt für den Dozent, den Online-Tutor genauso wie für die Sekretärin oder die studentische Hilfskraft.

Neue Ideen und Verbesserungsmöglichkeiten werden durch gezielte Maßnahmen, z. B. Qualitätszirkel, betriebliches Vorschlagwesen, Fehleranalysen usw. unterstützt. Die Aufgabe besteht allerdings nicht nur in der Entdeckung des Problems, sondern auch in der Erarbeitung einer Problemlösung und deren Umsetzung. Dieser Optimierungs- oder Verbesserungskreislauf, der Deming- oder PDCA-Zyklus, wurde bereits in Abschnitt 2.1.4 beschrieben. KVP ist hierbei als deutsche Bezeichnung identisch mit dem ständigen Verbesserungsprinzip des Deming-Zyklus. Der Deming-Zyklus ist mit seinem Basisgedanken, dass jeder Vorgang als Prozess betrachtet werden kann und demnach entsprechendes Verbesserungspotenzial besitzt, zugleich Anwendungs- und Erklärungsmodell des KVP-Prinzips. Das Prinzip des KVP ist das Herzstück jeder TQM-Initiative und setzt sich auch in deutschen Bildungsinstitutionen immer mehr durch. Ein wichtiger Punkt ist die prozessorientierte Denkweise dieses Prinzips, die über den reinen Methodencharakter hinausgreift.

Günter Ollenschläger hat in einer Gegenüberstellung die Unterschiede in der Herangehensweise des Ansatzes der Qualitätssicherung im Vergleich zum Ansatz der Kontinuierlichen Qualitätsverbesserung im TQM skizziert:

Tabelle 7 Unterschiede zwischen Sichtweisen aus Qualitätskontrollsicht und der Sicht des Total Quality Management
Quelle: nach Ollenschläger 2003

Qualitätskontrolle/ Qualitätssicherung	Kontinuierliche Qualitätsverbesserung (Total Quality Management)
• Primär Dokumentation von Qualitätsindikatoren	• Primär Optimierung von Prozessen
• Vorrangig retrospektiv	• Prospektiv und kontinuierlich
• Unzureichende Qualität wird bestraft	• Unzureichende Qualität lässt suboptimalen Prozess vermuten
• Ein Individuum ist für das Ergebnis verantwortlich	• Individuum ist nur eine Variable, die Prozesse beeinflusst
• Zielt auf die Erfassung von Fehlern im System	• Zielt auf die Optimierung des Systems
• Setzt optimal geplanten Prozess voraus	• Setzt voraus, dass alle Prozesse zu optimieren sind
• Basiert primär auf festen Regeln	• Basiert auf problemorientierten Vereinbarungen
• Betont Dokumentation und Datenauswertung	• Betont aus Daten abgeleitete Veränderungen
• Zielt auf die Übereinstimmung mit vorgegebenen Standards	• Zielt primär auf Kundenbedarf und -bedürfnis

• Wird primär von QS-Spezialisten verantwortet	• Wird von allen Mitarbeitern verantwortet
• Beruht auf Kontrolle	• Beruht auf Problemidentifizierung
• Der QS-Spezialist kennt Fehler und Fehlerlösung	• Die Mitarbeiter wissen am besten, wie Qualität zu verbessern ist

3. Mitarbeiterorientierung

Die größte Herausforderung, die eine intendierte Änderung der Einstellung gegenüber der Qualität der eigenen Arbeit darstellt, ist die Annahme dieser Philosophie durch die Mitarbeiter selbst. Es gilt nicht, die richtigen Formulare in der richtigen Reihenfolge auszufüllen und so die Sicherstellung von Standards zu dokumentieren, sondern selbstständig an der ständigen Verbesserung der eigenen Qualität mitzuwirken. Die Schwierigkeit besteht darin, jenseits von formalisierten Prozessen eine Verhaltensänderung zu etablieren. Damit dies dennoch erfolgreich passieren kann, muss TQM konsequent auf Partizipation und Einbindung der Mitarbeiter setzen. Hierbei sind einige zentrale Gestaltungsprinzipien zu beachten:

- Die Änderung organisatorischer Strukturen bedingen nicht automatisch eine Änderung der Denk- und Handlungsweisen der Mitarbeiter. Überzeugungsarbeit seitens der Leitung und deren konsequentes Vorleben muss die Organisationsänderung begleiten und unterstützen.
- Eine klare, transparente und kommunizierte Strategie mit eindeutigen Zielen und dafür ausreichenden Ressourcen für die Durchführenden sind für den Erfolg der Maßnahmen unverzichtbar.
- Die Mitarbeiter müssen über Personalentwicklungsmaßnahmen und Schulungen zu den entsprechenden Qualitätsthemen eingebunden werden.
- Verunsicherung, Überforderung und Stress durch neue organisatorische Regelungen müssen vermieden werden und die daraus resultierenden Widerstände durch die Einbeziehung der Mitarbeiter bei der Definition ihrer Qualitätsziele ausgeräumt werden.

Für eine erfolgreiche Umsetzung von TQM im Unternehmen sind aber noch mehrere Faktoren entscheidend. Neben der Einbeziehung aller Mitarbeiter und dem entsprechendes Verhalten der Führungskräfte bilden vor allem die Werkzeuge und Basismethoden, durch deren Einsatz ein umfassender Veränderungsprozess im Unternehmen stattfinden kann, die Basis von TQM. Die Schulung der Mitarbeiter in den verschiedenen Werkzeugen und eine offene Kommunikation sind unabdingbare Voraussetzungen, um die Mitarbeiter dauerhaft zu motivieren und einen Veränderungsprozess des Qualitätsbewusstseins in Gang zu setzen. Mitarbeiterorientierung sollte keine bloße Absichtserklärung sein, sondern eine Grundhaltung der Bildungsinstitution. Wichtige Faktoren der Mitarbeiterorientierung sind u. a.:

- Die Mitarbeiter mit ihren Anliegen ernst nehmen und Zeit für Gespräche in Problemsituationen finden
- Dem Mitarbeiter Verantwortung übertragen und möglichst projektbezogen delegieren
- Einen zeitgemäßen kooperativen Führungs- und Managementstil implementieren
- Eine transparente Informations- und Kommunikationspolitik pflegen
- Mitarbeitergespräche führen, Zielvereinbarungen gemeinsam aushandeln
- Wertschätzung und Lob für gute Arbeit äußern, die Arbeitsleistung fair beurteilen
- Die Ideen der Mitarbeiter hinsichtlich Qualität, Arbeitsabläufe aufgreifen und auf dieser Basis Verbesserungsmaßnahmen einleiten
- gezielte Personalentwicklung ermöglichen, den Mitarbeiter fordern und fördern

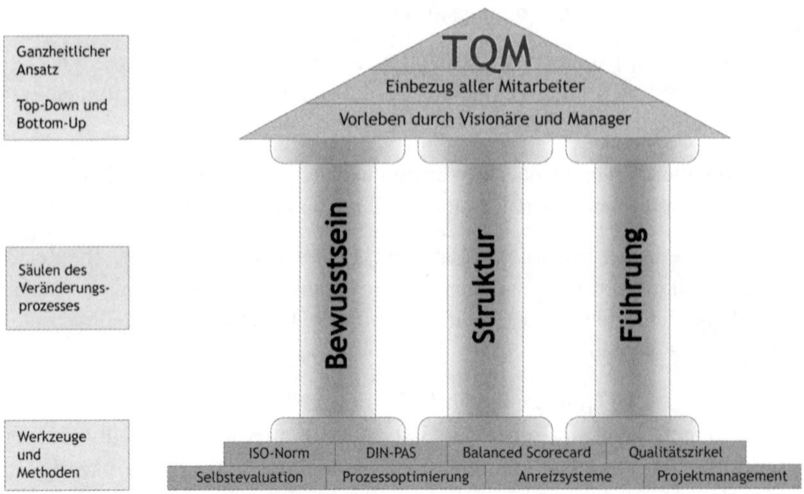

Abbildung 14 Der Ansatz des Total Quality Management (TQM)

4. Kundenorientierung

Kundenorientierung ist ein weiterer, wesentlicher Bestandteil des TQM. Kundenorientierung bedeutet, dass eine Bildungseinrichtung ihre Arbeit (Lehre, Personalentwicklung, Organisation, Verwaltung), ihre Produkte (Bildungsprodukte, -angebote und -dienstleistungen) und ihre Prozesse konsequent auf die Erwartungen der Kunden abstimmt und ausrichtet. Da der Kunde in Bildungseinrichtungen niemals passiver Konsument, sondern immer Ko-Produzent des Bildungsproduktes ist, bedeutet dies, dass die Qualität einer Bildungsdienstleistung untrennbar mit dem Kunden verknüpft ist. Kundenorientierung wird durch den zunehmenden Wettbewerbsdruck auch im öffentlichen Bereich der Schulen und Hochschulen immer wichtiger. Wesentliche Aspekte der Kundenorientierung sind u. a.:

- Transparenz, einfacher Zugang und umfassende Information und Kommunikation über die Bildungsangebote
- Kompetente Bildungsberatung und Lernberatung
- Effiziente Wissensvermittlung
- Faire und objektive Leistungsbeurteilung inklusive schnelles und fundiertes Feedback
- Effizienter Umgang mit allen Ressourcen
- Ein funktionierendes Beschwerdemanagement

Die o. g. Ausführungen betreffen zunächst den direkten Endkunden, d. h. den Lerner und Rezipienten des Bildungsangebotes. Eine Bildungseinrichtung hat je nach Ausrichtung zusätzlich noch andere indirekte Kunden, z. B. Behörden und Ministerien, Bundesagentur für Arbeit, Unternehmen, die Bildungsdienstleistungen einkaufen etc. Indirekte Kunden können ebenso die eigenen Mitarbeiter sein, beispielsweise Mitarbeiter der Personalabteilung des eigenen Unternehmens, beteiligte Akteure und Kollegen in ihren jeweiligen Abhängigkeitsverhältnissen innerhalb eines Bildungsangebotes (siehe Abschnitt 1.1.2), Kooperationspartner etc. Die Ausrichtung auf die Bedürfnisse der jeweiligen Kundengruppe ist in einem Qualitätsmanagementsystem organisationsintern zu identifizieren, zu erarbeiten und zu dokumentieren. Standards helfen bei diesem Prozess, verbindliche Qualitätsmindestlevel zu formulieren.

2.2.3 Implementierung von TQM

Bülow Schramm (2006, S. 30 f.) stellt trotz der Unternehmensspezifik bei der Ausgestaltung von TQM einen idealtypischen Ablauf zur Einführung von TQM im Unternehmen vor:

1. Die Leitung legt die Qualitätspolitik fest und bringt sie allen Mitarbeitern zur Kenntnis. Die hier geäußerten Absichten und Zielsetzungen sind auch an die Kunden heranzutragen. Wichtig ist die griffige Formulierung.

2. Ein Lenkungsteam wird eingesetzt, welches die TQM-Entwicklung begleitet und regelmäßig über unterstützende Maßnahmen nachdenkt und entscheidet.

3. Dem Lenkungsteam wird eine oder ein hauptamtliche/r TQM-Koordinator/in, respektive eine oder ein (Qualitätsbeauftragte/r) zur Seite gestellt.

4. Neben der Verwaltung der Aktivitäten organisiert der oder die verantwortliche TQM-Koordinator/in die Trainings der Leitung und der Mitarbeiter/innen für die TQM-Durchführung.

5. Arbeits- und Projektteams werden gebildet und beauftragt, Arbeitsprozesse in allen Bereichen des Unternehmens zu definieren und zu identifizieren, die der kontinuierlichen Verbesserung unterzogen werden sollen.

6. Das Lenkungsteam legt Prioritäten, Zeitrahmen und Mittel für die Projekte fest.

7. Abteilungsübergreifende Projektteams oder Qualitätszirkel (7-8 Mitglieder) leisten die Hauptarbeit, indem sie sich mit der Beseitigung von Schwachstellen und mit der Verbesserung von Arbeitsabläufen beschäftigen.

8. Die Ergebnisse der Arbeit werden dokumentiert, die Wirkungen der Verbesserungsarbeit gemessen.

9. Erfolge werden an die gesamte Belegschaft kommuniziert und – möglichst teamfördernd – prämiiert.

2.3 European Foundation for Quality Management (EFQM)

Ein Modell zur konkreten Umsetzung und Implementierung von Total Quality Management stellt das EFQM-Modell für Exzellenz der European Foundation für Quality Management dar, welches 1988 entwickelt wurde. Die European Foundation für Quality Management (EFQM) entstand durch den Zusammenschluss von

14 führenden europäischen Unternehmen als gemeinnützige Organisation auf Mitgliederbasis. Heute sind mehr als 600 Organisationen verschiedenster Branchen aus der gesamten EU Mitglieder der EFQM. In den einzelnen EU-Ländern ist die EFQM durch ihre Nationalen Partnerorganisationen (NPO) vertreten. Die Deutsche Gesellschaft für Qualität e.V. (DGQ) ist als EFQM-Mitglied die deutsche Nationale Partnerorganisation der EFQM. Vision und Ziel der EFQM ist die herausragende Positionierung europäischer Organisationen im globalen Wettbewerb. Den Unternehmungen und Organisationen aus der EU sollen eine umfassende Managementmethode zur Verfügung gestellt werden, mit der sie exzellente Qualitätsleistungen und nachhaltige Spitzenleistungen auf allen Managementebenen erreichen können. Um diesem Anspruch gerecht zu werden, wurde durch die EFQM ein spezielles Vorgehensprogramm mit unterschiedlichen Kriterien entwickelt - das EFQM-Modell für Exzellenz.

Lernziele

Durch Bearbeitung dieses Abschnittes lernen Sie:

- Die Grundlagen des EFQM Excellence-Modells kennen
- Die Bewertungskriterien des EFQM-Modells kennen

2.3.1 Grundlagen des EFQM-Modells

Dem Vorbild Japans und der USA folgend, gründete die europäische Gemeinschaft eine Organisation, die sich der Förderung, Verbreitung und Auszeichnung des Total Quality Management-Gedankens annahm. Ziel ist die Unterstützung von Unternehmen und Organisationen, die TQM umsetzen wollen um eine bessere Wettbewerbsposition auf dem internationalen Markt zu erlangen. 1988 nahm die European Foundation for Quality Management ihre Arbeit auf, die zunächst in der Ausarbeitung eines Kriterienmodells für die Umsetzung von TQM bestand. Die Basis dafür war das Kriterienmodell des amerikanischen Qualitätspreises Malcolm Baldrige Quality Award, auf dessen Kriterien im Wesentlichen der auf der Europäischen Qualitätsinitiative beruhende Europäische Qualitätspreis für Unternehmen beruht.[11] Der Grundgedanke des Modells basiert auf den drei fundamentalen Säulen von TQM: der gleichzeitigen Betrachtung von Führung, Prozessen und Ergebnissen. Durch die Einbindung aller Mitarbeiter in einen kontinuierlichen Verbesserungsprozess sollen bessere Ergebnisse erzielt werden. Dabei wurden neun Parameter

11 Für Informationen zu den Qualitätspreisen lesen Sie die Ausführungen in Abschnitt 3.5.4

analysiert, die für eine Unternehmung langfristig erfolgsrelevant sind. In dem Modell wird die Annahme getroffen, dass Kundenzufriedenheit, Mitarbeiterzufriedenheit und positive Wirkungen für die Gesellschaft durch die Führung bestimmt werden. Die Unternehmenspolitik und -strategie sowie das Management von Personal, Ressourcen und Prozessen wird durch die Unternehmensführung gesteuert, was letztlich zu herausragenden Geschäftsergebnissen führen soll (Zink 2004). Die einzelnen Kriterien werden nach ihrer Bedeutung gewichtet und fließen anteilig in die Gesamtbewertung ein.

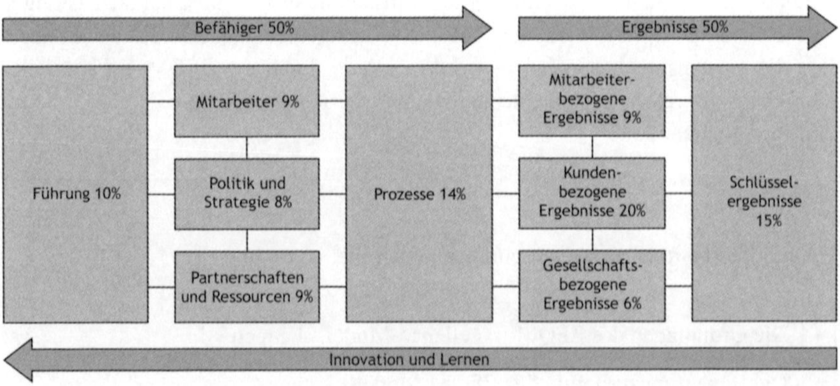

Abbildung 15 Das EFQM Excellence Modell
Quelle: nach Zink 2004

Die drei senkrechten Hauptsäulen Führung, Prozesse und Schlüsselergebnisse bilden die Grundbestandteile des EFQM-Modells. Die jeweils dazwischenliegenden waagerechten Kästen geben an, mit welchen Mitteln die Umsetzung des Modells erreicht werden soll und welche Zwischenergebnisse dafür notwendig sind. Das Modell ist in zwei große Abschnitte eingeteilt – in *Befähigerfaktoren* (linke Seite in Abbildung 15) und *Ergebnisfaktoren* (rechte Seite in Abbildung 15), die jeweils die Hälfte des Gesamtmodells in der Bewertung ausmachen. Die Befähigerfaktoren beziehen sich direkt auf das Qualitätsmanagement der Unternehmung und betreffen die Ausgestaltung der Aktivitäten zur Qualitätssicherung und -förderung. Befähigerfaktoren beschreiben das Potenzial einer Organisation. Was wird wie und in welchem Umfang gemacht, um eine ständige Qualitätsverbesserung zu erzielen?

Damit wird einer der fundamentalen Erkenntnisse des TQM Rechnung getragen: Es reicht nicht aus, Ergebnisse zu managen, sondern es ist erforderlich, die Vorgehensweise dazu (die Befähiger) einzubeziehen. Die vier Kriterien auf der rechten Seite in Abbildung 15 bilden die Ergebnisfaktoren. Diese sollen gewährleisten, dass die Anforderungen der Stakeholder[12] (Hauptinteressengruppen, z. B. Kunden, Mitarbeiter, Aktionäre) mit entsprechender Gewichtung einbezogen werden. Mit den Ergebnissen wird definiert, was die Unternehmung erreicht hat und erreichen will, mit den Befähigungsfaktoren, wie sie dabei vorgehen will und mit welchen Mitteln und Methoden sie die Ergebnisse erarbeiten will. Die in Prozent angegebenen relativen Gewichtungen der einzelnen Kriterien geben deren Anteil bzw. Einfluss auf das Gesamtmodell (100%) an.

2.3.2 Die Bewertungskriterien des EFQM-Modells

Im Folgenden sollen die neun Bewertungskriterien des EFQM-Modells vorgestellt werden.

Führung: Engagierte Übernahme und persönliche Verantwortung durch die Führungskräfte hinsichtlich der Etablierung eines umfassenden kontinuierlichen Verbesserungsprozesses, Schaffung einer Kultur der exzellenten Qualität durch Vorbildwirkung, Bemühungen bei Kunden und Partnern, Motivation und Anreize bei den Mitarbeitern.

Politik und Strategie: Basierend auf den Erwartungen der Stakeholder soll die Qualitätspolitik und Qualitätsstrategie mittels Analyse der Daten aus Marktforschung und Leistungsmessungen entwickelt, geprüft und umgesetzt werden. Die Umsetzung wird durch definierte Prozesse eingeführt und auf allen Ebenen des Unternehmens kommuniziert.

Mitarbeiter: Die Mitarbeiterorientierung bezieht sich auf systematische Aktivitäten des Unternehmens, Motivation und Fähigkeiten aller Beschäftigten zu stärken, zu fördern, zu honorieren und gezielt weiterzuentwickeln. Eine bedarfsgerechte und zielorientierte Personalentwicklung basierend auf Wissens- und Kompetenzerfassung ist das Herzstück der Aktivitäten.

Partnerschaften und Ressourcen: Bezieht sich auf den Aufbau von strategischen Partnerschaften und den effizienten und effektiven Einsatz der Ressourcen (z. B. Finanzmittel, Immobilien, Material, Technik und Technologie, Information und Wissen etc.) im Unternehmen.

Prozesse: Systematisches Management aller Geschäftsprozesse der Unternehmung zur Optimierung und Verschlankung der Abläufe mit dem Ziel zu gewährleisten, dass aktuelle und zukünftige Bedürfnisse und Erfordernisse der Interessenpartner des Unternehmens in sinnvoller und ausgewogener Weise erfüllt werden.

12 Zu Stakeholdern (Anspruchsberechtigte) eines Bildungsdienstleistungsunternehmens siehe die Anmerkung 5.

Kundenbezogene Ergebnisse: Wünsche, Erwartungen, Anforderungen und Zufriedenheit der Kunden an die Produkte und Dienstleistungen der Unternehmung müssen systematisch erfasst werden und die dabei erzielten Ergebnisse für kontinuierliche Verbesserungen genutzt werden. Die Pflege der Kundenbeziehungen (Customer Relationship Management) und das Feedback der Leistungen der Unternehmung durch die Kunden sind zentral für die Qualität der Produkte und Dienstleistungen.

Mitarbeiterbezogene Ergebnisse: Mitarbeiterbezogene Leistungsindikatoren und die systematische Messung der Mitarbeiterzufriedenheit mit den Arbeitsbedingungen, dem Führungsverhalten, der Unternehmenskultur und anderen organisationalen Bedingungen sind Grundlage für eine gezielte Einbeziehung der Mitarbeiter in die Entwicklung und Realisierung eines umfassenden Qualitätsmanagements.

Gesellschaftsbezogene Ergebnisse: Beziehen sich auf das Image der Unternehmung bezüglich seiner Aktivitäten hinsichtlich Umweltorientierung, soziales Engagement und alle Formen der Corporate Social Responsibility (CSR).

Schlüsselergebnisse der Organisation: Bewertet den Einfluss des umfassenden Qualitätsmanagements auf den Geschäftserfolg, involviert z. B. Gewinn, Umsatz, Wertschöpfung aber auch nichtmonetäre Messgrößen.

Die European Foundation for Quality Management hat für die herausragende Umsetzung von Total Quality Management nach der EFQM-Philosophie einen Qualitätspreis ausgelobt, den European Quality Award (EQA), welcher im Abschnitt 3.5.4 zu den Qualitätspreisen näher vorgestellt wird. Die Tabelle 9 im Abschnitt 3.5.4 listet die Unterkriterien und Spezifikationen der EFQM-Kriterien detailliert auf. Wie eingangs beschrieben, vertritt das EFQM-Modell die Philosophie des Total Quality Management. Qualität ist demnach im Sinne des EFQM-Modells

- nicht allein auf Produkte und Dienstleistungen ausgerichtet, sondern bezieht alle Prozesse, Arbeitsbedingungen und die Umwelt mit ein.[13]
- keine rein technische Funktionsweise, sondern ein systematischer Prozess, der die gesamte Organisation durchdringt.
- benötigt einen entsprechenden organisatorischen Rahmen, der sowohl die Qualität der einzelnen Mitarbeiterleistung als auch die der Zusammenarbeit zwischen Abteilungen und über Unternehmensgrenzen hinaus gewährleistet.

13 Zum Verständnis einer Unternehmung als komplexes System mit Vernetzung zwischen Umweltsphären, Anspruchsgruppen, Ordnungsmomenten und Prozessen im Sinne einer umfassenden, holistischen Betrachtungsansatzes (vgl. Rüegg-Stürm 2005).

- kontinuierliche Verbesserungen sind nicht allein auf die Produktion beschränkt, sondern erfassen alle Bereiche einer Unternehmung und beziehen alle Mitarbeiter mit ein (Zink 2004).

Unabhängig von Branche, Größe, Struktur oder Reifegrad brauchen Organisationen ein geeignetes Managementsystem, wenn sie erfolgreich sein wollen. Das EFQM-Modell ist ein praktisches Werkzeug, das Hilfestellung gibt für den Aufbau und die kontinuierliche Weiterentwicklung eines umfassenden Managementsystems und das aufzeigt, wo man sich auf dem Weg zu einer exzellenten Qualität befindet. Das Modell hilft hierbei, eigene Stärken, Schwächen und Verbesserungspotenziale zu erkennen und die Unternehmensstrategie darauf auszurichten. Organisationen und Unternehmungen, die ihr Qualitätsmanagement am EFQM-Modell orientieren, haben sich für ein holistisches und umfassendes Verständnis von Qualität entschieden.

2.3.4 Vergleich der Erfordernisse nach TQM/EFQM und DIN EN ISO 9001

Der Ansatz des EFQM Exzellenz-Modell geht mit seinen Prämissen und Kriterien deutlich weiter, als die Forderungen der DIN EN ISO 9001. Die Abbildung 16 zeigt die einzelnen Elemente des EFQM-Modells und den Erfüllungsgrad durch die DIN EN ISO 9001:2000. Im Unterschied zur ISO-Normierung beinhaltet das EFQM-Modell eine stärkere Einbeziehung von Außenperspektiven, weshalb es für einen Einsatz in Bildungseinrichtungen sehr gut geeignet erscheint.

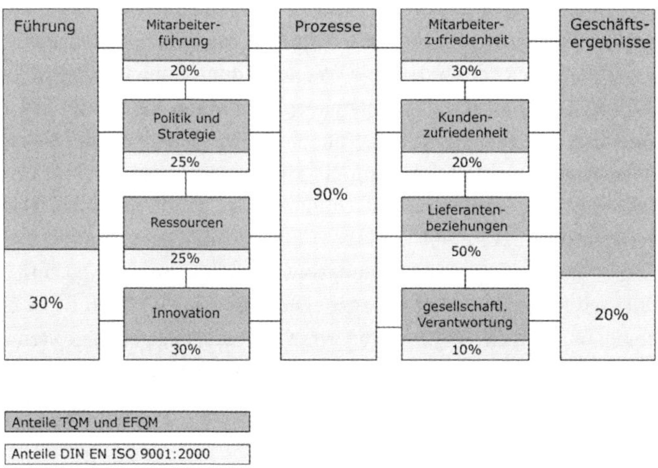

Abbildung 16 Erfordernisse nach EFQM und DIN EN ISO 9001:2000 im Vergleich

3. Methoden des Qualitätsmanagements

Nachdem im zweiten Kapitel die Grundphilosophie und der Managementansatz von Qualitätssicherungsansätzen und -verbesserungsansätzen behandelt wurden, wenden wir uns im dritten Kapitel konkreten Methoden und Mitteln zur Umsetzung von Qualitätsmanagement in Unternehmen der Bildungsbranche zu. Zentrale Methoden wie die Normenreihe DIN EN ISO 9000 ff. und der Balanced-Scorecard-Ansatz werden ausführlicher beleuchtet und zum besseren Verständnis mit Beispielen aus dem Bildungssektor unterlegt. Einige weitere wichtige Methoden, die zunehmend Verbreitung finden, wie z. B. die Lernerorientierte Qualitätstestierung in der Weiterbildung (LQW), die Anerkennungs- und Zulassungsverordnung Weiterbildung (AZWV) und die Zulassung nach der Zentralstelle für Fernunterricht (ZfU) werden kompakt beschrieben. Nach Lektüre des Kapitels 3 bekommen Sie einen Überblick über die wichtigsten Methoden und deren jeweilige spezifische Ausprägungen. Sie können anschließend beurteilen, ob eine Methode oder eine Kombination der Methoden auf ein eventuell geplantes Qualitätsmanagementprojekt in ihrer Unternehmung Relevanz besitzt. Zur Beurteilungskompetenz gehören auch die Kenntnis von Vor- und Nachteilen dieser Methoden, ihre Grenzen und ihren Nutzwert, um sie gezielt einsetzen zu können.

3.1 Die Normenreihe DIN EN ISO 9000 ff.

Die im vorigen Kapitel dargestellten Ansätze und Konzepte von Qualitätsmanagement müssen in Bildungsorganisationen mittels eines Systems oder einer Methode umgesetzt werden. Eine besonders bei Weiterbildungsanbietern verbreitete Form der Qualitätssteuerung ist die Qualitätsmanagementnorm nach DIN EN ISO 9000 ff. Als trägerübergreifender und trägerunabhängiger Standard auf Grundlage der Eigenaktivitäten zur Qualitätssicherung der Bildungsträger hat sich in Deutschland vor allem diese Normenreihe im Weiterbildungsbereich durchgesetzt. Diese Qualitätsmanagementnorm beschreibt konkret, welche Anforderungen bei der Lenkung und Führung eines Bildungsdienstleistungsunternehmens zu erfüllen sind, um einen vorab definierten Standard zu entsprechen. Die DIN EN ISO 9000 ff. ist eine Reihe von zusammenhängenden Normen für ein Qualitätsmanagementsystem. Mit der Normenreihe sind Standards entwickelt worden, die Qualitätsaussagen auf internationaler Ebene ermöglichen. Zentraler Punkt der Normenreihe ist der internationale Qualitätsstandard der Einzelnorm DIN EN ISO 9001:2000.

Die Normenreihe DIN EN ISO 9000 ff. entspringt der Vorstellung, über ein extern zertifiziertes Qualitätssicherungssystem die internen Prozesse einer Organisation so zu gestalten, dass die Anforderungen an die Qualität einer Dienstleistung erfüllt werden. Bildungsorganisationen legen ihre angestrebten Qualitätsanforderungen auf der Grundlage der in der DIN EN ISO 9000-Reihe definierten Normen fest und dokumentieren diese in einem Qualitätshandbuch. Die Prüfung erfolgt anschließend durch eine externe Zertifizierungsagentur, die durch eine Begutachtung vor Ort (Audit) einen Soll-Ist-Vergleich vornimmt und hierüber einen Bericht anfertigt. Eine erfolgreiche Prüfung wird mit einem Zertifikat ausgewiesen.

Der folgende Abschnitt stellt die prozessorientierte Normenreihe DIN EN ISO 9000 ff. zur systematischen Leitung und Lenkung von Bildungsorganisationen dar.

Lernziele

Durch Bearbeitung dieses Kapitels lernen Sie:

- Die grundlegenden Inhalte der Normenreihe DIN EN ISO 9000 ff. kennen
- Die Grundsätze der Qualitätssicherung nach DIN EN ISO 9001:2000 kennen
- Den prozessorientierten Ansatz der Normenreihe zu bewerten und eine Übertragung und Adaption auf den Anwendungskontext in ihrer Organisation zu beurteilen

3.1.1 Inhalte der Normenreihe DIN EN ISO 9000 ff.

Nach einer internationalen Abstimmungsphase hat 1987 die International Organization for Standardization (ISO) erstmals die Normen der Reihe ISO 9000 ff. herausgegeben. Die Normen sind als europäische Normen (EN) Bestandteil der nationalen Normen der EU-Mitgliedstaaten. Nationale Normungsinstitutionen wie das Deutsche Institut für Normung (DIN) sorgen für die Übernahme der Normen in das nationale Regelwerk. In den Jahren 1994 und 2000 erfolgten umfassende Überarbeitungen und Revisionen, die Verbesserungen und Vereinfachungen zum Ziel hatten. Die Normen der DIN EN 9000 ff. sind prozessorientiert und dokumentieren die Grundsätze für Maßnamen zum Qualitätsmanagement. Die Normenreihe besteht aus:

1. DIN EN ISO 9000:2005 – Begriffs- und Definitionsnorm

In der so genannten Basisnorm werden die verwendeten Begriffe sowie die Grundlagen zur Anwendung des Qualitätsmanagementsystems erklärt. Ebenso wird der prozessorientierte Ansatz erläutert. Dieser basiert im Wesentlichen auf dem Qualitätsmodell des Deming-Zyklus (Plan-Do-Check-Act-Zyklus), der im Abschnitt

2.1.4 näher erläutert wurde. Die Norm wurde 2005 überarbeitet und um einheitliche Begriffsdefinitionen erweitert (DIN EN ISO 9000:2005).

2. DIN EN ISO 9001:2000 – Zertifizierungsnorm

Zum Einhalten der Qualitätsstandards wird ein Nachweissystem benötigt, welches die Nachweis- oder Zertifizierungsnorm leistet (DIN EN ISO 9001:2000). Die Norm beschreibt das Qualitätsmanagementsystem, dessen Anforderungen, Steuerung, Lenkung und Dokumentation sowie den Ansatz zum kontinuierlichen Verbesserungsprozess (KVP). In der Zertifizierungsnorm werden folgende acht Grundsätze eines erfolgsorientierten Qualitätsmanagementsystems formuliert (Klüber, Löwe 2006, S. 47 f).

- Kundenorientierung

Kunden (Unternehmen, öffentlicher Sektor, Privatkunden etc.) sind die zentralen Erfolgsgaranten für eine Bildungsorganisation. Die Kundenbedürfnisse und Kundenerfordernisse bilden daher den Ausgangspunkt aller Überlegungen und Aktivitäten. Der Bildungsanbieter muss diese kennen und in den Bildungsangeboten und -produkten qualitativ hochwertig umsetzen.

- Führung

Die Rolle der Leitung einer Bildungsorganisation ist es, Arbeitsbedingungen für die Mitarbeiter zu schaffen, die es ermöglichen, die Qualitätsziele der Bildungsorganisation umzusetzen.

- Mitarbeiter einbeziehen

Alle Mitarbeiter, ob im direkten oder indirekten Kundenkontakt, sind verantwortlich für die Leistungserbringung gegenüber dem Kunden. Nur durch eine Form enger Einbeziehung der Mitarbeiter in die Abläufe kann ein optimaler Einsatz ihrer Fähigkeiten und Fertigkeiten zur Leistungserbringung gewährleistet werden.

- Prozessorientierter Ansatz

Ein qualitativ hochwertiges Bildungsangebot kann nur auf der Grundlage professioneller Strukturen und klar definierter Geschäftsprozesse umgesetzt werden. Die Definition von Führungsprozessen, Kommunikationsprozessen und Unterstützungsprozessen inklusive der Verantwortlichkeiten dienen einer optimalen Wirkungsweise der Bildungsorganisation.

- Systemorientierter Managementansatz

Die Leitung und Lenkung der Organisation mittels Steuerung der wechselwirkenden Prozesse, deren Verständnis und erkenntnisgeleitete Optimierung dient der effizienten zielorientierten Unternehmensführung.

- Kontinuierlicher Verbesserungsprozess

Der wichtigste Punkt des Total Quality Managements soll auch als Ziel in der DIN EN ISO 9000 f. in Bildungseinrichtungen implementiert werden.

- Sachbezogene Entscheidungen

Die Analyse von Daten, Zahlen und Parametern durch Monitoring und Controlling bildet die Grundlage für Unternehmensentscheidungen in Bildungsorganisationen.

- Lieferanten- und Kooperationsbeziehungen zum gegenseitigen Nutzen

Bildungsanbieter können die differenzierten und spezialisierten Bildungsangebote und -produkte vor allem in E-Learning und Blended Learning-Szenarien ohne Lieferanten und Kooperationspartner[14] nicht realisieren. Diese Beziehungen sind zum gegenseitigen Nutzen auszugestalten, zu monitoren und zu verbessern. Die Partner müssen einbezogen werden.

Die fünf Hauptkapitel der Norm lauten:

1. Qualitätsmanagementsystem – allgemeine Anforderungen, dokumentierte Anforderungen, QM-Handbuch, Lenkung von Dokumenten und Aufzeichnungen
2. Verantwortung der Leitung
3. Management von Ressourcen
4. Produktrealisierung
5. Messung, Analyse und Verbesserung

Die im Jahr 2000 überarbeitete Norm gibt einen Rahmen für das Qualitätsmanagement vor. Jedes Bildungsdienstleistungsunternehmen muss die Norm auf die jeweiligen konkreten Bedingungen adaptieren und die Ausgestaltung auf die eigenen Bedürfnisse vornehmen.

---

14 Als Kooperationspartner kommen in E-Learning und Blended Learning-Bildungsangeboten infrage: Content-Produzenten und -Lieferanten, externe Fachreferenten und Online-Tutoren, Lernplattformanbieter, Tagungshotels für Präsenzveranstaltungen etc.

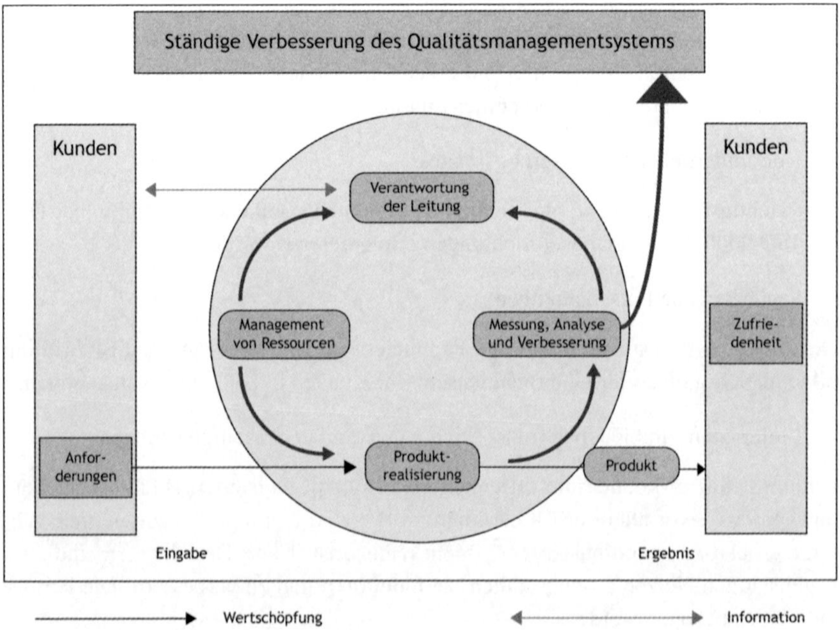

Abbildung 17 Prozessmodell des Qualitätsmanagements nach DIN EN ISO 9001:2000
Quelle: nach Kamiske, Brauer 2006, S. 164.

3. DIN EN ISO 9004:2000 – Leitfaden zur Leistungsverbesserung

Der normierte Leitfaden zur Leistungsverbesserung hat als Monitoringinstrument die Wirksamkeit und Effizienz des Qualitätsmanagementsystems zum Gegenstand. Zum einen soll die Leistungsfähigkeit der gesamten Organisation verbessert werden, zum anderen sollen Zufriedenheit von Kunden und Stakeholdern gewährleistet werden (DIN EN ISO 9004:2000).

4. DIN EN ISO 19011 – Audit und Auditoren

Abschließend soll die Norm zur Regelung der Ausgestaltung von Audits und die Anforderungen an die Auditoren erwähnt werden (DIN EN ISO 19011:2002).

3.1.2 Ausgestaltung des Qualitätsmanagements nach DIN EN ISO 9001:2000

Um die Grundsätze des Qualitätsmanagements nach DIN EN ISO 9001:2000 darstellen zu können, müssen wir vorab kurz auf das Verständnis von Qualität in der Normenreihe eingehen. Im Abschnitt 1.1 ist bereits ausführlich die allgemeine Diskussion um den Qualitätsbegriff im Bildungssektor beleuchtet worden.

> Im Kontext der Norm DIN EN ISO 9000:2005 ist Qualität der Grad, in dem ein Satz inhärenter[15] Merkmale Anforderungen erfüllt. Qualität ist somit die Übereinstimmung mit den festgestellten Eigenschaften und den vorher festgelegten Forderungen einer Betrachtungseinheit (Klüber, Löwe 2006, S. 39).

Bezogen auf ein Unternehmen der Bildungsbranche bedeutet dies, dass Qualität angibt, in welchem Maße Bildungsangebote und Bildungsdienstleistungen einen definierten Anforderungskatalog entsprechen (Klüber, Löwe 2006, S. 39). Qualität erschöpft sich nicht mit der Aussage über der Lern- oder Transfererfolg einer Bildungsmaßnahme. Ebenso wenig steht der – letztendlich subjektive – lernerzentrierte Qualitätsanspruch bei der Ausgestaltung eines Bildungsangebotes im Mittelpunkt. Wir haben es hier mit einem umfassenden Qualitätsbegriff zu tun, der alle zu einer Bildungsmaßnahme nötigen Prozesse beleuchtet und mittels Setzung von messbaren Standards abdeckt. Entscheidend für die Qualität des Bildungsproduktes ist, dass die vom Auftraggeber und Kunden (z. B. Unternehmen, öffentlicher Sektor, Privatkunden) gestellten Anforderungen an das Bildungsprodukt erfüllt werden. Hierbei müssen sowohl die objektiv messbaren Eigenschaften und Vorgaben der Bildungsorganisation selbst als auch die subjektiven Erwartungen der Kunden erfüllt werden (Klüber, Löwe 2006).

Die Qualität der Bildungsangebote ist nicht als statisches Set von Eigenschaften zu betrachten, sondern muss ständig neu erzeugt werden. Um die permanente Qualitätserzeugung zu gewährleisten, ist das Qualitätsmanagement nach DIN ISO 9001 als ein System in sich vernetzter Regelkreise aufgebaut. Die durch die Unternehmensführung formulierte Qualitätsstrategie und Qualitätspolitik wird durch daraus abgeleitete Qualitätsziele operationalisiert und konkretisiert. Das Erreichen dieser Qualitätsziele wird durch Verfahrensanweisungen beschrieben, welche das Fundament der täglichen Arbeit darstellen. Als Verständigungsmedium dienen Aufzeichnungen und Dokumente in Papierform oder elektronisch, die zum Nachweis der Ergebnisse und Qualitätsbemühungen dienen.

---

15 Inhärent meint mit der Aussage über die Qualität untrennbar verbundene Eigenschaften.

Allgemeine Anforderungen

Eine Anforderung der DIN ISO 9000 ff. ist, dass das Bildungsdienstleistungsunternehmen ein Qualitätsmanagementsystem in der eigenen Organisation umsetzt, dessen Wirksamkeit messbar ist und dessen Ergebnisse ständig verbessert werden sollen. Dieses Qualitätsmanagementsystem soll „alle relevanten Prozesse, die für die Entwicklung, Planung und Durchführung des Bildungsangebotesnotwendig sind, in ihrer Abfolge und Wechselwirkung festlegen." (Klüber, Löwe 2006, S. 51), z. B.:

- Leitungstätigkeiten/Führungsverantwortung
- Entwicklung von Bildungsdienstleistungen
- Beschaffung von Referenten, Lernmitteln, Seminarräumen, Tagungsstätten
- Durchführung von Bildungsdienstleistungen
- Qualitätsprüfungen in allen Phasen
- Ständige Verfügbarkeit der zur Durchführung und Überwachung dieser Prozesse benötigten Ressourcen und Informationen

Konkrete Anforderungen

In den Abschnitten 4 bis 8 der Norm DIN EN ISO 9001:2000 sind die konkreten Anforderungen an Qualitätsstandards in vier Hauptkapitel beschrieben (DIN EN ISO 9001:2000):

Abschnitt 4: Anforderungen an das Qualitätsmanagement und dessen Dokumentation

Abschnitt 5: Verantwortung der Leitung

Abschnitt 6: Management der Ressourcen zur Realisierung von Bildungsdienstleistungen

Abschnitt 7: Prozess der Produktrealisierung und Durchführung der Bildungsdienstleistung

Abschnitt 8: Anforderungen zur Messung, Analyse und Verbesserung hinsichtlich der Bildungsdienstleistung, der Prozesse und des Qualitätsmanagementsystems

3.1.3 Bewertung der DIN EN ISO 9001:2000

1. Nutzen

Die Einführung eines Qualitätsmanagementsystems nach DIN EN ISO 9000 ff. bringt der Bildungsorganisation eine Reihe von Vorteilen, z. B.:

- Systematisierung vorhandener Vorgehensweisen
- Erhöhung der Transparenz von Abläufen
- Vermeidung von Mehrarbeit und Dopplungen
- Regelung der Verantwortlichkeiten
- Handlungssicherheit für alle Akteure
- Erhöhung der Steuerbarkeit der Organisation
- Erhöhung der Qualität bei der Durchführung von Bildungsmaßnahmen
- Verringerung der Kosten
- Nutzung von Synergieeffekten
- Internationale Anerkennung und Vergleichbarkeit der Standards

2. Kritik

Hauptkritikpunkte an der Normierung von Bildungsdienstleistungen nach DIN EN ISO 9000 ff. sind vor allem:

- einseitige Ausrichtung des Qualitätsmanagements an der Kundenzufriedenheit
- mangelnde Definition und Beurteilung der Qualität der Bildungsprodukte
- subjektive Qualitätsdefinition durch die Bildungsorganisation, fehlender Einbezug der Endkunden
- bürokratisches und formalisiertes Zertifizierungsverfahren verbunden mit hohen Kosten
- Interessengebundenheit der zertifizierenden Einrichtung

3. Fazit

Die Normenfamilie DIN EN ISO 9000 ff. dient der Bildungsorganisation dazu, ihre selbst gesteckten Qualitätsziele besser zu erreichen. Einige Kritikpunkte mögen in Einzelfällen etwa durch falsche Ausgestaltung der Norm berechtigt sein. Jedoch liegt der wesentliche Umstand, der bei der Normeneinführung Beachtung finden sollte woanders:

Die Einführung der Norm sollte niemals als Selbstzweck verstanden werden und alleine stehen. Grundsätzlich sollte die Normenfamilie in Verbindung mit einem übergreifenden Total Quality Management (siehe Abschnitt 2.2) eingeführt und aufgebaut werden. Das bedeutet, dass alle Mitarbeiter des Bildungsunternehmens in einem Changeprozess, der ebenfalls des Managements bedarf, bei dieser Einführung aktiv beteiligt werden. Nur wenn die Qualitätsstrategie im Sinne des TQM durch die Mitarbeiter mitgetragen und „gelebt" wird, verlieren die notwendigen Verwaltungsakte der Norm ihren bürokratische Dokumentationscharakter, der ihnen ansonsten naturgemäß anhaftet. Die Strategie sollte im Sinne eines TQM bei den Mitarbeitern verankert werden, wie man die Strategie umsetzt, also die konkrete Methode, ist dagegen eher nachrangig. Diese Methode kann die DIN EN ISO 9000 ff. sein, es kann aber ebenso gut jede andere Methode des Qualitätsmanagements sein. Wichtig ist, dass Management, Strategie und Methoden nicht verwechselt werden.

Spezifische Belange von E-Learning oder Blended Learning-Bildungsangeboten werden durch die Norm nicht abgedeckt. Hier empfiehlt sich eine Kombination mit ausgewählten Methoden, die speziell auf die Belange E-Learning gestützter Bildungsangebote zugeschnitten sind und die im Kapitel 4 näher besprochen werden.

3.1.4 Anwendungsbeispiel: Ausgestaltung der DIN EN ISO 9001:2000

Die folgenden Dokumente sollen ihnen einen kleinen Einblick in die Ausgestaltung der DIN EN ISO 9001:2000 bei einem Bildungsanbieter geben. Auf Grundlage der ISO-Norm wurde ein Qualitätsmanagementsystem erarbeitet, das prozessorientiert aufgebaut ist und die Elemente der Norm durch Verfahrensbeschreibungen und jeweils zugeordneten Dokumenten umsetzt. Abbildung 18 gibt einen Überblick über das Prozessmodell des Qualitätsmanagementsystems.

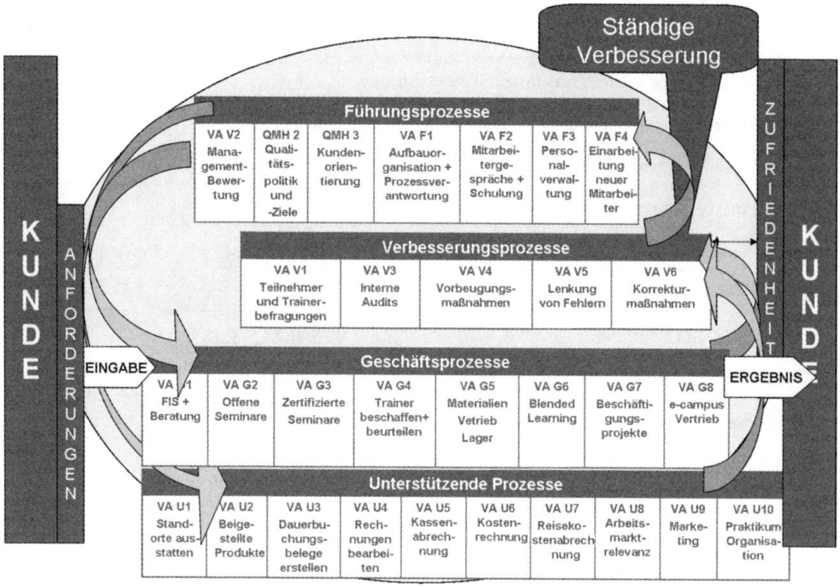

Abbildung 18 Prozessmodell des Qualitätsmanagementsystems eines Weiterbildungsanbieters nach DIN EN ISO 9001:2000
Quelle: Handbuch Qualitätsmanagement WBS TRAINING AG S. 9, Stand 2007

Die folgende Tabelle beschreibt die CMS[16]-DIN-Zuordnung, also die Zuordnung der Qualitätsmanagementkomplexe von konkreten Prozessabläufen dieses Bildungsanbieters zu den dazugehörigen DIN EN ISO 9001:2000.

Tabelle 8 CMS-DIN Zuordnung im Qualitätsmanagement eines Bildungsträgers
Quelle: Handbuch Qualitätsmanagement WBS TRAINING AG S. 11, Stand 2007

Abschnitte des Qualitätsmanagementsystems	Gliederung DIN EN ISO 9001:2000
QM-Handbuch	
1. Genehmigung und Freigabe	4.1
2. Porträt und Leitsätze	4.1, 5.1, 5.3
3. Kundenorientierung	4.1, 5.2, 5.5, 8.1, 8.2
4. Prozessmodell / Normenbezug / Wechselwirkungen	4.1

16 CMS steht für Qualitätsmanagementsystem.

5. Benutzerhinweise	4.1, 4.2
Führungsprozesse	
VA F1[17] Aufbauorganisation und Prozessverantwortung	4.1, 5.5
VA F2 Mitarbeitergespräche und Schulung	4.1, 6.1, 6.2
VA F3 Personalverwaltung	4.1, 6.1, 6.3, 6.4
VA F4 Einarbeitung neuer Mitarbeiter	4.1
VA F5 Lenkung von Dokumenten	4.1, 4.2, 5.4, 5.5, 7.5
Geschäftsprozesse	
VA G1[18] FIS und Beratung	5.4, 7.1, 7.2, 7.3, 7.5
VA G2 Offene Seminare	5.4, 7.1, 7.2, 7.3, 7.5
VA G3 Zertifizierte Seminare	5.4, 7.1, 7.2, 7.3, 7.5
VA G4 Trainer beschaffen und beurteilen	5.4, 7.1, 7.2, 7.3, 7.4, 7.5
VA G5 Materialien Vertrieb und Lager	5.4, 7.1, 7.2, 7.3, 7.4, 7.5
Unterstützende Prozesse	
VA U1[19] Seminarräume beschaffen	7.4, 7.5
VA U2 beigestellte Produkte	7.5
VA U3 Dauerbuchungsbelege erstellen	7.5
VA U4 Rechnungen bearbeiten	7.5
VA U5 Kassenabrechnung	7.5
VA U6 Kostenrechnung	7.5
Verbesserungsprozesse	
VA V1[20] Teilnehmer-/Trainerbefragungen	7.5, 8.1, 8.2, 8.4
VA V2 Management-Bewertung	5.1, 5.6, 8.1, 8.2, 8.4
VA V3 Interne Audits	8.1, 8.2
VA V4 Lenkung von Vorbeugungsmaßnahmen	8.1, 8.5
VA V5 Lenkung von Fehlern	8.1, 8.3
VA V6 Lenkung von Korrekturmaßnahmen	8.1, 8.5

17 VA F steht für Verfahrens-Anweisung Führungsprozesse.
18 VA G steht für Verfahrens-Anweisung Geschäftsprozesse.
19 VA U steht für Verfahrens-Anweisung Unterstützungsprozesse.
20 VA V steht für Verfahrens-Anweisung Verbesserungsprozesse.

Im Zusatzmaterial in der Anlage finden Sie als ein ausgewähltes Beispieldokument den Vorgang *Zertifizierte Seminare* eines Bildungsträgers, welches exemplarisch den nach ISO 9000:2001 zertifizierten Ablauf von Seminaren der beruflichen Bildung beschreibt.

3.2 Balanced Scorecard (BSC)

Die Balanced Scorecard hat seit dem Zeitpunkt ihres Entstehens vor 17 Jahren eine rasante Karriere gemacht. Viele Unternehmen entschieden sich für dieses Instrument der Qualitätssteuerung und setzten bewusst auf den Einsatz der äußerst pragmatischen Methode. Die Balanced Scorecard kam ebenso wie die bereits dargestellten Ansätze und Konzepte zum Qualitätsmanagement aus dem industrienahen Bereich. Was macht diese Methode so erfolgreich, was zeichnet sie aus und eignet sie sich auch für Bildungsdienstleistungsunternehmen, die internetgestützte Bildungsangebote qualitätssichern möchten? Diese Fragen versucht der folgende Abschnitt zu beantworten.

Lernziele

Durch Bearbeitung dieses Abschnittes lernen Sie:

- Die Grundlagen der Balanced Scorecard (BSC) kennen
- Das Vorgehen bei der Entwicklung einer Balanced Scorecard (BSC) kennen
- Den Einsatz der Balanced Scorecard (BSC) zu beurteilen und zu bewerten

3.2.1 Grundlagen

Anfang der 1990er Jahre entwickelten Robert Kaplan und David Norton von der Harvard Business School auf der Suche nach einer realistischen Aussage über die aktuelle Geschäftsperformance ein Kennzahlen orientiertes Managementsystem. Das Ziel war, die Aktivitäten einer Unternehmung transparent zu machen und im Hinblick auf die anvisierte Strategie eine Bewertung vorzunehmen (Kaplan; Norton 2001). Das waren die Urform und der Prototyp der heutigen existierenden Varianten der Balanced Scorecards. Eine Balanced Scorecard (BSC) muss in der jeweiligen Unternehmung organisationsintern und individuell erarbeitet werden. Die Grundform der BSC umfasst jedoch immer die folgenden vier Bereiche: die Finanzperspektive, die Kundenperspektive, die Prozessperspektive und die Mitarbeiter- oder Potenzialperspektive.

Balanced Scorecards dienen einerseits zur Leistungsmessung und zur Steuerung der Unternehmung mittels definierter Kennzahlen. Andererseits sollen durch sie Aussagen über die nicht-monetären und bislang nur ungenau zu quantifizierenden Unternehmenswerte (z. B. Aussagen über das Mitarbeiterwissen) getroffen werden können. Die Managementprozesse der Unternehmung sollen durch die Verbindung der monetären mit den nicht-monetären Steuerungsgrößen sowie den internen Prozessen und Zielen der Unternehmung unter Einbezug der wichtigsten Einflussfaktoren aus dem Umfeld unterstützt werden.

Die Erfahrungen aus der Praxis haben gezeigt, dass mit den bisher verwendeten finanziellen Kennzahlen aus den bereits vergangenen Geschäftsvorgängen keine adäquate und ausreichende Aussage über die Entwicklung der Unternehmung in den sich immer dynamischer und schneller ändernden Märkten mehr vorgenommen werden können. Das Management und die Führungskräfte können es sich aber nicht mehr leisten, bei der Unternehmenssteuerung ausschließlich nur auf jene „vergangenheitsorientierten“ finanziellen Kennzahlen zu verlassen. Benötigt werden zusätzliche nicht-finanzielle und „zukunftsorientierte“ Maßstäbe der Leistungsmessung. Das ist der Ansatzpunkt der Balanced Scorecard. Durch ihre Einführung und praktische Umsetzung soll die Unternehmensstrategie in den laufenden Managementprozess integriert werden. Bei der Erstellung und Einführung der Balanced Scorecard wird deutlich, welche Aktivitäten einen Beitrag zur Wertschöpfung erbringen, wie man diese messen kann und welche Maßnahmen notwendig sind, um den Unternehmenswert zu steigern. Über Maßstäbe der Leistungsmessung und den damit korrelierende Kennzahlen wird eine lückenlose Verbindung vom strategischen zum operativen Management geschaffen.

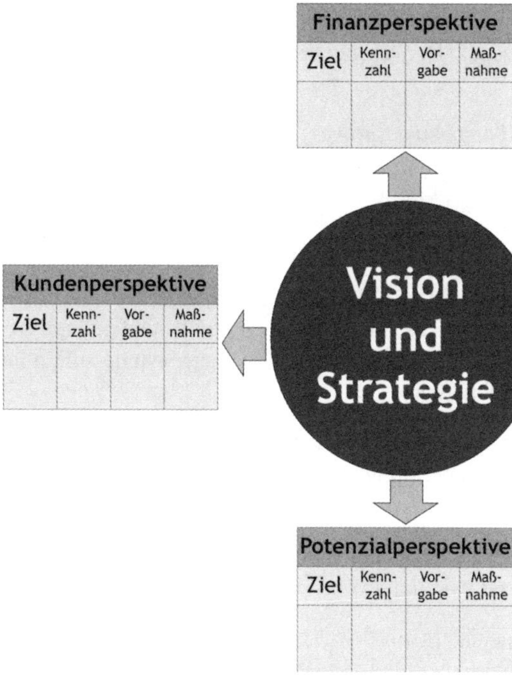

Abbildung 19 Grundform der Balanced Scorecard
Quelle: nach Wikipedia

Die folgende Aufzählung verdeutlicht die unterschiedlichen Perspektiven anhand beispielhafter Kennzahlen:

- Finanzperspektive (financial focus): Kennzahlen zum Erreichen der finanziellen Ziele.
  - Umsatz pro Standortleiter: Unterstützt das Wachstum einer Weiterbildungseinrichtung, aber nicht notwendigerweise die Profitabilität.
  - Kosten pro Seminar: Unterstützt das Kostenbewusstsein, steht aber der Qualität entgegen.
- Kundenperspektive (customer focus): Kennzahlen zum Erreichen der Kundenziele.
  - Kundenzufriedenheit: Unterstützt kundenorientiertes Verhalten, nicht notwendigerweise kurzfristigen Gewinn. Muss über Feedbackformulare gemessen werden.

- Zeit zwischen Kundenanfrage und Antwort: Unterstützt zeitgerechtes Reagieren auf Kundenanfragen, z. B. maximal drei Tage bis zum Erhalt des Infomaterials

- Prozessperspektive, interne Perspektive (process focus): Kennzahlen zum Erreichen der internen Prozess- und Produktionsziele.

  - Prozessqualität: Misst die Effizienz und Qualität im Ablauf einer Bildungsmaßnahme, nicht notwendigerweise einen effektiven Lernfortschritt bei den Teilnehmern.

  - Prozessdurchlaufzeit: Unterstützt schnelle Durchlaufzeiten und geringe Kapitalbindung. Kann mittels Process Performance Management detailliert und kontinuierlich ausgewertet werden.

- Mitarbeiter-, Potenzial-, Lern-, Wissens-, Wachstumsperspektive (learning focus): Kennzahlen zum Erreichen der (langfristigen) Überlebensziele der Organisation.

  - Umsatzverhältnis neuer Bildungsprodukte zu alten Angeboten: Unterstützt schnelle Neu- und Weiterentwicklung von Produkten.

  - Fluktuation von Leistungsträgern aus der Organisation heraus: Unterstützt die langfristige Beschäftigung von Leistungsträgern in der Organisation, fördert Leistungsdifferenzierung, kann aber unangepasste Mitarbeiter blockieren.

3.2.2 Entwicklung einer Balanced Scorecard

Voraussetzung für die Erstellung einer Scorecard ist die Erarbeitung eines Leitbildes für die Unternehmung. Was ist mein Selbstverständnis? Wofür stehen wir? Wohin soll sich die Unternehmung entwickeln? Aus dem Leitbild heraus werden in einem zweiten Schritt strategische Ziele für die einzelnen Perspektiven abgeleitet. Diese strategischen Zielsetzungen werden auf Unternehmens-, Abteilungs- und Teamebene heruntergebrochen und in kurzfristige, mittelfristige und langfristige Ziele operationalisiert, d. h. in konkrete und erreichbare Ergebnisse transferiert. Daraus abgeleitet müssen Messgrößen für diese Ziele (finanzielle und nichtfinanzielle Kennzahlen mit strategischer Relevanz), Zielgrößen und Aktionen zur Zielerreichung ermittelt und geplant werden. Anhand der Kennzahlen lässt sich die Zielerreichung überprüfen und korrigierende Maßnahmen können eingeleitet werden. Um strategische Ziele in konkrete Aktionen mit Messgrößen zu operationalisieren eignet sich das so genannte ZAK-Prinzip (Ziel-Aktion-Kennzahl). Dieses

Prinzip besagt, dass zu jedem Ziel eine Aktion und eine Kennzahl zugeordnet werden. Ein Beispiel soll dies verdeutlichen:

Ziel:	hohe Kundenzufriedenheit im Seminar
Aktion:	Feedbackbogen muss zum Seminarende von den Teilnehmenden ausgefüllt werden
Kennzahl:	Aus der Gewichtung der unterschiedlichen Fragen zur Teilnehmerzufriedenheit wird ein Durchschnittswert ermittelt, ab dem Maßnahmen zur Verbesserung eingeleitet werden (z. B. 2,5)

Die Kennzahlen sollten dabei immer so bestimmt werden, dass eine IST-Zahl mit der dazugehörigen Plan- oder SOLL-Zahl korreliert, z. B.:

Ziel:	Antwortzeiten der Online-Tutoren liegen unter 24 Stunden.
Aktion:	Teilnehmerbefragung
Kennzahl:	SOLL-Quote der Antwortzeiten unter 24 Stunden liegt bei 95%.

Bei der Entwicklung einer Balanced Scorecard ist weiterhin zu beachten, dass die Anzahl der Ziele überschaubar bleibt. Die Ziele müssen realistisch formuliert und erreichbar sein. Ein weiterer wichtiger Faktor ist die Festlegung von Verantwortlichkeiten, die unmittelbar an Rollen- und Funktionsträger sowie Stellen im Unternehmen gekoppelt werden sollte (z. B. Verantwortung der Produktentwickler, Online-Tutoren, Trainer) und dadurch mittelbar an konkrete Personen zugeordnet wird.

Abbildung 20 Entwicklung einer Balanced Scorecard

Auf die Benennung eines konkreten Beispiels einer Balanced Scorecard soll an dieser Stelle verzichtet werden. Stattdessen verweisen wir auf die einschlägige Fachliteratur. Im nächsten Abschnitt wird anhand der konkreten Ausgestaltung einer Balanced Scorecard beispielhaft eine Learning Scorecard (LSC) vorgestellt.

3.2.3 Bewertung der Balanced Scorecard

1. Nutzen

Der Nutzen einer Balanced Scorecard lässt sich auf einige Grundaussagen verdichten:

- Eine Balanced Scorecard hilft dabei, kritische Erfolgsfaktoren an einer Strategie auszurichten, und zwar auf allen Ebenen der Unternehmung.
- Eine Balanced Scorecard vermittelt dem Management ein umfassendes Bild der Geschäftstätigkeit und der Performance der Unternehmung.
- Die Methode der Balanced Scorecard vereinfacht die Kommunikation und das Verständnis von Geschäftszielen und Strategien auf allen Ebenen einer Organisation.

- Das Konzept der Balanced Scorecard ermöglicht Feedback und Lernen für die Justierung der Strategie.

2. Vorteile

Der Einsatz der Balanced Scorecard hat eine Reihe von Vorteilen. Im Einführungsteil sind dabei bereits die wesentlichen Aussagen für die Beurteilung der Performance der Unternehmung genannt worden. Weitere Vorteile sind:

- Fokussierung auf Wesentliches, Handhabbarkeit von großen Informationsmengen
- Klare Zuständigkeiten und personengebundene Zuweisung von Verantwortung
- Integrierte Messung von Leistung (ausgeglichene Messungen, Operationsziele auf allen Ebenen)
- Aktives Management (angemessene Entscheidungen auf jeder Ebene, klare Delegation, Vermeidung von Überraschungen, Agieren statt Reagieren)
- Berichtswesen für den Entscheidungsprozess (relevante Berichte an der richtigen Stelle, Orientierung an Prioritäten)
- Komplexitätsreduzierung der Überwachungsmaßnahmen durch einfache Struktur

3. Chancen

Eine Balanced Scorecard beinhaltet als Methode des Qualitätsmanagements eine Reihe von Chancen, die andere Methoden nicht oder nur unzureichend zur Verfügung stellen. Die wesentliche Chance für Bildungsanbieter in einem unübersichtlichen und differenzierten Markt ist, dass eine Unternehmensstrategie gut zu operationalisieren ist, für alle Mitarbeiter transparent darstellbar und in kürzester Zeit zu kommunizieren ist. Alle Beteiligte bekommen Handlungssicherheit für ihren Bereich, wenn die Strategie auf den verschiedenen Unternehmensebenen in Handlungsziele herunter gebrochen wird. Dabei werden schnell Defizite, aber auch wichtige und notwendige Aufgaben sichtbar. Die Zusammenhänge und Abhängigkeiten zwischen den Unternehmenszielen werden deutlich. Ist das gewählte Geschäftsmodell tragbar und Erfolg versprechend? Sind die gewählten Maßnahmen zur Qualitätsverbesserung geeignet und greifen sie? Frühindikatoren der BSC helfen bei der Gegensteuerung oder Handlungsanpassung. Das Berichtswesen wird vereinfacht, Verantwortlichkeiten und gewählte Maßnahmen lassen sich legitimieren. Der einzelne Mitarbeiter bekommt durch die BSC ein genaues Feedback über seinen Beitrag zum Unternehmenserfolg. Ihm wird deutlich gemacht, wo Stärken und Schwächen liegen und bei richtiger Anwendung ist der Motivationsfaktor deutlich höher als bei intransparenten Beitrag an einem Gesamterfolg. Die Balanced Scorecard bezieht neben monetären Zielen auch nichtmonetäre Ziele mit ein, was sie zu einer „ganzheitlichen" Managementmethode macht.

4. Risiken

Neben den Chancen birgt eine Balanced Scorecard aber auch einige Risiken. Eine Balanced Scorecard sagt nichts über die Sinnhaftigkeit von Strategie und Zielen aus. Damit besteht die Gefahr, unrealistische Ziele oder unrentable Geschäftsmodelle umzusetzen. Auf das Qualitätsmanagement bezogen bedeutet dies, dass falsche oder irrelevante Qualitätsziele unhinterfragt bleiben können. Die Balanced Scorecard ist lediglich eine Methode zur Umsetzung einer (Qualitäts-)Strategie, die eines grundlegenderen (Qualitäts-)Management-Ansatzes bedarf.

Ein weiteres und häufiges Risiko ist es, die Balanced Scorecard mit zu vielen und zu komplexen Zielen zu überfrachten. Eine unausgewogene Verteilung der Kennzahlen oder eine zu enge Fokussierung auf eine der Betrachtungsperspektiven, z. B. die vergangenheitsorientierte Finanzperspektive erhöhen ebenfalls das Risiko der fehlerhaften Unternehmenssteuerung. Dadurch kann die eigentliche Intention der Balanced Scorecard, die Ausrichtung der Handlungen einer Unternehmung an den strategischen Zielen und dem nachhaltigen, zukunftsorientierten Auf- und Ausbau des Unternehmenspotenzials in Gefahr geraten.

Ein mögliches Risiko besteht bei der Fixierung der Kennzahlen als Unternehmenssteuergrößen. Keine Kennzahl solle als „Gesetz" betrachtet werden. Rahmenbedingungen und Märkte ändern sich, Qualitätsanforderungen müssen flexibel anpassbar sein. Das bedeutet für die Kennzahlengestaltung der Balanced Scorecard eine regelmäßige Überprüfung der Sinnhaftigkeit der Kennzahlen. Dieser Überprüfungsprozess ist als Qualitätssteuerungsprozess bei der Entwicklung einer Balanced Scorecard im Schritt „Management und Weiterentwicklung der BSC" (siehe Schritt 7 in Abbildung 20) unbedingt zu beachten.

Ein weiteres Gefahrenpotenzial liegt in der vorsätzlichen oder unbewussten Manipulation von Kennzahlen verborgen. Dies kann insbesondere dann auftreten, wenn die Vergütung der Mitarbeiter – etwa im Vertrieb – an die Erfüllung von Kennzahlen gebunden ist. Wie der Name Balanced Scorecard schon vermuten lässt, liegt hier der Schlüssel zur Lösung bereit: Eine ausgewogene Mischung (Balanced) zwischen den Unternehmenszielen und den daraus abgeleiteten Kennzahlen.

Fazit

Eine Balanced Scorecard eignet sich als Methode zur Implementierung und Durchsetzung eines übergeordneten Qualitätsmanagementansatzes, etwa TQM oder EFQM. Sie ersetzt aber kein zertifizierungsrelevantes Qualitätssteuerungssystem, wie z. B. die DIN ISO Normengruppe. Weiterhin setzt der Einsatz der BSC ein funktionierendes Kostenrechnungssystem voraus, auf dessen Basis Kennzahlen implementiert werden könnten. Dieses ist zurzeit vor allem in der betrieblichen Weiterbildung in großen Unternehmen anzutreffen, viele Bildungseinrichtungen stehen hiermit aber noch am Anfang. Die Entwicklung im gesamten Bildungssektor deutet in Richtung eigenverantwortliche Mittelbewirtschaftung. Strategien der Organisationsentwicklung mit dem Fokus auf der finanziellen Perspektive von Bildungsinstitutionen werden in den kommenden Jahren Themenschwerpunkt sein. Anbieter von E-Learning bilden da keine Ausnahme. Balanced Scorecards sind bei Bildungsanbietern als Unternehmensteuerungsmethode bisher kaum anzutreffen. Die Schwierigkeiten bei der Entwicklung von aussagekräftigen Kennzahlen stellen gerade im Bildungssektor eine der größten Herausforderungen dar. Große Hürden bei der Einführung und einfachere Alternativen lassen diese Methode ungeeignet erscheinen, jedoch gibt es Erfolg versprechende Umsetzungsbeispiele gerade im E-Learning-Bereich, wie das folgende Anwendungsbeispiel aufzeigt.

3.2.4 Anwendungsbeispiel: Learning Scorecard (LSC)

Der folgende Abschnitt dient der Darstellung einer konkreten Ausgestaltung der Balanced Scorecard in Form einer Learning Scorecard. Das Anwendungsbeispiel einer Learning Scorecard soll die Eignung der Methode im Rahmen der Qualitätsaktivitäten eines internationalen Konzerns der Telekommunikationsbranche hinsichtlich einer messbaren Umsetzung und Neuausrichtung der Lernstrategie aufzeigen. Die komplexe Umsetzungsstrategie soll lediglich in ihren wesentlichen Grundzügen und überblicksartig dargestellt werden. Zunächst die Begriffsklärung:

> Die Learning Scorecard ist ein von der Balanced Scorecard abgeleitetes Steuerungs- und Monitoring-Instrument für Bildungsmanagement und Bildungscontrolling in Unternehmen.

1. Herausforderungen an das Bildungsmanagement

Die internetgestützten Bildungsangebote als Teil der Personalentwicklungsstrategie in Unternehmen dienen dazu, die Mitarbeiter in der Erfüllung ihrer jeweiligen Rolle bestmöglich durch Qualifizierungsangebote zu unterstützen. Personalentwicklung als Teil des Human Capital Management in Unternehmen ist natürlich kein Selbstzweck. Unternehmen stellen bei ihren Fortbildungsaktivitäten die berechtigte

Forderung, dass die internetgestützte Personalentwicklung und Qualifizierung den gleichen ökonomischen Ansprüchen genügen wie alle anderen unternehmerischen Funktionen und Aktivitäten auch. Die spannende Frage der Umsetzung und Einlösung dieser Forderung ist bei den Ausführungen zum Bildungscontrolling im Abschnitt 2.1.5 bereits angerissen und diskutiert worden. Wie wir im vorigen Abschnitt zur Balanced Scorecard erfahren haben, ist ein nicht unerheblicher Teil der Bewertung eines Unternehmens abhängig von zukunftsorientierten, primär nicht monetären Faktoren, zusammengefasst im „Humankapital". Bei der Einführung von Basel II[21] steigt für die börsennotierten Unternehmen die Notwendigkeit des Ausweisens dieser „Humanfaktoren". Immerhin hängen 5% der Ratingquote von Human Ressource-Aspekten ab!

Die Folgen davon sind größere Herausforderungen für Effizienznachweise im Bildungsmanagement. Steigender Kostendruck und steigender Innovationsbedarf in Unternehmen machen neue, effiziente und flexible Formen der betrieblichen Weiterbildung erforderlich. Diese Herausforderungen äußern sich in

- Individualität
  - Anpassung der Bildungsinhalte auf die individuellen Bedürfnisse des Lerners
- Eigenverantwortung
  - Bedarfsgerechter Kompetenzaufbau in Eigenregie der Mitarbeiter
- Neue Lehr-/Lernformen
  - E-Learning-Bildungsangebote
- Wirtschaftlichkeit
  - Weiterentwicklung der Angebote, Prozessoptimierung und IT-Integration

2. Aufgaben des Bildungsmanagements

Aus diesen Herausforderungen, die an das Bildungsmanagement gestellt werden, lassen sich konkrete Aufgaben ableiten, die erfüllt werden müssen. Unter der Voraussetzung, dass das Bildungsmanagement die Unternehmensstrategie in der Per-

---

21 Basel II ist eine Regelung zur Sicherung des Kreditgeschäfts vor Forderungsausfällen an die Banken. Kredite müssen mit einer entsprechenden Höhe Eigenkapital abgesichert sein. Für die Konditionen des Kredits ist neuerdings ein Maßstab die finanzielle Leistungsfähigkeit des Unternehmens. Diese so genannte Ratingquote berechnet sich durch mehrere Parameter, u. a. auch der „Humanfaktoren" z. B. das Mitarbeiterwissen.

sonalentwicklung umzusetzen hat (siehe Einleitung und Abschnitt 2.1.5), stellen sich folgende Aufgaben:

- Wertetreiber identifizieren
- Abhängigkeiten und Beziehungen zwischen den Wertetreibern herausarbeiten
- klare, realistische und messbare Ziele formulieren
- diese Ziele mit wenigen aussagekräftigen Kennzahlen operationalisieren
- das Erreichen der Ziele durch Kennzahlmessung dokumentieren und kommunizieren

3. Strategische Zielsetzung der Learning Scorecard

Für das Einlösen und Umsetzen dieser Aufgaben eignet sich die Methode der Learning Scorecard. Zunächst erfolgt eine umfassende Situationsbeschreibung. Aus dieser Situationsbeschreibung muss eine strategische Zielsetzung, eine Vision abgeleitet werden. Auf die explizite Situationsbeschreibung soll hier verzichtet werden. Die ausformulierte Vision bestand in Kurzform:

> Der richtige Mitarbeiter zur richtigen Zeit am richtigen Ort. Die Einführung von E-Learning und Kompetenz-Management sollen messbar die Unternehmensstrategie unterstützen.

Die Vereinheitlichung der Lernarchitektur ist ein abgeleitetes Teilziel auf diesem Weg.

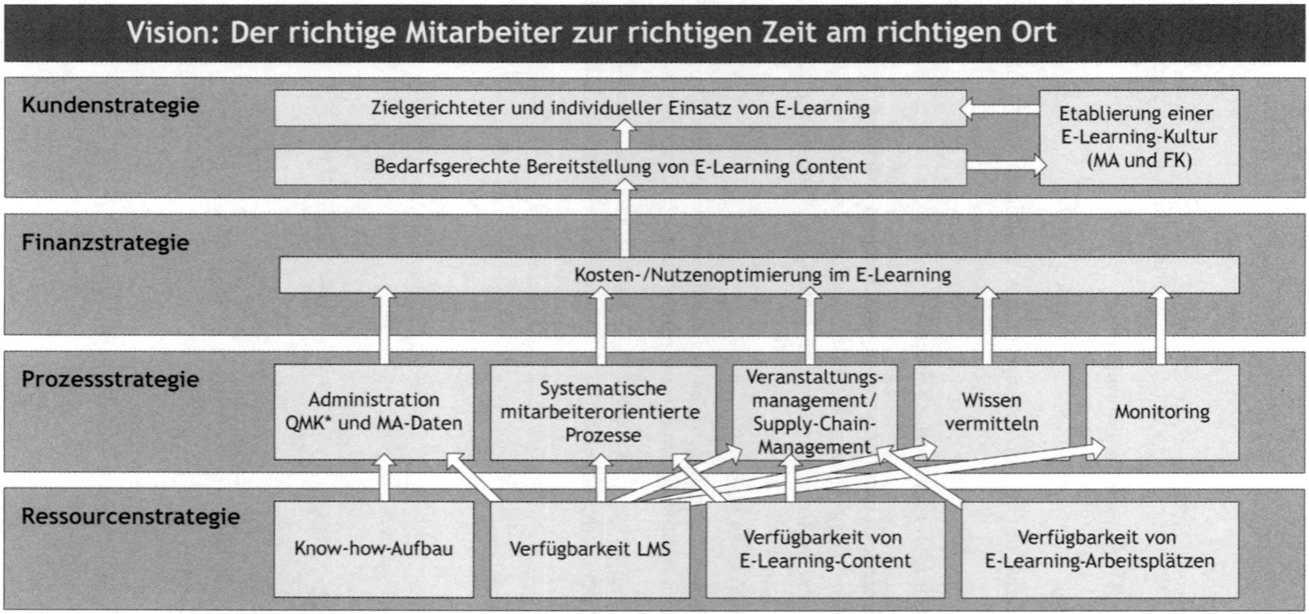

Abbildung 21 Zieldefinition für die einzelnen Perspektiven der Learning Scorecard
Quelle: nach Bungert, Närmann 2005

4. Konzeption der Learning Scorecard

Auf dieser Basis erfolgt anschließend die konzeptionelle Ausgestaltung und Umsetzung der Learning Scorecard für das Bildungsmanagement. Abbildung 22 zeigt einen Ausschnitt aus dem Ergebnis der Ausgestaltung:

Werteebene: Perspektive	Wertetreiber: Strategische Themen	Ziele	Kennzahlen
Ziel	Strategische Qualifikation	• Optimale strategische Quialifikation der Mitarbeiter unter der Maßgabe der Wirtschaftlichkeit	
Kunden-strategie	Mitarbeiter Bedarfsgerechte Bereitstellung der Lerninhalte; Lern-kultur; Services (PE)	• Strategischen Qualifikationsgrad der Mitarbeiter steigern • Kundenzufriedenheit fördern • Image steigern • Qualität der Produkte verbessern	• Aufgabendeckungsziffer bzw. Qualifikationsgrad der Mitarbeiter • Niveau der Bildung • Vollständigkeit des Angebots
Finanz-strategie	Effizienz (Produktivität); Budget-orientierung	• Prozesse, Services, Produkte verbessern, um Kosten zu reduzieren und damit die Effizienz zu steigern • Profitabilität • Dauerhafte finanzielle Sicherheit	• Auslastung • Kosten pro Kursteilnehmer • Kosten pro Kurs (Präsenz und E-Learning) • Höhe der Budgetzuteilung
Prozess-strategie	Veranstaltungs-management; Evaluation/ Controlling; Content Management; Qualifizierungs-prozesse	• Standardisierung, Automatisierung fördern, um produktiver zu arbeiten • Qualität der Prozessergebnisse steigern, um Kundenebene positiv zu beeinflussen • Multimedialität, Integrationsgrad steigern, Medienbrüche verhindern • Innovation fördern, um Produkte zu verbessern	• Prozent Zeit- und Personalaufwand • Aufwand pro Anfrage • Anzahl Lernzeit/Mitarbeiter • Antwortzeiten • Prozent Rücklaufquoten • Happy Customer Index • Anzahl Medienbrüche • Lernerfolgsquote • time-to-market
Ressourcen-strategie	Trainer; Lern-management-System; Content	• Leistung der HR-(PE-) Mitarbeiter steigern • Ressourcen aus- bzw. aufbauen • Performance messen • Technik (Lernmanagement-System) optimieren • Content flexibilisieren und standardisieren	• Anzahl Mitarbeiter pro Kunde • Mitarbeiterzufriedenheit • Qualifikationsniveau der Mitarbeiter • Stand der Technik • Kompatibilität • Redundanz • Standards • Bandbreite • Verfügbarkeit

Abbildung 22 Beispiel für eine Learning Scorecard
Quelle: nach Bungert, Närmann 2005

Die Strategie wird zunächst in fünf Werteebenen gegliedert. Jeder Werteebene werden anschließend erfolgskritische Strategieelemente, die so genannten Wertetreiber, zugeordnet sowie deren Abhängigkeiten untereinander erklärt. Jeder Wertetreiber wird mittels Zieldefinition operationalisiert. Jedes Ziel wird durch die Zuweisung von Kennzahlen messbar gemacht (Bungert, Närmann 2005).

5. Priorisierung und Operationalisierung der Kennzahlen

Im Prozess der Zuordnung der Kennzahlen zu den einzelnen Zielen, Wertetreibern und Perspektiven muss eine Gewichtung und Priorisierung der Kennzahlen vorgenommen werden. Beispielsweise haben die Kennzahlen Anzahl Lernzeit pro Mitarbeiter (zusammengesetzt aus Lernzeit E-Learning und Lernzeit-Präsenz) und die Kennzahl Lernerfolgsquote (zusammengesetzt aus Lernerfolgsquote Präsenz und Lernerfolgsquote E-Learning) hohe Priorität, die Kennzahl des Happy Customer Index (die subjektive persönliche Zufriedenheit) dagegen geringe Priorität. Operationalisiert werden die Kennzahlen durch die Bestimmung eines Soll-Wertes, der als hinreichend für das Erreichen des der Kennzahl zugeordneten Ziels angesehen wird. Wird später der Soll-Wert der Kennzahl nicht erreicht, können aus dem Qualitätsmanagement heraus Prozesseingriffsmaßnahmen definiert werden.

6. Reporting

Die Priorisierung und Operationalisierung der Kennzahlen ist die Basis für ein Reporting des Bildungsmanagements zur Effizienzmessung der eingeleiteten Maßnahmen und umgesetzten E-Learning-Bildungsangebote für die Personalentwicklung. Das Reporting dient der Sicherstellung der Monitoring- und Steuerungsfähigkeit des Bildungsmanagements. Die Wirtschaftlichkeit der durchgeführten E-Learning-Bildungsmaßnahmen, sowie im vorliegenden Fall die Vereinheitlichung der Lernarchitektur in einem konzernweiten Learning Management System (LMS), wird mittels Reporting überwacht. Ein gutes Reporting weist außerdem die bereits realisierten Einsparungspotenziale aus und dient damit der Legitimierung der Ziele und Maßnahmen des Bildungsmanagements.

3.3 Vergleich des EFQM-Modells und der Balanced Scorecard Methode

In vielen Projekten zum Qualitätsmanagement hat sich als sinnvoll herausgestellt, die Vorteile von verschiedenen Modellen zur Qualitätssicherung zu verbinden und daraus Nutzen zu ziehen. Der folgende Abschnitt zeigt überblicksartig Verbindungsansätze beider Modelle und deren Nutzenpotenzial auf.

Lernziele

Durch Bearbeitung dieses Abschnittes lernen Sie:

- Unterschiede zwischen dem EFQM-Modell und der Balanced Scorecard-Methode kennen
- Verbindungsansätze und deren Vorteile zwischen beiden Modellen kennen

3.3.1 Abgrenzung von EFQM und Balanced Scorecard

Eine *Balanced Scorecard* ist für jedes Unternehmen individuell zu entwickeln und somit ein Unikat. Die Perspektiven und ihre Ausprägungen sind frei gestaltbar und hängen stark vom unternehmerischen Strategieprozess ab; unterschiedliche Voraussetzungen ergeben sich zudem durch die Qualität der bereits bestehenden Systeme zur Unternehmenssteuerung und Leistungsmessung.

Das *EFQM-Modell* dagegen arbeitet mit fest vorgegebenen Bewertungskriterien. Eine schematische Übertragung der EFQM-Kriterien in eine Balanced Scorecard würde somit den unternehmerischen Strategieprozess kontraproduktiv beeinflussen und deren individuelle Gestaltung einschränken.

Wichtige Unterschiede zwischen beiden Systemen:

- TQM-Modelle bilden die Unternehmens-Performance ganzheitlich ab. Beim EFQM-Modell werden alle Kriterien und Unterkriterien bewertet ohne besondere Beachtung der Relevanz der einzelnen Kriterien auf den Erfolg des individuellen Unternehmens. Balanced Scorecards dagegen fokussieren ganz gezielt kritische Erfolgsfaktoren, d. h. relevante Aspekte für die Umsetzung der Unternehmensstrategie.
- Die Kriterien des EFQM-Modells sind für alle Unternehmen gleich, es ist formalisiert und strukturiert. Die Perspektiven der Balanced Scorecard werden unternehmensspezifisch individuell entwickelt und angepasst.
- Das EFQM-Modell ist unternehmensweit identisch. Balanced Scorecards sollten für einzelne Unternehmensbereiche individuell angeleitet und angepasst werden.
- Das EFQM-Modell betrachtet, wo man sich auf dem Weg hin zu Excellenz befindet. Die Balanced Scorecard fragt hingegen, wohin man möchte.

3.3.2 Verbindung von EFQM und Balanced Scorecard

Bei beiden Modellen – EFQM und Balanced Scorecard – geht es um eine möglichst zweckmäßige Bewertung von Unternehmen und die Beschreibung und Steuerung von Unternehmen mit einigen wenigen, aber effizienten Kennzahlen. Beide Systeme können den Unternehmenserfolg fördern, wenn sie so eingerichtet werden, dass sich ihre Stärken ergänzen und nicht blockieren.

Ein erster Verbindungsansatz kann darin bestehen, dass durch die Durchführung einer EFQM-Selbstbewertung Verbesserungsbedarfe identifiziert werden und relevante Wertetreiber in eine Balanced Scorecard integriert werden können. Auf dieser Basis kann die Balance Scorecard ausgestaltet werden. Der Vorteil hierbei ist, dass schon zu Beginn die Schwachpunkte der Organisation erkannt werden und als Messgrößen in die Balanced Scorecard einfließen können. Allerdings sind auch hierbei Risiken zu beachten: Die Balanced Scorecard wird auf Basis von Verbesserungsbedarfen entwickelt, unabhängig davon, welchen Einfluss diese auf den Geschäftserfolg haben. Da hierbei nicht von definierten Geschäftszielen ausgegangen wird, besteht die Gefahr, den Strategieprozess zu behindern. Der Inhalt der Balanced Scorecard hängt vom gewählten EFQM-Modell ab, nicht von den kritischen Erfolgsfaktoren des Unternehmens.

Ein weiterer Verbindungsansatz besteht in dem umgekehrten Weg: Durch die Gestaltung einer Balanced Scorecard können Messgrößen den entsprechenden EFQM-Kriterien zugeordnet werden und bei der Durchführung der EFQM-Selbstbewertung hilfreich sein.

Hier bei besteht der Vorteil darin, dass der Strategieprozess ist uneingeschränkt möglich ist, denn dabei identifizierte Messgrößen fließen in das EFQM-Modell ein. Auf diese Weise werden durch die regelmäßigen EFQM-Selbstbewertungen alle Unternehmensprozesse auf ihre Effektivität hin gemessen und die Unternehmensperformance dargestellt. Gleichzeitig werden die kritischen Erfolgsfaktoren für den Unternehmenserfolg in der Balanced Scorecard verankert und durch kurzfristige Messungen steuerbar.

Vorteile der Verbindung von Balanced Scorecard und EFQM-Modell

Die beiden Modelle weisen viele Unterschiede und einige Gemeinsamkeiten auf. Die *Balanced Scorecard* liefert die Messgrößen für die strategisch wichtigen Prozesse und unterstützt die langfristige und kontinuierliche strategische Steuerung von Organisationen. Das *EFQM-Modell* gestattet eine Gesamtbewertung der Unternehmens-Performance. Setzt man nur das eine oder das andere Modell ein, geht Potenzial für Veränderungsprozesse und die Steigerung der Leistungsfähigkeit verloren. Bei der Verknüpfung beider Systeme ist zu beachten, dass die Einführung eines TQM-Systems Voraussetzung für die Effektivität einer *Balanced Scorecard* ist. Sie kann ihren vollen Nutzen erst dann erbringen, wenn auch die nicht unmittelbar erfolgskritischen Unternehmensprozesse eine gute Performance aufweisen. Weitere Vorteile sind im Abschnitt 3.2.3 benannt worden.

3.4 Lernerorientierte Qualitätstestierung am Beispiel Weiterbildung (LQW)

Ein Qualitätsmanagementsystem, welches den TQM-Ansatz auf die speziellen Anforderungen von Bildungseinrichtungen adaptiert hat, ist die Lernerorientierte Qualitätstestierung (LQ). Diese Methode, deren wesentlicher Ansatz die Qualitätsausrichtung auf den Lerner darstellt, gibt es in verschiedenen Anwendungsbereichen:

- Lernerorientierte Qualität in der Weiterbildung (LQW)
- Lernerorientierte Qualität für Schulen (LQS)
- Lernerorientierte Qualität für Kindertagesstätten (LQK)
- Lernerorientierte Qualität für Bildungsveranstaltungen (LQB)
- Lernerorientierte Qualität für Soziale Dienstleistungsanbieter (KQS)

Die folgenden Ausführungen konzentrieren sich auf den Bereich Lernerorientierte Qualität in der Weiterbildung (LQW). Grundlage der Entwicklung von LQW war die vergleichende Untersuchung relevanter Qualitätsmodelle für die Weiterbildung in Europa in einem gleichnamigen Verbundprojekt der Bund-Länder-Kommission. Nach einer Analyse nachfrageorientierter (lernerorientierter) Qualitätsansätze wurde das Referenzmodell „Lernerorientierte Qualität in der Weiterbildung (LQW)“ entwickelt und in einer zweijährigen Umsetzungsphase bundesweit eingeführt. Inzwischen ist das Qualitätsmanagementsystem nach LQW auch neben der DIN ISO 9001:2000 ein nach den Anforderungen des Sozialgesetzbuch III zugelassene Zertifizierungsgrundlage für Träger der öffentlich geförderten beruflichen Weiterbildung.

Lernziele

Durch Bearbeitung dieses Abschnittes lernen Sie:

- Die Methode der Lernerorientierten Qualitätstestierung in der Weiterbildung (LQW) kennen und bewerten
- Den Ansatz dieser Methode zu bewerten und eine Übertragung und Adaption auf den Anwendungskontext in ihrer Organisation zu beurteilen

3.4.1 Grundgedanke und Ausgestaltung von LQW

1. Ziele

Die Lernerorientierte Qualitätstestierung (LQW) hat die Etablierung einer Lernenden Organisation zum Ziel, zu der mittels Umsetzung eines kontinuierlichen Qualitätskreislaufes und dessen Ausrichtung an strategischen Entwicklungszielen in einem Prozess hingeführt werden soll. Dabei steht bei allen Aspekten der Qualitätsbetrachtung der Lernende im Mittelpunkt, wie der Titel der Methode schon andeutet.

2. Grundgedanke

Mit der Aussage, Qualität im Sinne des Lerners, des Kunden und des Rezipienten von Bildungsangeboten zu liefern, steht die LQ-Methode in der Tradition von Umsetzungsmodellen des TQM-Ansatzes. Die Entwickler des LQW-Referenzmodells wollen aber noch einen Schritt weiter gehen und rekurrieren auf den Ansatz der gemeinsamen Konstruktion der Qualität des Produktes „Bildung" auf das „Ko-Produzenten-Verhältnis" zwischen Kunden/Lernenden und Bildungsanbieter (Fend 2000)[22]. Nicht die Maßnahmen zur Qualitätssicherung oder die Qualität der Abläufe werden als entscheidend angesehen, sondern „das gelungene Lernen beim Lerner". Die Beschreibung und Definition der Konstrukte, die als „gelungenes Lernen" in der Bildungsorganisation verstanden wird, dienen als Ausgangspunkt für die sich daran auszurichtenden und nachgelagerten Abläufe, Prozesse und Qualitätssicherungsmaßnahmen.

> „Die Erarbeitung der Definition gelungenen Lernens setzt nun einen Perspektivenwechsel auf den Standpunkt der Lernenden voraus. Gleich zu Anfang des Qualitätsprozesses erarbeitet jede Organisation ihre spezifische Definition dessen, was im

22 Siehe dazu die Ausführungen in Abschnitt 1.1.1

> denkbar besten Fall durch die angebotene Bildungsarbeit für die Lernenden erreicht werden kann. Zu beachten ist, dass es sich bei der Definition um eine Idealvorstellung handeln soll, an der die Organisation ihre eigene Praxis ausrichtet. Die Definition gelungenen Lernens dient damit auch als „roter Faden" der gesamten Qualitätsentwicklung. Es handelt sich bei der Definition gelungenen Lernens nicht um pädagogische und fachliche Zielsetzungen der Lehrkräfte oder um Lernziele der realen Teilnehmenden, sondern die Definition ist auch diesbezüglich eine übergeordnete Leitvorstellung, auf die hin sich die praktischen Lehrziele der einzelnen Bildungsangebote begründen lassen müssen" (Zech 2006a, S. 29).

Weiterbildungsinstitutionen werden als Ermöglichungsräume für dieses „gelingende Lernen" angesehen. Die „Qualität der Bildung" wird von der „Qualität der Organisation der Bedingungen von Bildung" unterschieden. Qualitätsmanagement habe allein die Aufgabe, die „Ermöglichungsbedingungen von Bildung zu verbessern" und daher gilt es, in einer Phase der Selbstreflexion zu erarbeiten, warum welcher Prozess in welcher Weise diese Bedingungen für ein gelungenes Lernen der Teilnehmenden verbessert. Die reine Formalisierung von Prozessen und deren mechanistisches Abarbeiten wird als kontraproduktiv abgelehnt.

Neben der bereits benannten Qualitätsausrichtung der Organisation auf die Rezipienten der Bildungsangebote ist LQW ein Qualitätsmanagementsystem mit externer Testierungs- und Zertifizierungsmöglichkeit. Die Qualitätsparameter werden definiert, gemessen, überprüft und in einem neutralen Beurteilungsverfahren bewertet und bestätigt. Im Unterschied zu anderen Zertifizierungsformen, z. B. der DIN ISO-Zertifizierung, die eher extern festgeschriebene Normen und Standards überprüft, richtet sich die Testierung des LQW-Modells stärker an den organisationsintern in Eigenregie erarbeiteten Qualitätskriterien der jeweiligen Bildungsorganisation aus (Zech 2006b).

Die zertifizierende Stelle ArtSet GmbH liefert die Instrumente zur Qualitätsumsetzung und -monitoring kostenfrei auch ohne eine Anmeldung zum Zertifizierungsverfahren. Weiterhin wirbt die Betreibergesellschaft mit dem Vorteil eines bestehenden „Netzwerks von Gleichgesinnten" zum Wissens- und Erfahrungsaustausch[23], dessen „umfassendes Angebot für die Qualitätsentwicklungsarbeit einzigartig im Weiterbildungsbereich" sein soll (vgl. www.artset-lq.de).

3. Adressaten

LQW richtet sich an alle privaten und öffentlich-rechtlichen Bildungsorganisationen im Bereich Aus-, Fort- und Weiterbildung und speziell der Erwachsenenbil-

23 Zum Zeitpunkt der Drucklegung sind laut Angaben der ArtSet GmbH 529 deutsche und 39 österreichische Bildungsorganisationen in das Netzwerk des LQW eingebunden (vgl. www.artset-lq.de).

dung, unabhängig von ihrer Größe und Ausrichtung. Angesprochen werden auch allgemeinbildende und Berufsschulen, Hochschulen und Akademien. Die Betreibergesellschaft ArtSet GmbH weist darauf hin, dass LQW ein anerkanntes Qualitätsmanagementsystem nach SGB III §8 Abs. 4 AZWV ist und Bildungsträger, die im öffentlich-rechtlichen Bereich mit der Bundesagentur für Arbeit zusammenarbeiten, damit neben der DIN EN ISO 9000:2001[24] ein zweites zertifiziertes QM-System zur Auswahl haben.[25]

4. Ausgestaltung

„Bildung als ‚Branche' und Lernen als ‚Produkt' zeichnen sich im Vergleich zu anderen Branchen und Produkten durch eine Besonderheit aus. Diese besteht darin, dass das ‚Endprodukt', d. h. der Lernerfolg, gar nicht von der anbietenden Weiterbildungsorganisation hergestellt werden kann, sondern der Abnehmer – sprich der Lernende selbst – muss es in Eigenaktivität erarbeiten. Weiterbildungsorganisationen stellen nur die Bedingungen der Möglichkeit von Bildung bereit. Ob Bildung dann tatsächlich stattfindet, liegt letztendlich nicht in ihrer Hand. Dieser Sonderstatus der Bildungsbranche macht ein eigenständiges Qualitätsmanagement erforderlich und setzt der Übertragung von Qualitätsmanagementverfahren aus anderen Branchen enge Grenzen.

LQW als bildungsadäquates Qualitätsmanagement hat deshalb folgende Prämissen:

1. Der Lerner als ‚kundiger Produzent' von Bildung steht im Mittelpunkt aller Qualitätsbemühungen. Auf ihn ist die Qualitätsentwicklung der Organisation und mithin das Testierungsverfahren ausgerichtet.

2. Es geht nicht nur um Qualitätssicherung, sondern die Qualität der Organisationen wird in einem ständigen Prozess weiterentwickelt – ausgehend von den sich verändernden Umweltanforderungen. Das Lernen der Organisation ist dabei die Basis der Verbesserung des Lernens der Teilnehmenden.

3. Bildung ist ein reflexives ‚Erfahrungsgut'; die Verbesserung der organisationalen Bildungsbedingungen muss daher auch ein reflexiver Prozess sein. Qualitätsverbesserung in der Bildungsbranche kann nicht durch technokratische Formalisierungen gefördert werden.

4. Es handelt sich bei LQW nicht nur um ein externes Begutachtungsverfahren, vielmehr werden die Entwicklungspotenziale der Organisationen berücksichtigt

24 Siehe dazu die Ausführungen zur Norm DIN EN ISO 9000:2001 im Abschnitt 3.1
25 Siehe dazu die Ausführungen zur AZWV im Abschnitt 3.5.1

und gefördert. LQW unterstützt die Lernprozesse der Weiterbildungseinrichtungen und prüft nicht fremdgesetzte Standards ab.

5. Das Modell ist organisationstypübergreifend sowie für große und kleine Organisationen gleichermaßen anwendbar, d. h. jede Organisation kann LQW an ihre besonderen Bedingungen anpassen. Das Modell ist selbst lernfähig und anwendungsflexibel einsetzbar.

6. Im LQW-Netzwerk dient das Qualitätsmodell der Vergleichbarkeit der Weiterbildungsorganisationen untereinander; hierdurch wird Organisationslernen über wechselseitige Beratung gefördert.

Das Verfahren der Qualitätsentwicklung und -testierung nach LQW stellt konkrete Anforderungen in folgenden elf Qualitätsbereichen:

- Leitbild
- Bedarfserschließung
- Schlüsselprozesse
- Lehr-Lern-Prozess
- Evaluation der Bildungsprozesse
- Infrastruktur
- Führung
- Personal
- Controlling
- Kundenkommunikation
- Strategische Entwicklungsziele

Die Erfüllung der definierten Anforderungen in diesen verpflichtenden Qualitätsbereichen muss in einem Selbstreport nachgewiesen und durch eine Visitation bestätigt werden. In selbstbestimmten optionalen Qualitätsbereichen können die Organisationen auf Spezifika ihrer Ausrichtung oder auf besondere Stärken hinweisen. Bei der Visitation spiegeln die Gutachtenden ihre Eindrücke in die Organisationen zurück. Außerdem werden in einem Abschlussworkshop strategische Entwicklungsziele für die nächste Qualitätsentwicklungsperiode vereinbart, und die Weiterbildungseinrichtungen geben Rückmeldung über ihre Erfahrungen in der Arbeit mit dem Qualitätsverfahren, die für zukünftige Modellrevisionen genutzt werden. „Das Qualitätsverfahren lernt also selbst aus der Praxis“ (Zech 2006a, S. 12 f.)

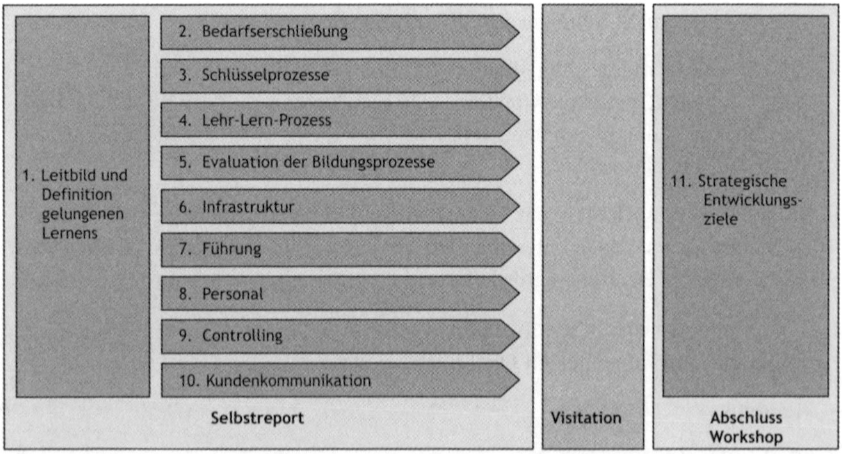

Abbildung 23 Das Qualitätsentwicklungs- und Testierungsmodell nach LQW
Quelle: Zech 2006a, S. 13

3.4.2 Der Qualitätskreislauf

LQW ist als ein „Qualitätskreislaufmodell" zu verstehen, welches zwei Phasen umfasst:

- Qualitätsentwicklung = Phase der Arbeit der Weiterbildungsinstitution
- Qualitätstestierung = Phase der externen Evaluation und Zertifizierung

Bildungsorganisationen, die sich einer Testierung unterziehen wollen, durchlaufen folgende Schritte des Kreislaufverfahrens: Die Durchführung im Sinne eines „Qualitätskreislaufes" beginnt mit der ersten Phase als Selbstreflexion mittels interner Evaluation (z. B. als SWOT-Analyse[26]) der Bildungsinstitution in der oben beschriebenen Form. Zugleich sollte das Leitbild der Organisation erstellt werden, welches das institutionsspezifische Verständnis von „gelungenem Lernen" definiert. Es folgen die Planung und Umsetzung von Verbesserungs- und Qualitätsentwicklungsmaßnahmen. In diesem Stadium können externe Berater hinzugezogen werden. Eine wichtige Funktion kommt der Dokumentation des Prozesses zu. Diese Dokumentation wird als „Selbstreport" ausformuliert. Dieser Selbstreport wird durch ein externes Gutachtertandem der ArtSet GmbH evaluiert und bewertet. Die

26 SWOT-Analyse steht für Strengths (Stärken), Weaknesses (Schwächen), Opportunities (Chancen) und Threats (Gefahren).

Bewertung schließt mit einer Visitation vor Ort ab, bei der das Gutachten mit den Mitarbeitern der Bildungsorganisation in einem Feedbackgespräch diskutiert wird. Das Feedbackgespräch hat im LQW-Verfahren eine wichtige systemische Funktion. Das System „Bildungseinrichtung" und das System „Gutachter" stellen ihre wechselseitigen unterschiedlichen Selbst- und Umweltbeobachtungen in einem diskursiven Prozess der Auseinandersetzung zur Disposition. Ziel ist ein produktiver Lernprozess für beide Seiten. Bei einer erfolgreichen Vor-Ort-Visitation werden anschließend in einem Abschlussworkshop die zukünftigen Entwicklungsziele vereinbart, die Gegenstand der folgenden Evaluation sind. Zum Schluss wird das Qualitätssiegel übergeben, welches vier Jahre gültig ist. Für das ganze Verfahren werden 13 Monate veranschlagt. Die Kosten sind abhängig von der Größe der Bildungseinrichtung (Zech 2006a, S. 14 ff.).

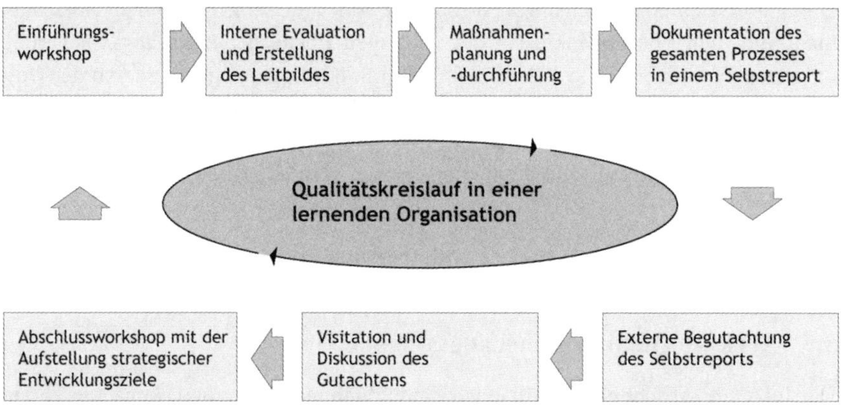

Abbildung 24 Der Qualitätskreislauf nach LQW
Quelle: nach Zech 2006a, S. 14

3.4.3 Bewertung der Lernerorientierten Qualitätstestierung (LQW)

Das Verfahren zur Lernerorientierten Qualitätstestierung (LQW) gilt als eine konkrete Adaption des EFQM-Modells[27] und kann als probates Mittel und eine fundierte Methode zur Umsetzung eines umfassenden Qualitätsmanagementsystems im Sinne des TQM[28] gelten. Positives Alleinstellungsmerkmal gegenüber anderen Qualitätsinitiativen im Bildungsbereich ist die konsequente Ausrichtung an den Endkunden, den Lernenden. Für Anbieter von E-Learning und Blended Learning-Bildungsangeboten ist dieses Modell allerdings nur bedingt geeignet, da der kon-

27 Siehe dazu die Ausführungen zum EFQM Modell im Abschnitt 2.3
28 Siehe dazu die Ausführungen zum Total Quality Management (TQM) im Abschnitt 2.2

krete Bezug auf die Besonderheiten von E-Learning-Bildungsprozessen fehlt. Deshalb ist bei einer Adaption zu beachten, dass LQW mit speziell auf E-Learning-Bildungsprodukte und -angeboten ausgerichteten Qualitätsansätzen zu kombinieren ist, die in Kapitel 4 vorgestellt werden.

Kritik am LQW-Verfahren ist vor allem nach den Ergebnissen einer Metaevaluation von 245 testierten Organisationen aufgekommen. Zum einen basierten die Selbstevaluationen zum großen Teil auf Aussagen der Bildungsinstitutionen zur Kundenzufriedenheit (Happy-Customer-Focus) und vernachlässigten Angaben über konkrete Lern- und Transfererfolge. Zum anderen sind die nach dem postulierten Ansatz des Total-Quality-Managements intendierten Änderungen des Mitarbeiterverhaltens hinsichtlich einer Verinnerlichung der Qualitätsverbesserungsstrategie nicht zu verzeichnen. Die Auswirkungen des Testierungsverfahrens sind hauptsächlich auf Organisationsstrukturen zu verorten. Die Form der Selbstevaluation der Bildungseinrichtungen scheint also nicht geeignet zu sein, um Qualitätsmanagement auf allen Ebenen, inklusive der wichtigen Ebene der Lerntransfersicherung umsetzen zu können (Bülow-Schramm 2006) S. 85. Diese Ergebnisse und der Umstand der fehlenden E-Learning-Unterstützung lassen darauf schließen, dass LQW als Ansatz für E-Learning-Anbieter nur in Kombination mit anderen Methoden geeignet ist, die stärker auf eine Implementierung externer Standards hin ausgerichtet sind.

Weitere Informationen finden Sie unter http://www.artset-lq.de

3.5 Weitere Qualitätssicherungssysteme

Der folgende Abschnitt thematisiert weitere Qualitätsansätze und -konzepte, die in großen Teilen des Weiterbildungssektors Bedeutung haben. Zunächst werden die seit 2004 geltenden neuen und rechtsverbindlichen Regelungen für Anbieter von öffentlich geförderten Weiterbildungen nach dem Sozialgesetzbuch III dargestellt, die in der Anerkennungs- und Zulassungsverordnung Weiterbildung (AZWV) zusammengefasst wurden. Diese Qualitätsinitiative hat eine grundlegende Verbesserung der Qualität von Weiterbildungsmaßnahmen und die Durchsetzung einheitlicher und verbindlicher Standards bei der Durchführung von Bildungsmaßnahmen für Arbeitssuchende zum Ziel. In diesen Maßnahmen kommen in zunehmendem Maße auch E-Learning-Einheiten und internetgestützte Qualifizierungselemente zum Einsatz. Den weiten Bereich (internetgestützter) Fernlehrgänge decken die Qualitätssicherungsregelungen der Staatlichen Zentralstelle für Fernunterricht (ZfU) ab. Benchmarkingmethoden sind vor allem in jenen Bereichen vertreten, die keine staatlichen und wettbewerblichen Auflagen bezüglich ISO-Normierung und anderen externen Qualitätsstandardisierungen unterliegen. Sie eignen sich, um die Ergebnisse der eignen Qualitätsbemühungen einzuordnen sowie die Orientierung an den besten der Branche auszurichten. Schlussendlich werden die wichtigsten Qualitätspreise vorgestellt, die sich als Initiativen zur Qualitätsauszeichnung verstehen und durch die viele Anbieter versuchen, auf die Qualität ihrer Angebote aufmerksam zu machen.

Lernziele

Durch Bearbeitung dieses Abschnittes lernen Sie:

- Die Anerkennungs- und Zulassungsverordnung Weiterbildung (AZWV) kennen und bewerten
- Die Methode zur Qualitätssicherung im Fernlernen der Staatlichen Zentralstelle für Fernunterricht (ZfU) kennen und bewerten
- Die Benchmarking-Methode kennen und bewerten
- Die Ansätze dieser Methoden zu bewerten und eine Übertragung und Adaption auf den Anwendungskontext in ihrer Organisation zu beurteilen
- Die wichtigsten Qualitätspreise kennen
- Die verschiedene Ausrichtungen und unterschiedlichen Bewertungskategorien der Preise kennen

3.5.1 Anerkennungs- und Zulassungsverordnung Weiterbildung (AZWV)

Im Bereich der öffentlich geförderten Weiterbildung müssen Bildungsanbieter, die mit der Bundesagentur für Arbeit zusammen arbeiten wollen, seit 2004 geänderte gesetzliche Rahmenbedingungen erfüllen. Diese Bedingungen und Anforderungen sind im Sozialgesetzbuch III (SGB III) in der Anerkennungs- und Zulassungsverordnung Weiterbildung (AZWV) vom Juni 2004 genauer geregelt (AZWV-Verordnung). Seit dem Inkrafttreten der Regelung nach AZWV fördern die Agenturen für Arbeit die berufliche Weiterbildung ihrer Kunden mittels des so genannten Bildungsgutscheins[29] gemäß SGB III § 77 nur noch, wenn die Weiterbildungs-

29 Der Bildungsgutschein ist ein Konzept zur staatlichen Kostenübernahme für Ausbildung und Weiterbildung. Der Bildungsgutschein hat die Funktion der schriftlichen Zusage der Bundesagentur für Arbeit über die Kostenübernahme einer Teilnahme an einer Weiterbildung und ist seit 2003 Teil des deutschen Bildungssystems.

träger und ihre Bildungsangebote die Vorgaben der §§ 84 f. SGB III erfüllen (SGB III vom Artikel 1 des Gesetzes vom 24. März 1997, BGBl. I S. 594, zuletzt geändert durch Artikel 3 des Gesetzes vom 20. April 2007 (BGBl. I S. 554), S. 48 ff.). War früher das Arbeitsamt selbst für die Zulassung der Bildungsträger im SGB III-Bereich zuständig, erfolgt die Zulassung und Überprüfung jetzt durch Auditoren so genannter akkreditierter fachkundiger Stellen (FKS).

1. Ziele

Im Rahmen der Reform der Vergabepraxis an Bildungsträger ist das wesentliche Ziel formuliert worden:

> „Mit den Gesetzen für Moderne Dienstleistungen am Arbeitsmarkt ist die Weiterbildungsförderung nach dem SGB III mit dem Ziel neu geordnet worden, in diesem wichtigen arbeitsmarktpolitischen Förderbereich mehr Wettbewerb und Transparenz zu schaffen und die Qualität in der SGB III-geförderten Weiterbildung zu verbessern. Neben der bereits von der Bundesagentur für Arbeit vollzogenen Einführung von Bildungsgutscheinen und der obligatorischen Einführung von Qualitätssicherungssystemen bei Bildungsträgern ist es ein wichtiges Anliegen der Reform, das bisherige so genannte Zulassungsverfahren von Weiterbildungsträgern und -lehrgängen nach dem SGB III aus der Zuständigkeit der Agenturen für Arbeit herauszunehmen und auf externe fachkundige Stellen zu übertragen" (QUAZERT 2004, o. S.).

Die Bundesagentur für Arbeit intendiert mit der Neuordnung der Trägerzulassung mehrere Teilziele. Zum einen sollte der Wildwuchs unter der qualitativen Ausgestaltung der arbeitsmarktrelevanten Weiterbildungsprogramme eingedämmt werden. Zum anderen sollte die qualitative Überprüfung durch eine unabhängige Stelle ein Mindestmaß an Qualität sichern sowie eventuelle Bevorzugungen und Vergünstigungen bestimmter Träger verhindert werden. Damit sollte der Nachweis eines optimalen Mitteleinsatzes des Weiterbildungsetats legitimiert werden. Es sollen nur noch Träger zugelassen werden, die

- die erforderliche Leistungsfähigkeit zur Durchführung der Maßnahme besitzen,
- in der Lage sind, durch eigene Vermittlungsbemühungen die Eingliederung von Teilnehmern zu unterstützen,
- Berufserfahrung des betreuenden Bildungspersonals sowie Aus-, Fort und Weiterbildung der Mitarbeiter und der Leitung eine erfolgreiche berufliche Qualifizierung der Teilnehmer erwarten lassen,
- ein Qualitätssicherungssystem oder ein Qualitätsmanagementsystem einsetzen.

2. Grundgedanke

> „Durch die Rechtsverordnung [§ 87 SGB III, Anm. d. Verf.] wird ein zweistufiges Zulassungsverfahren installiert: Die Prüfung und Zulassung (Zertifizierung) der Bildungsträger und ihrer Bildungsangebote erfolgt durch externe (private) Agenturen. Diese werden zuvor im Rahmen eines Kompetenzfeststellungsverfahrens durch eine Stelle auf Bundesebene (Anerkennungsstelle) anerkannt. Die Funktion der Anerkennungsstelle nimmt die Bundesagentur für Arbeit wahr. Die Anerkennung durch die Bundesagentur für Arbeit schafft die notwendige rechtliche Grundlage, damit Zertifizierungsstellen zukünftig über die Zulassung von Bildungsträgern und Bildungsangeboten für die individuelle Weiterbildungsförderung entscheiden können" (QUAZERT 2004, o. S.).

Abbildung 25 skizziert die Neuordnung der Weiterbildung der Bundesagentur für Arbeit:

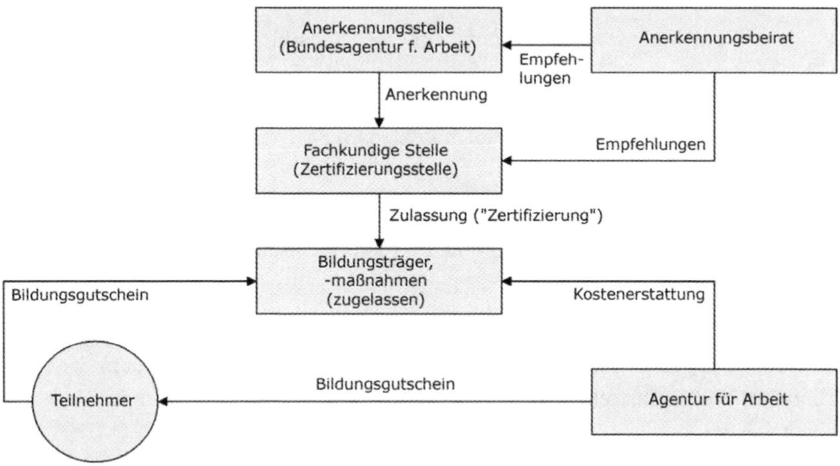

Abbildung 25 Förderung von Weiterbildung der Bundesagentur für Arbeit
Quelle: nach www.azwv.de

3. Adressaten

Bildungsanbieter von öffentlich geförderten Weiterbildungsprogrammen in Zusammenarbeit mit der Bundesagentur für Arbeit.

4. Ausgestaltung

Im Rahmen des Zulassungsverfahrens müssen die Weiterbildungsanbieter der Fachkundigen Stelle (FKS) nachweisen, dass sie ein System zur Qualitätssicherung eingeführt und umgesetzt haben. Dieses System muss Aussagen treffen können und Regelungen beinhalten bezüglich

- kundenorientiertes Leitbild
- Berücksichtigung der Entwicklungen des Arbeitsmarkts bei Konzeption und Durchführung von Bildungsmaßnahmen
- der Art und Weise der Festlegung von Unternehmenszielen sowie Lehr- und Lernzielen und Methoden einschließlich Methoden der Bewertung des Eingliederungserfolgs
- den Methoden zur Förderung individueller Lernprozesse
- der regelmäßigen Evaluation der angebotenen Maßnahmen mittels anerkannter Methoden
- der Unternehmensorganisation und Unternehmensführung
- Durchführung eigener Prüfungen zur Funktionsweise des Unternehmens
- Bereitschaft zur Zusammenarbeit mit externen Fachkräften zur Qualitätsentwicklung
- Zielvereinbarungen, der Messung des Grads der Zielerreichung und der Steuerung fortlaufender Optimierungsprozesse auf der Grundlage erhobener Kennzahlen oder Indikatoren

Ist ein Weiterbildungsanbieter zugelassen worden, kann er geplante oder bestehende Bildungsangebote und Weiterbildungsmaßnahmen bei den Gutachtern der fachkundigen Stelle einreichen. Dazu müssen die Unterlagen hinreichende Aussagen beinhalten zu

- Kostensatz pro Teilnehmerstunde
- eingesetzte Lehrkräfte und ihre Qualifikation
- Werbemaßnahmen zum Bildungsangebot
- Vermittlungsquote
- Praktikumsplätze und Organisation des Praktikums

5. Durchführung

1. Schritt: Trägerzulassung

Zunächst muss der Weiterbildungsanbieter einen Antrag an die Fachkundige Stelle stellen, indem er die von der AZWV formulierten Anforderungen darstellt. Hierbei kann sich der Bildungsanbieter an den Meldebögen der Agentur für Arbeit orientieren. Notwendige Angaben sind weiterhin über die Leistungsfähigkeit der Einrichtung, zum Qualitätsmanagement, speziell Qualitätssicherung und Qualitätsentwicklung, zu leisten. Wenn bereits ein Qualitätsmanagementsystem beim Bildungsträger implementiert worden ist, dann müssen entsprechende Belege dem Antrag beigefügt werden. Das SGB III und die AZWV erfordern dabei kein existierendes Qualitätsmanagementsystem, z. B. DIN EN ISO 9001 oder EFQM. Ein geprüftes vorhandenes System ist aber in jedem Fall hilfreich und verkürzt den Zulassungsprozess.

Im Zulassungsprozess werden drei verschiedene Zulassungsverfahren unterschieden:

1. Trägerzulassung ohne bereits zertifiziertes Qualitätsmanagementsystem
2. Trägerzulassung mit einem zertifizierten Qualitätsmanagementsystem (nachgewiesen durch Zertifikat und Auditbericht)
3. Trägerzulassung mit dem zertifizierten Qualitätsmanagementsystem nach DIN EN ISO 9001 (nachgewiesen durch Zertifikat und Auditbericht)

Das erste Verfahren erfordert eine zeitlich und inhaltlich umfangreiche Überprüfung, dass die fachkundige Stelle selbst eruieren muss, ob die gewählten Maßnahmen und Dokumentationen zur Qualitätssicherung dem aktuellen Stand entsprechen und die Forderungen aus SGB III und AZWV sinnvoll umgesetzt worden sind.

Das zweite Verfahren hat zum Inhalt, ob die Anforderungen aus SGB III und AZWV sinnvoll in das bereits bestehende System integriert worden sind.

Das dritte Verfahren ist bezüglich des Zeitaufwands der Zertifizierung am geringsten. Hier wird die Umsetzung der DIN EN ISO 9001 und die Integration der Anforderungen aus SGB III und AZWV geprüft. Diese Überprüfung nach AZWV ist integraler Bestandteil der Auditierung des Trägers.

Die Kriterien der Überprüfung sind:

- Ausstattung der Räumlichkeiten
- Arbeitssicherheit und Arbeitsschutz

- Aufbauorganisation und Ablauforganisation:
  - Planung und Durchführung der Weiterbildungsmaßnahmen
  - Berufserfahrung der Lehrkräfte sowie Aus-, Fort und Weiterbildung der Mitarbeiter
  - Planung und Durchführung der Weiterbildungsmaßnahmen
  - Evaluation der Weiterbildungsmaßnahmen
  - Methoden und Aktivitäten zur Vermittlung der Teilnehmer, Erfolgsquote der Weiterbildungsmaßnahme
  - Umsetzung der Qualitätsziele und Umsetzung des Leitbildes
  - Kalkulation der Bildungsangebote

Die Begutachtung erfolgt in der Form des Audits, d. h. in strukturierten Gesprächen mit den Mitarbeitern und Verantwortlichen des Weiterbildungsanbieters, die dokumentiert werden.

Im Vorfeld des Audits überprüft der Gutachter die eingereichten Unterlagen anhand der ihm zu Verfügung stehenden Informationen. Eventuell fordert er weitere Informationen, z. B. eine Begründung bei Überschreiten der Bundeskostensätze beim Träger an. Nach Abschluss der Begutachtung fertigt der Gutachter einen Bericht ab. Dieser Bericht enthält bei erfolgreicher Begutachtung eine Empfehlung an die zulassende Stelle zur Zulassung des Trägers und eventuelle Maßnahmen, die der Träger noch umsetzen muss bevor eine Zulassung erfolgen kann. Der Bericht enthält in der Regel auch Empfehlungen an den Träger, an welchen Stellen noch Verbesserungspotenzial aus Sicht des Gutachters liegt. Kann die zulassende Stelle ihrerseits keine Gründe benennen, die einer Trägerzulassung im Wege stehen, erhält der Weiterbildungsanbieter ein Zertifikat über seine Trägerzulassung. Jetzt ist er berechtigt, seine Weiterbildungsangebote anzubieten. Bei der anschließenden Maßnahmenzulassung dieser Bildungsangebote wird ebenso ein Zertifikat ausgestellt. Die ausgestellten Zertifikate haben eine Gültigkeit von drei Jahren. Die anschließende Auditierung des Bildungsträgers erfolgt im Jahresrhythmus.

2. Schritt: Maßnahmenzulassung

Für die Zulassung von Bildungsmaßnahmen ist der § 9 Abs. 1-5 AZWV maßgeblich. Die Prüfung der Maßnahmen erfolgt durch Ausfüllen eines formalen Antrages. Wird die Zulassung mehrerer Maßnahmen gleichzeitig beantragt, erfolgt die Prüfung zumeist nach einer Referenzauswahl, die in einem angemessenen Verhältnis zur Gesamtanzahl der beantragten Maßnahmen steht. Meist wird eine Grenzauswahl von 20% geprüft. Bei einer darüber liegenden Zahl richtet sich die Größe der Stichproben nach der Quadratwurzel der Gesamtanzahl der vorgelegten Maßnahmen. Unabhängig davon muss die zertifizierende Einrichtung sicherstellen, dass aus jedem fachlichen Bereich mindestens eine Maßnahme überprüft wird. Die Beurteilung der Maßnahmen erfolgt unter Ausgestaltung benannten Kriterien.

6. Bewertung

Die AZWV-Zertifizierung von Bildungsträgern und Maßnahmen ist ein wesentlicher Schritt hin zur flächendeckenden Einhaltung von Mindeststandards in der beruflichen Weiterbildung. Weiterbildungsträger, die mit der Agentur für Arbeit zusammenarbeiten wollen sind dadurch gezwungen, sich mit dem Thema Qualität auseinander zu setzen. Auch dient die Trennung von zertifizierender Einrichtung, der Fachkundigen Stelle (FKS) und der Vergabepraxis mittels Bildungsgutschein einer Wettbewerbsförderung und Marktöffnung der Träger. Differenzierte Qualitätsaussagen über das einzelne Bildungsangebot können hingegen nicht realisiert werden. Die enge Ausrichtung an der DIN EN ISO-Norm, d. h. die Betrachtung der Ablaufprozesse birgt immer das Risiko einer „mechanistischen" Abarbeitung und keiner qualitativen Verbesserung, wie etwa beim TQM.

Im AZWV-Auditierungsprozess kommt es zusätzlich zu einer Häufung von Problemen:

Ein Erfolgskriterium der Maßnahme ist die Vermittlungsquote. Hier werden vor allem kurzfristige Vermittlungen gemessen. Eine langfristige Überwachung des Vermittlungserfolges fehlt bei den Trägern. Ein weiteres Problem stellt die Evaluierung der Bildungsmaßnahmen hinsichtlich ihres Potenzials zur langfristigen Sicherung des Arbeitsplatzes dar. Teilnehmerbefragungen am Ende des Kurses sind dafür nicht ausreichend und liefern keine aussagekräftigen Ergebnisse. Die Einbindung der Dozenten und Trainer in das System ist bei vielen Trägern mehr als unzureichend. Oftmals stimmen inhaltliche, methodisch-didaktische und technischen Absprachen zwischen dem Träger und den Trainern nicht. Beispielsweise lassen sich geplante Zielsetzungen der Maßnahmen nur unzureichend mit den im Unterricht umgesetzten Maßnahmeinhalten, -techniken und –methoden realisieren.

Ein Grund dafür ist sicherlich die Situation der oft freiberuflich arbeitenden Dozenten und Trainer, die nicht oder nur unzureichend in das Qualitätsmanagementsystem der Träger und in dessen Unternehmensstrategie eingebunden sind.

Ein weiteres Problem stellen die oft unterentwickelten Kontakte der Träger zu potenziellen Arbeitgebern dar. Hier tun sich vor allem Bildungsträger schwer, die fast ausschließlich mit der Bundesagentur für Arbeit zusammenarbeiten und ihr Geschäftsmodell darauf ausgerichtet haben. Regelmäßige Kontakte zu ehemaligen

Teilnehmern die im Arbeitsprozess stehen, Arbeitgebertreffen und Kontaktbörsen mit Teilnehmern, Gremienarbeit und ein gut strukturiertes und umfassendes Customer Relationship Management (CRM) als Teil der Qualitätssicherung können hier sinnvolle Maßnahmen zur Abhilfe sein.

7. Weitere Informationen

Informationen zum Zertifizierungsprozess finden Sie auf der Webseite http://www.azwv.de.

3.5.2 Qualität im Fernlernen – Staatliche Zentralstelle für Fernunterricht (ZfU)

Anbieter von Fernunterricht in Deutschland sind nach dem so genannten Fernunterrichtsschutzgesetz (FernUSG) (FernUSG vom 2002) dazu verpflichtet, ihre Fernlehrgänge bei der Zentralstelle für Fernunterricht (ZfU) zertifizieren zu lassen. Ein Fernlehrgang ist nach Definition des FernUSG durch folgende Merkmale gekennzeichnet:

- Räumliche Trennung von Lehrenden und Lernenden
- Überwindung der räumlichen Trennung durch Lehrbriefe oder andere Medien
- Überwachung des Lernerfolgs durch den Lehrenden, durch Selbst- und Fremdkontrollaufgaben
- Betreuung der Teilnehmer im Lernprozess

Die ZfU ist eine gemeinsame Länderbehörde, die 1978 ins Leben gerufen wurde. Für die Zulassung muss der zertifizierungspflichtige Fernunterricht (z. B. Fernlehrgänge für Berufstätige auf privatrechtlicher Basis) vom akademischen Fernstudium (z. B. Grundständige und weiterführende Studiengänge an Fachhochschulen und Universitäten) unterschieden werden, welches nicht Gegenstand der ZfU ist. Sobald der Lehrgang über 51% Online-Anteile hat, ist er laut FernUSG zertifizierungspflichtig. Die Zertifizierungspflicht entfällt, wenn der Lehrgang oder das Bildungsangebot keinen konkreten Abschluss benötigt oder wenn der Präsenzanteil bei mehr als 51% liegt. Als Präsenzanteil wird auch eine synchrone Online-Betreuung (z. B. durch Videokonferenzen) gewertet. Die neuesten Entwicklungen der Informations- und Kommunikationstechnologien haben auch vor Anbietern von Fernlehrgängen nicht halt gemacht. So genannte distance learning Bildungsangebote, soweit sie den oben genannten Anforderungen an Fernlehrgängen entsprechen, werden auch von der ZfU geprüft. Einige Entwicklungstendenzen im Fernunterricht durch den Einsatz netzgestützter Technologien wurden durch eine BIBB-Studie aufgezeigt (Schmitz, Fogolin 2003).

1. Ziele

Das Ziel der ZfU-Zulassungsprüfung wird durch das FernUSG vorgegeben und ist gleichzusetzen mit einer Qualitätsprüfung des Bildungsangebotes: Die Zulassungsprüfung dient der Beantwortung der Frage: Ist die Ausgestaltung des Fernlehrgangs zum Erreichen des vom Veranstalter angegebenen Lehrgangsziels geeignet? (FernUSG vom 2002, §12, Abs. 2, Pkt. 1).

2. Grundgedanke

Gegenstand der Qualitätsprüfung ist die konkrete Ausgestaltung des Lehrgangs. Oberster Qualitätsmaßstab bei der Begutachtung ist das Erreichen der Lernziele. Grundgedanke der Qualitätsprüfung ist der Schutz des Verbrauchers vor Angeboten, die den Qualitätsmaßstäben des BIBB[30] und der ZfU nicht gerecht werden. Zugelassene Fernlehrgänge erhalten ein Zulassungssiegel mit einer Zulassungsnummer. Diese Zulassungsnummer muss der Bildungsanbieter im Informationsmaterial als nachprüfbaren Hinweis auf die erteilte staatliche Zulassung ausweisen (Staatliche Zentralstelle für Fernunterricht (ZfU) 2007, S. 23). Die Zulassung hat eine Gültigkeitsdauer von drei Jahren.

3. Adressaten

Adressaten der ZfU-Zulassung sind privatwirtschaftliche Bildungsanbieter und Bildungsdienstleistungsunternehmen, die allgemein- oder berufsbildende Fernlehrgänge oder Distance Learning-Bildungsangebote auf vertraglicher Basis in der eingangs erwähnten Ausprägung auf dem Bildungsmarkt anbieten.

30 BIBB steht für das Bundesinstitut für Berufliche Bildung, das in einem Forschungsprojekt zentrale Begutachtungskriterien für die ZfU-Zulassung entwickelt hat.

4. Ausgestaltung

Die Begutachtung des Fernlehrgangs erfolgt in zwei Teilen. Zunächst wird die Lehrgangsplanung bewertet. In einem zweiten Schritt wird dann die Lehrgangsumsetzung überprüft (Staatliche Zentralstelle für Fernunterricht (ZfU) 2004).

Im Rahmen der Zulassung wird weiterhin geprüft, ob die Informationen für die Teilnehmer den Fernlehrgang korrekt beschreiben, der Fernunterrichtsvertrag den gesetzlichen Bestimmungen entspricht und der Lehrgang durch dessen Planung geeignet ist, auf das angegebene Lehrgangsziel vorzubereiten.

Überprüfungsfaktoren sind

- Lehrgangsplanung und -umsetzung
- Fernunterrichtsvertrag
- Information und Werbung

A. Lehrgangsplanung und -umsetzung

In ihrem Leitfaden zur Begutachtung von Fernlehrgängen hat die ZfU den Kriterienkatalog zur Qualitätsbeurteilung im Rahmen der Zulassungsprüfung veröffentlicht (Staatliche Zentralstelle für Fernunterricht (ZfU) 2004, S. 8 ff.). Die Einreichung eines Fernlehrgangs bzw. Distance Learning-Lehrgangs muss zu folgenden Faktoren Aussagen enthalten:

Lehrgangsplanung

- Grundlagen und Lehrgangsziele
  - Zuwachs an Wissen, Fertigkeiten und Kompetenzen
  - Inhalte bei staatlichen und öffentlich-rechtlichen Prüfungen
- Zielgruppe
  - Teilnahmevoraussetzungen, Vorwissen, Erfahrungen
- Didaktische Grundstruktur
  - Definition und Begründung des didaktisch-methodischen Ansatzes
  - Lernorte, zeitlicher Ablauf
- Gesamtstruktur einschließlich Lerninhalte/Lernfelder
  - Stoffauswahl und didaktische Aufbereitung

- Zeitlicher Ablauf und inhaltliche Strukturierung
- Lernerfolgskontrollen
- Abschluss und Zertifikat

- Betreuung
  - Systembeschreibung: allgemein, fachlich, technisch
  - Anforderungsprofil der Betreuer
- Fernlehrgangselemente im Einzelnen
  - Lernmaterial (Fernunterrichtstauglichkeit?)
  - Aufgaben und Lernerfolgskontrollen (auf Ebenen des Wissenserwerbs, der erworbenen Fertigkeiten und Kompetenzen)
  - Präsenzphasen (Verzahnung und Verknüpfung verdeutlichen, fakultativ oder obligatorisch?)
  - elektronische Kommunikation, Lernplattform
  - Prüfungsvorbereitung
- Evaluation

Didaktische Umsetzung des Lehrgangskonzepts

- Selbstlernphasen
  - Lernmaterialien: Fachlich-inhaltliche Qualität, didaktische Qualität, Gestaltung und gendergerechte Darstellung
- Elektronische Kommunikation, Online-Phasen
- Präsenzphasen

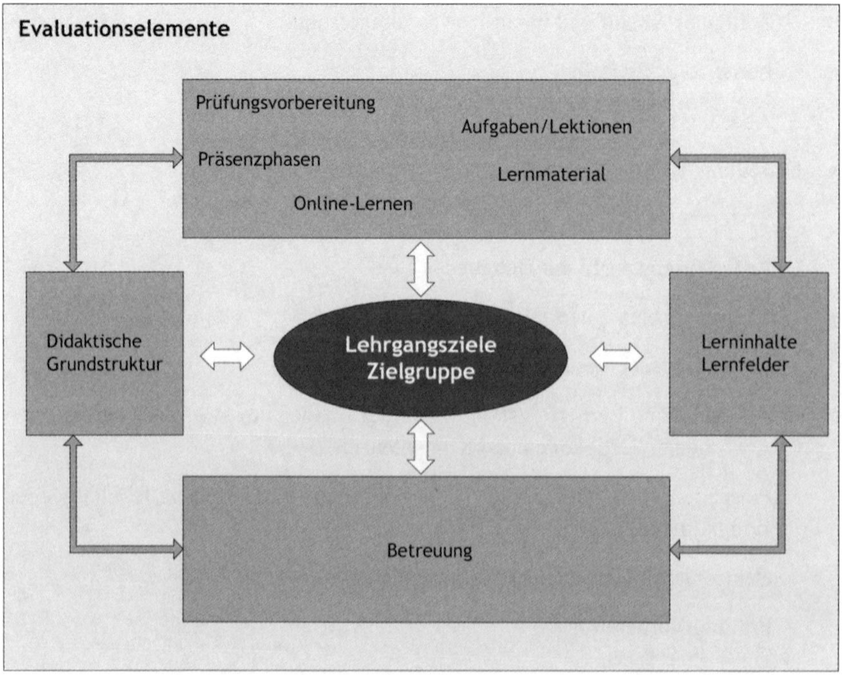

Abbildung 26 Evaluationselemente der Begutachtung von Fernlehrgängen nach ZfU

B. Fernunterrichtsvertrag

Der Vertrag, der zum Schutz des Verbrauchers zwischen dem Anbieter des Fernlehrgangs und dem Endkunden geschlossen wird, muss Angaben enthalten über:

- Namen und Anschrift des Veranstalters und des Kursteilnehmers
- Gegenstand, Ziel, Beginn und Dauer des Fernlehrgangs
- Art und Geltung des Lehrgangsabschlusses
- die Zeitabstände für die Lieferung des Fernlehrmaterials
- Form des begleitenden Unterrichts
- zusätzlich entstehende Kosten für Kommunikationsmittel, sofern sie über die ortsüblichen Grundtarife hinausgehen

- Gesamtkosten, Zahl und Fälligkeit der Raten sowie Widerrufsrecht, Mindestlaufzeit und Kündigungsbedingungen des Vertrages

C. Information und Werbung

Informations- und Werbematerialien müssen Angaben enthalten über:

- Beginn und Dauer des Fernlehrgangs
- Art und Geltung des Lehrgangsabschlusses
- Gliederung des Fernlehrgangs
- Zeitabstände für die Lieferung des Fernlehrmaterials
- Gesamtbetrag der Vergütung
- den Anteil der Vergütung, der bei Lieferung besonderer Lehrmaterialien anfällt, die nicht Teil des schriftlichen oder audiovisuellen Lehrmaterials sind
- Anzahl und Höhe der Raten
- Zahlungsweise
- Höhe der eventuell zusätzlich entstehenden Kosten für zusätzliche Kommunikationsmittel
- Voraussetzungen für die Teilnahme am Fernlehrgang sowie ggf. die Zulassungsbedingungen für eine öffentlich-rechtliche oder sonstige Prüfung
- Mindestlaufzeit des Vertrages und Kündigungsbedingungen
- Ort, Dauer und Häufigkeit des begleitenden Unterrichts
- die erfolgte staatliche Zulassung

5. Weitere Informationen

Die Homepage der ZfU liefert weitere Informationen rund um Fernlehrgänge für Anbieter und Teilnehmer unter http://www.zfu.de. Umfassende Informationen über die einzelnen Prüfkriterien der im Punkt A. Lehrgangsplanung und -umsetzung aufgeführten Beurteilungsfaktoren bietet der Leitfaden zur Begutachtung (Staatliche Zentralstelle für Fernunterricht (ZfU) 2004). Eine Ratgeberbroschüre und die aktuellen Gutachtenkosten sind als Downloaddokumente erhältlich.

Informationen zu Distance Learning-Bildungsangeboten und distancE-Learning-Kursen bietet der Fachverband für Fernlernen und Lernmedien e. V. auf seinen Webseiten unter http://www.forum-distance-learning.de

3.5.3 Benchmarking

Benchmarking ist eine Methode zum Vergleich von Prozessen, Angeboten oder Produkten der eigenen Organisation mit anderen, um Best Practices zu identifizieren und daraus Verbesserungspotenzial für die eigene Unternehmung abzuleiten. Entstanden ist die Methode in den 1970er Jahren bei dem amerikanischen Kopiergerätehersteller Xerox, welcher damals im starken Wettbewerb mit Canon stand.

Beim Leistungsvergleich werden vier Grundtypen unterschieden:

- Internes Benchmarking: Vergleich der Prozesse innerhalb der eigenen Organisation, z. B. zwischen den verschiedenen Niederlassungen eines Bildungsanbieters.
- Konkurrenz-Benchmarking: Vergleich mit einem Wettbewerber oder eines Konkurrenten innerhalb der eigenen Branche, z. B. zwischen zwei konkurrierenden Bildungsanbietern mit ähnlichem Produktportfolio.
- Funktionales Benchmarking: Vergleich ähnlicher Prozesse bei verschiedenen Einrichtungen der gleichen Branche unter Ausschluss direkter Konkurrenten, z. B. Vergleich der Teilnehmerakquise bei unterschiedlichen Bildungsanbietern.
- Branchenübergreifendes Benchmarking: Vergleich von Prozessen mit Organisationen, die nicht der eigenen Branche angehören, z. B. die Dauer der Zusendung von Informationsmaterial an Interessenten.

Für eine erfolgreiche Anwendung der Benchmarking-Methode sollten folgende Abfolgeschritte eingehalten werden:

1) Vorbereitungsphase
   - Kenntnis erlangen über den Prozess oder die Bildungsdienstleistung oder das Bildungsprodukt, das verglichen werden soll
   - Sammlung von Messdaten zur Beschreibung der eigenen Ergebnisse
   - Detaillierte und umfassende Analyse des Benchmarking-Gegenstandes
2) Identifikationsphase
   - Auf Basis der gewonnenen Daten und des gewünschten Benchmarkingtyps Partner und Vergleichsobjekte eruieren
   - Vergleichssetting vorbereiten und durchführen, eventuell mit Hilfe externer Experten

3) Analysephase

- Umfassende Untersuchung des Prozesses oder der Bildungsdienstleistung oder des Bildungsproduktes des Vergleichspartners
- Ziel: Aussage gewinnen, warum etwas wie besser ist
- Daraus Strategien, Ziele, Konzepte, Ansätze zur Qualitätsverbesserung ableiten

4) Umsetzungsphase

- Adaption der Ergebnisse des Vergleichspartners auf die eigene Unternehmung im Hinblick auf die eigene Qualitätsstrategie
- Konkrete Maßnahmen ableiten und umsetzen

3.5.4 Qualitätspreise

Den Abschluss des Kapitels zu den Methoden des Qualitätsmanagements soll eine Übersicht über die gängigsten Qualitätspreise im Qualitätsmanagement bilden. Qualitätsanstrengungen und deren Förderung und Anerkennung mittels Qualitätspreisen sind zunächst in Japan und den USA, später auch in Europa entstanden. Das Ziel ist im Grunde, hervorragende Leistungen im Sinne des TQM zu würdigen. Einige Preise sind äußerst prestigeträchtig, vor allem in den USA. Die Bewertungskriterien der Preisvergabe dienen meist als hohe Messlatte für einen Weg hin zum TQM, weit über die „normalen" Erfüllungskriterien von DIN-Normen hinausgehend. Die Preise intendieren allesamt eine Verbreitung des Qualitätsgedankens, vor allem dessen Verankerung in der Unternehmensführung und der Unternehmensstrategie.

Deming Preis

Der Deming Preis[31] aus Japan gilt als die älteste Würdigung für ein ausgezeichnetes Qualitätsmanagement. 1951 initiiert, wurde der Deming-Preis bald der treibende Qualitätspreis für die japanische Industrie. Der Deming-Preis bewertet das Erreichen von Qualitätszielen, z. B. die Lieferung einer Dienstleistung in einer vorgegebenen Zeit zu einem angemessen Preis in einer akzeptablen Qualität. Es gibt kein formales Bewertungsmodell, der Preisanwärter muss aber die stringente Anwendung eines Qualitätsmanagementsystems nachweisen, die Umsetzung eines kontinuierlichen Verbesserungsprozesses (KVP)[32] und seinen Markterfolg einer Jury

31 Zum Deming-Zyklus (PDCA-Zyklus) siehe die Ausführungen in Abschnitt 2.1.4
32 Siehe die Ausführungen zum Kontinuierlichen Verbesserungsprozess im Abschnitt 2.2.2

nachweisen. Zentrale Bedeutung bei der Bewertung wird Anstrengungen im ständigen Verbesserungsprozess, bei der Umsetzung von Qualitätszirkeln und der Anwendung statistischer Bewertungsmethoden beigemessen. Preisentscheidend ist ein organisationsspezifischer Weg zum Erlangen der Qualitätsziele. Für den Preis können sich nicht nur japanische Firmen, sondern auch ausländische Unternehmen und Organisationen aus dem öffentlichen Sektor sowie dem Non-Profit-Bereich bewerben, für die es jeweils spezifische Preiskategorien gibt. Die Preiseinreichung ist für die unterschiedlichen Anforderungen (z. B. Unternehmensgröße, betriebliche Spezifika und Initiativen von Einzelpersonen) hin differenziert (vgl. Kamiske, Brauer 2006, S. 176):

- Deming Prize for Individuals (Einzelpersonen)
- Deming Application Prize
  - for Companies (Unternehmen allgemein)
  - for Small Companies (Kleinbetriebe)
  - for Divisions (Unternehmensbereiche)
  - for Overseas Companies (ausländische Firmen)
- Quality Control Award for Factories (Unternehmen)
- Japan Quality Medal (für Unternehmen, die vor mindestens fünf Jahren den Deming Application Prize gewonnen haben)

Die Kategorienbereiche für die Bewertung im Deming Application Prize aus der Checkliste der Japanese Union of Scientists and Engineers (JUSE) sind laut Kamiske, Brauer (2006, S. 176):

- Unternehmenspolitik
- Organisation
- Information
- Standardisierung/Normung
- Personalentwicklung/Aus- und Weiterbildung
- Qualitätssicherungsaktivitäten
- Steuerung, Überwachung und Regelung
- Verbesserungsaktivitäten

- Ergebnisse
- Zukunftsplanung

Weitere Informationen zum Deming Prize finden Sie unter der Webseite http://www.deming.org/demingprize.

Malcolm Baldrige National Quality Award (MBNQA)

Seit 1988 wird jährlich der MBNQA verliehen, der nach dem amerikanischen Handelsminister Malcolm Baldrige benannt wurde. Baldrige wollte mit der Preisstiftung die Wettbewerbsfähigkeit der amerikanischen Wirtschaft stärken. Dieser Preis hat einen hohen Prestigewert, da er vom amerikanischen Präsidenten oder Vizepräsidenten persönlich überreicht wird. Das Ziel des MBNQA ist die Verbreitung der Total-Quality-Management-Philosophie. Im Gegensatz zum Deming-Preis ist hier aber ein stärker formalisiertes Vergabe- und Beurteilungsverfahren zu durchlaufen. Zentrales Moment des MBNQA ist die Stellung der Kundenzufriedenheit als essentielles Qualitätsmerkmal und die Betonung des Wettbewerbsgedanken durch Vergleiche wie z. B. Benchmarking-Methoden[33] (Kamiske, Brauer 2006, S. 180). Damit sind die Preisträger verpflichtet, Informationen über die erfolgreiche Umsetzung ihres Qualitätsmanagementsystems auch anderen Unternehmungen transparent zu machen, um in einem gesamtwirtschaftlichen Verbesserungsprozess Nutzen für alle beteiligten Institutionen zu generieren (Bülow-Schramm 2006, S. 51).

Das Kriterienmodell zur Beurteilung des Preisanwärters besteht aus sieben Hauptkriterien mit 20 Unterkriterien in einem ausdifferenzierten Gewichtungssystem, in dem maximal 1000 Punkte erreicht werden können. Die Gewichtung der Einzelkriterien wird laufend angepasst. Die sieben Hauptkriterien des MBNQA sind:

- Unternehmensführung
- Strategische Planung
- Kunden- und Marktorientierung
- Information und Analyse
- Mitarbeiterorientierung
- Prozessmanagement
- Geschäftsergebnisse

33 Zum Benchmarking siehe die Ausführungen unter Abschnitt 3.5.3

Weitere Informationen zum Preis liefert das National Institute of Standards and Technology (NIST) unter http://baldrige.nist.gov.

EFQM Excellence Award (EEA)

Die Qualitätsinitiativen in Japan und den USA blieben auch für Europa nicht ohne Auswirkungen. Erstmals wurde 1992 das europäische Pendant, der European Quality Award (EQA) geschaffen, der seitdem jährlich in vier Kategorien verliehen wird:

- Large Business (Großunternehmen)
- Operational Units of Companies (Funktionseinheiten von Unternehmen, z. B. Profit Center, Werke, Forschungsbereiche)
- Public Sector (Öffentlicher Dienst)
- Small and Medium-Sized Companies, SME (Kleine und Mittelständische Unternehmen, KMU)

2006 wurde der European Quality Award (EQA) in EFQM Excellence Award (EEA) umbenannt.

Die Intention des Preises ist ähnlich wie bei seinem amerikanischen Vorbild die Stärkung der Wirtschaftsunternehmen auf dem Weltmarkt durch die Verbreitung und Verankerung des Total Quality Management-Gedankens in den Unternehmen. Die Bewertungsgrundlage des EEA ist das EFQM Modell für Exzellenz, das im Abschnitt 2.3 vorgestellt wurde. Die aktuelle Fassung wurde 2000 überarbeitet. Der Kriterienkatalog lehnt sich sehr stark an den des Malcolm Baldrige National Quality Award an. Hauptkriterien der Beurteilung sind:

Tabelle 9 Kriterien des European Quality Award (EQA)
Quelle: nach Zink 2004

Nr.	Kriterium	Unterkriterien/Spezifikation	max. Punkte
1.	Führung	• Beitrag aller Führungskräfte zur Förderung einer Kultur der Exzellenz • Persönlicher Einsatz der Führungskräfte zur Entwicklung, Umsetzung und kontinuierlichen Verbesserung des Managementsystems • Kontakt der Führung mit Kunden, Partnern und Vertretern der Gesellschaft • Aktive Rolle der Führungskräfte bei Motivation, Unterstützung und Anerkennung der Mitarbeiter	100

2.	Politik und Strategie	• Gegenwärtige und zukünftige Notwendigkeiten sowie Erwartungen der Anspruchsgruppen • Leistungsmessung, Forschung, Lernen und Kreativität als Basis • Weiterentwicklung, Überprüfung und Aktualisierung • Umsetzung über ein Netzwerk von Schlüsselprozessen • Kommunikation und Einführung in der gesamten Organisation	80
3.	Mitarbeiter	• Personalplanung und -entwicklung • Identifizierung, Entwicklung und Förderung von Wissen und Fähigkeiten • Einbeziehung und Befähigung • Offene Kommunikation • Anerkennung und aktive Führung	90
4.	Partnerschaften und Ressourcen	• Umgang mit externen Partnern • Umgang mit finanziellen Mitteln • Umgang mit Gebäuden, Ausrüstung und Material • Umgang mit Technologien • Umgang mit Information und Wissen	90
5.	Prozesse	• Systematische Entwicklung und Management aller wertschöpfenden Prozesse • Ständige Verbesserung aller Prozesse zur vollständigen Erfüllung sowie Schaffung steigender Werte für Kunden und andere Anspruchsgruppen • Festlegung und Entwicklung von Produkten und Leistungen auf der Basis der Kundenanforderungen • Erstellung, Vertrieb und Betreuung von Produkten und Leistungen • Proaktiver Umgang mit Kundenbeziehungen	140
6.	Kunden - Ergebnisse	• Messung der Wahrnehmung • Leistungsindikatoren	200
7.	Mitarbeiter - Ergebnisse	• Messung der Wahrnehmung • Leistungsindikatoren	90
8.	Gesellschaft - Ergebnisse	• Messung der Wahrnehmung • Leistungsindikatoren	60
9.	Schlüssel-leistungen - Ergebnisse	• Erreichte Ergebnisse in den Schlüsselleistungen • Indikatoren für die Schlüsselleistungen	150

Seit 2003 werden an die Zweitplatzierten spezielle Preise für besondere Leistungen auf dem Gebiet der „Grundkonzepte der Exzellenz“ vergeben. Die Gewinner des EEA sollen Vorbildfunktion haben: sie erbringen auf dem Weg zu Exzellenz herausragende Spitzenleistungen auf allen Managementebenen und arbeiten effizient an kontinuierlicher Weiterverbesserung. Leider fehlt bei der Preisübergabe eine anerkannte europäische Institution nach dem amerikanischen Vorbild um die Imagewirkung des Preises zu erhöhen.

Weitere Informationen zum EFQM Excellence Award (EEA) liefert die Homepage des Deutschen EFQM Centers http://www.deutsche-efqm.de.

Ludwig-Erhard-Preis (LEP)

Das deutsche Pendant zum Europäischen Qualitätspreis EQR ist der Ludwig-Erhard-Preis, der erstmals 1997 vergeben wurde. Schirmherr des Preises ist der Bundespräsident, was eine hohe Wertigkeit und Image des Preises garantieren. Der Preis beruht auf einer Initiative des Vereins Deutscher Ingenieure – Gesellschaft für Systementwicklung und Projektberatung (VDI-GSP) und der Deutschen Gesellschaft für Qualität (DGQ). Weitere Träger sind verschiedene Spitzenverbände aus Industrie und Wirtschaft.

Ähnlich wie beim EEA werden auch beim LEP Unternehmen ausgezeichnet, die durch hervorragende Leistungen im internationalen Wettbewerb Spitzenpositionen erlangt haben (Kamiske, Brauer 2006, S. 188). Die Zielsetzung des Preises ist die Vorbildwirkung auf Unternehmen aller Branchen und Größen, Behörden und Bildungseinrichtungen, sich mit dem Konzept des Total Quality Managements auseinander zu setzen. Das Bewertungsmodell beruht im Wesentlichen auf dem des EEA mit einigen wenigen Anpassungen in der Terminologie. Das Bewertungsverfahren besteht aus einem mehrschrittigen Prozess, der mit einer Selbstbewertung beginnt, über eine Auswahl der Besten zu einer Vor-Ort-Beurteilung hin zu einer abschließenden Bewertung führt. Die Jury besteht aus Führungskräften aus Unternehmen, Banken, Universitäten sowie der Ludwig-Erhard-Stiftung (Kamiske, Brauer 2006, S. 189).

Weitere Informationen liefert die Homepage der Initiative des Ludwig-Erhard-Preises http://www.ilep.de

3.6 Fazit: Bewertung der Qualitätsmanagementkonzepte

Die vorangegangenen Darstellungen unterschiedlicher Qualitätsmanagementkonzepte und -ansätze machen deutlich: Den Königsweg zur Erlangung von hochwertigen Bildungsangeboten gibt es nicht. Vielmehr muss im jeweiligen Einzelfall der Organisation respektive des Angebotes geprüft werden, welcher Ansatz aus pragmatischer Sicht auszuwählen ist.

Der grundsätzliche Unterschied zwischen dem DIN-Ansatz und dem TQM/EFQM-Ansätzen liegt hierin: Die DIN-ISO beschreibt immer ein umfangreiches Qualitätsmanagementsystem. Die Beschreibung von Prozessen und deren schriftliche Fixierung ist der Kern aller DIN-Normen. Zertifizierungen sind daher immer auf die Einhaltung und Nachverfolgbarkeit der vorab definierten Prozesse ausgerichtet und prüfen diese ab. Dies bedeutet für die Bildungseinrichtung, dass sie vorab extern oder intern definierte Standards einhalten muss und ein auf diese Standards aufbauendes Qualitätsmanagementsystem funktionsfähig betreiben lernt.

Im Gegensatz dazu steht der TQM-Ansatz, der eher eine Denkhaltung, eine grundsätzliche Einstellung gegenüber der Qualität der eigenen Arbeit in den Fokus der Betrachtung stellt. Das schließt die daraus folgenden Handlungen und Umsetzungsmethoden mit ein. Gemessen werden können die Resultate der Verhaltensänderungen der Mitarbeiter z. B. durch Vergleiche mit anderen Unternehmungen derselben Branche (Benchmarketing).

Im Sinne eines umfassenden TQM kann der DIN-ISO-Normierungsansatz das Fundament und der Ausgangspunkt eines kontinuierlichen Verbesserungsprozesses (KVP) sein. Diese Forderung der Verbindung des ISO-Normierungsansatzes mit dem TQM-Ansatz wird in der Praxis allerdings relativ selten umgesetzt.

Tabelle 10 DIN ISO-Ansatz und Ansatz des TQM, EFQM im Vergleich

DIN ISO-Ansatz	TQM, EFQM-Ansatz
• Beschreibung eines Systems von Qualitätsmanagement	• Beschreibung der Einstellung der Mitarbeiter gegenüber Qualität
• Zielbeschreibung: Einhaltung von Standards, schriftliche Fixierung von Prozessen	• Zielbeschreibung: zu den Besten gehören
• Prozesskonformität und Arbeitsprozesse im Mittelpunkt	• Kunde im Mittelpunkt
• Evaluation: (externe) Audits, Korrekturmaßnahmen, Management-Reviews	• Evaluation: Selbstbewertung, Benchmarking
• Resultat: Zertifikat über die Einhaltung eines standardisierten QM-Systems	• Resultat: kontinuierlicher Verbesserungsprozess
• Vorteile: Effizienzgewinn, Transparenz der Prozesse, Konsens über Qualitätsbegriff und einzuhaltende Standards	• Vorteile: bessere Produktqualität, höherer Unternehmenswert, Innovationsfähigkeit und Marktfähigkeit (Aussagen im Bildungsbereich aber nicht empirisch belegt)
• Gefahren: Bürokratie, Komplexität der Arbeit, Innovationsverhinderung, Beschränkung der Verantwortung, Verhinderung von Teamarbeit	• Gefahren: Qualitätsbegriff nicht ausreichend operationalisiert, unklare, nicht kompatible Begriffe, großer Adaptionsaufwand

Was folgt daraus für die Qualitätsbeurteilung E-Learning und online-gestützter Bildungsangebote? Wird von den spezifischen Online-Komponenten abstrahiert, sind diese Angebote in erster Linie Bildungsangebote. Damit können sie als Dienstleistungsprodukte betrachtet werden, ebenso wie die „traditionellen" Präsenzangebote auch. Nach M. Wirth gilt es, als erstes die normative Perspektive (siehe Abschnitt 1.1.1) grundsätzlich zu klären. Abhängig von den Rahmenbedingungen der Organisation kann dann über die passende Methode des Qualitätsmanagementsystems entschieden werden. Qualitätsziele und Teilziele werden daraufhin methodenspezifisch entwickelt. Dies ist die Grundlage, um eine umfassende Qualitätsentwicklung eines Onlinebasierten Bildungsangebotes zu implementieren und zu betreiben (vgl. Wirth 2005). Online-Bildungsangebote sind oftmals an eine reibungslose Zusammenarbeit vieler Beteiligter angewiesen. Im Gegensatz zu reiner Präsenzlehre hat hier die Abwesenheit der Face to Face-Kommunikation zur Folge, dass stringente, transparente, klar kommunizierte Prozesse für den reibungslosen und erfolgreichen Ablauf des Bildungsangebotes wesentlich sind. Deshalb ist die Ausrichtung an einem systemischen, prozessorientierten DIN-Qualitätsmanagementsystem in Erwägung zu ziehen. Transparente Prozessbeschreibungen gerade im Bereich der Administration des Bildungsangebotes gehören zu den qualitätsentscheidenden Kriterien bei Online-Angeboten.

Auf der anderen Seite stellt gerade der im TQM/EFQM-Ansatz favorisierte Aspekt der Mitarbeiterorientierung und der damit untrennbar verbundenen Personalentwicklung und Weiterbildung einen unverzichtbaren Bestandteil eines internetgestützten Bildungsangebotes aus. Fundierte Medienkompetenz und Kenntnisse von Coachingmethoden für E-Lerner und –Lernerinnen sind neben der Beherrschung der sich rasant entwickelnden Technik Fertigkeiten, die zur unverzichtbaren Grundausstattung von Online-Tutoren und -Tutorinnen gehören. Die Fähigkeit, didaktische Durchführungskonzepte zu entwickeln und online umzusetzen verdeutlicht den Entwicklungsbedarf dieser Berufsgruppe, deren Anforderungen über die alten Rollenbilder von Lehrern, Dozenten und Trainern deutlich hinausweisen. Dieser Entwicklungsbedarf muss formuliert werden, damit Kompetenzen und Wissen aufgebaut und erhalten und somit die Qualitätsanforderungen des Bildungsangebotes erfüllt werden können. Online-Tutoren sind angehalten, ihre Qualitätsvorstellungen in einem umfassenden QM-Konzept in die Bildungseinrichtung einzubringen. Ist eine solches Konzept nicht oder nur rudimentär vorhanden, ist es eine zwingende Maßgabe, dass sie den Teilbereich ihrer Arbeit (z. B. die Wissensvermittlung, den Transfer im Sinne eines Evaluationskonzeptes und Bildungscontrolling) evaluieren, messen und daraus schlussfolgernd verbessern. Diese Aktivitäten könnten dann als Ausgangspunkt für umfassendere Qualitätsüberlegungen des Bildungsangebotes sein. Näheres wird im fünften Kapitel ausgeführt.

Bezüglich der Qualität von Aus-, Fort- und Weiterbildungsprogrammen ist darauf zu achten, dass bei einer Zertifizierung von Online-Angeboten die damit verbundenen Kosten in einem zu definierenden Nutzen bezüglich des Bildungsangebotes stehen (z. B. die ZfU-Zertifizierug einen zu ermittelnden Marketing-Mehrwert haben). Allgemein lässt sich über Online-Bildungsangebote schlussfolgern, dass die Qualitätsmanagementansätze sich nicht auf einzelne Teilbereiche bezogen bleiben sollen (etwa die Qualität der Ressourcen, Lehrkräfte etc.), sondern die gesamte Wertschöpfungskette eines Bildungsangebotes umfassen müssen. Als praktikabler Weg für die Umsetzung eines solchen Konzeptes hat sich die Verknüpfung von Philosophie und Prozessmodell heraus gestellt, d. h. die Verbindung des TQM-Ansatzes mit den administrativen Steuerung und Optimierung von Prozessen gemäß einer DIN-ISO-Normierung.

4. QUALITÄTSMANAGEMENTKONZEPTE IM E-LEARNING-BEREICH

Während wir im vorangegangenen Kapitel die Methoden und Mittel zur Qualitätssicherung und zur Qualitätsentwicklung und ihre Adaption auf den Bildungsbereich beleuchtet haben, wenden wir uns nun den Ansätzen und Konzepten des Qualitätsmanagements mit dem Schwerpunkt auf E-Learning-Bildungsangeboten und Produkten zu. Es sind zurzeit eine Vielzahl unterschiedlicher Aktivitäten und Initiativen mit entsprechend verschieden gelagerten Ansätzen und Zielrichtungen zu verzeichnen. In diesem Kapitel sollen die wesentlichen nationalen Konzepte ohne Anspruch auf Vollständigkeit vorgestellt werden. Ebenso wird ein Ausblick auf internationale Entwicklungen gegeben, soweit sie aus nationalen Initiativen erwachsen oder mit diesen korrelieren. Markus Wirth hat in seiner Zusammenstellung der Untersuchungen zur Qualitätsforschung im E-Learning-Bereich festgestellt, dass diese sich wesentlich von den Ergebnissen der Qualitätsforschung im Bildungsbereich unterscheiden (Wirth 2005, S. 117 ff.). Qualitätsdiskussionen werden im Anwendungsfeld E-Learning zumeist gleichzeitig auf der Mikro- und Makroebene und zudem noch voneinander abgekoppelt geführt. Qualitätsansätze auf der Mesoebene, also der Qualitätsbeurteilung von Ausbildungsprogrammen, Kursen oder Studiengängen fehlen weitgehend (Euler et al. 2005).[34] Gründe hierfür werden vor allem in der hohen Interdisziplinarität von E-Learning gesehen. So gibt es vor allem empirische Medienvergleichsuntersuchungen und Nutzerexperimente, Experten- und Userbefragungen, einige wenige Fallstudien und Usabilitytests. Die in den Anfangsjahren des E-Learning geprägte Diskussion von Qualität auf Produktebene (z. B. der Beurteilung von Lernplattformen oder Web Based Trainings) wird aber zunehmend durch ganzheitliche Ansätze im Sinne eines kontinuierlichen Verbesserungsprozesses abgelöst, die zunehmend auch die situativen Rahmenbedingungen eines Bildungsangebotes einbeziehen. Die Gründe hierfür liegen zum einen in der stärkeren Integration von E-Learning und IT-unterstützenden Elementen innerhalb der Bildungsangebote und zum anderen in der besseren technischen Umsetzung, wobei die Erfahrungen der Anfangsjahre genutzt wurden und enorme Fortschritte zu verzeichnen sind. E-Learning wird nicht mehr als eine „Methode“ angesehen, die didaktisch autark und autonom neben allen anderen Formen der Wissensaufnahme steht, sondern als eine Form der Distribution von Lerninhalten und elektronisch gestützter Kommunikation und Zusammenarbeit, die neben den anderen „traditionellen“ Formen sinnvoll in den Gesamtzusammenhang eines Lehr-/Lernarrangements einzubinden ist. Einen der wenigen Versuche, den produktbezo-

34 Siehe dazu die Ausführungen zur Qualitätsbetrachtung auf verschiedenen Ebenen in Abschnitt 1.1.5

genen Qualitätsansatz mit der Qualitätsbeurteilung auf der Mesoebene zu verbinden, ist das Modell der Technischen Universität Darmstadt, welches in diesem Kapitel vorgestellt wird. Im Zuge der Diskussion um die Etablierung von Mindeststandards der Qualität von Bildungsangeboten in den 90er Jahren und die damit einhergehende Bedeutung der Normierungsbemühungen im Bildungssektor (DIN ISO 9000 f.), hat der prozessorientierte Ansatz zur Messung von Leistungserstellungen als der Grundidee der ISO-Normen auch den E-Learning-Bereich erreicht. Die bedeutendste nationale Initiative, die diesen Ansatz verfolgt und welche insbesondere den Aspekt E-Learning in Aus- und Weiterbildungsprogrammen berücksichtigt, ist das Referenzmodell für Qualitätsmanagement des DIN. Dessen normiertes Beschreibungsmodell ist die DIN-PAS 1032-1, deren Standardentwicklung gerade im Begriff ist, auch Grundlage internationaler Normen zu werden. Abschließend werden in diesem Kapitel die wichtigsten Qualitätspreise im E-Learning-Bereich vorgestellt, die sich als Initiativen zur Qualitätsauszeichnung auf Produktebene verstehen und durch die viele Anbieter versuchen, auf die Qualität ihrer Angebote aufmerksam zu machen.

4.1 Qualitätsinitiative der TU Darmstadt

Einen interessanten Ansatz zur Qualitätssicherung von E-Learning-Angeboten verfolgt die Technische Universität Darmstadt (TUD). Beim Versuch, eine Antwort auf die Frage zu finden, wie der Begriff E-Learning qualitativ inhaltlich zu verstehen sei, ist der Ansatz der Trennung von Qualität auf der Produktebene von der Qualität auf der Angebotsebene entwickelt worden. Auf der Produktebene entstand das TUD-Gütesiegel für computerbasierte Lernprogramme, für Web Based Trainings und Lernplattformen. Auf der Angebotsebene (Mesoebene) wird die Ausgestaltung der E-Learning-Bildungsveranstaltung mit einem Label „E-Learning-Veranstaltung“ geprüft und ausgezeichnet.

Lernziele

Durch Bearbeitung dieses Abschnittes lernen Sie:

- Ziele, Grundgedanken, Ausgestaltung des Gütesiegels E-Learning der TUD kennen
- Ziele, Grundgedanken, Ausgestaltung des E-Learning-Labels der TUD kennen
- Kernidee und Qualitätsverständnis des Ansatzes kennen, beurteilen und auf ihren Anwendungskontext übertragen

4.1.1 Qualität auf Produkt- und Veranstaltungsebene

Ausgehend von zwei universitätsinternen Förderlinien zur Professionalisierung der Hochschullehre im Sinne einer teilnehmer- oder lernerorientierten Verbesserung der Studienangebote sind an der TUD 14 Fachbereiche bei der Einführung von E-Learning monetär unterstützt worden. Neben dieser Unterstützung hat die Universität einen Preis für die beste E-Learning-Veranstaltung ausgeschrieben. Dieser „E-Teaching Award" wird seit 2004 vergeben. Die Entwicklung der Förderkriterien und der Auswahlkriterien mündete in ein Grundgerüst von Qualitätskriterien für E-Learning-Veranstaltungen einerseits und E-Learning-Produkten andererseits. Institutionell ist die Qualitätsbeurteilung an der Arbeitsgruppe Qualität unter der wissenschaftlichen Leitung von Prof. Dr. Regina Bruder angesiedelt.
Was bedeutet Qualität in den beiden Ansätzen der TUD?

Das TUD-Gütesiegel verfolgt den „klassischen" produktbezogenen Ansatz. Es soll Aussagen treffen über die Qualität eines Produktionsergebnisses, aber nicht über den Produktionsprozess selbst. Das Lernprogramm soll anhand von Qualitätskriterien beurteilt werden, die als notwendig für ein adressatengerechtes Lernprogramm gelten können. Diese wissenschaftliche Bezugsnorm beachtet alle relevanten Fachdisziplinen Didaktik, Usability, Technik und Wirtschaftlichkeit (Bruder et al. 2006, S. 88 f.). Beim E-Learning-Label ist das zu begutachtende „Produkt" die E-Learning-Lehrveranstaltung. Hier wurde hinsichtlich der Kategorisierung der Zweckmäßigkeit das Modell von Harvey und Green übernommen (Harvey, Green). Die zu beurteilende Zweckmäßigkeit besteht in der lernerorientierten Gestaltung der Lehr-/Lernprozesse durch E-Learning-Instrumente, -Mittel und -Methoden. Beide Ansätze begutachten die Qualität mittels sachorientierten und objektiven Maßstäben. Diese „sachliche Bezugsnorm" und die Trennung in die interne Qualitätsentwicklung der eigenen Veranstaltungen und der Vergabe des TUD-Gütesiegels dienen der Glaubwürdigkeit der Begutachtungsrolle. Mittlerweile ist das Qualitätskonzept der TUD in mehrere bestehende Qualitätsinitiativen integriert worden. So hat z. B. die „Qualitätsplattform Lernen" mit dem Auszeichnungssiegel D-ELZert das TUD-Gütesiegel als integralen Bestandteil[35]. Weitere europäische und internationale Kooperationen sind in Vorbereitung. Das TUD-Gütesiegel ist damit fester Bestandteil der Qualitätssicherung bei E-Learning-Angeboten geworden.

4.1.2 Das TUD-Gütesiegel – Qualität auf Produktebene

1. Ziele

Die TUD verfolgt mit der Vergabe des TUD-Gütesiegels das Ziel, den Rezipienten von Lernprogrammen (z. B. CBTs und WBTs[36]) ein adressatengerechtes und lernerorientiertes Produkt zu gewährleisten und gleichzeitig den Herstellern von Lernprodukten eine diesbezügliche Rückmeldung zu geben. Der Kunde sollte Transparenz darüber erhalten, wie das Produkt hinsichtlich des intendierten Lernziels einzuordnen ist, mit welcher Qualität er rechnen muss und wie das Preis-Leistungsverhältnis gestaltet ist. Den Herstellern wird eine Überprüfung anhand fundierter Qualitätskriterien geboten.

2. Grundgedanke

Ausgangspunkt der Entwicklung des Kriterienkatalogs war die Forderung nach einer verbesserten Lernerorientierung im Kontext schulischer und universitärer Aus- und Weiterbildung. Das Gütesiegel sollte die Ermöglichung des effektiven und nachhaltigen individuellen Lernzuwachses dokumentieren. Besonders hervorzuheben ist hierbei die mehrperspektivische ganzheitliche Begutachtung der Lernprodukte.

Die Grundlage hierfür ist ein wissenschaftlich fundierter, aber dennoch pragmatischer Kriterienkatalog mit über 130 wissenschaftlich belegten Qualitätskriterien. Diese Kriterien ermöglichen eine Beurteilung der Gesamtqualität rein computerbasierter Lehr- und Lernarrangements, z. B. von CBTs und WBTs. Das Gütesiegel ist als Instrument der Qualitätsbeurteilung so konzipiert, dass es sowohl prozessorientiert noch während der Produktentwicklung selbst als auch zum Zweck der Begutachtung eines Fertigproduktes eingesetzt werden kann.

---

35 Siehe dazu die Ausführungen in Abschnitt 4.3.3
36 CBT steht für Computer Based Training; WBT steht für Web Based Training.

3. Adressaten

Die Vergabe des TUD-Gütesiegels richtet sich an Hersteller von E-Learning-Produkten, Lernprogrammen, CBTs und WBTs aus der Privatwirtschaft, aus Verlagen und von Aus- und Weiterbildungseinrichtungen.

4. Ausgestaltung

Zur Kategorisierung der Qualitätskriterien wird in vier Fachperspektiven unterschieden. Jede dieser Fachperspektiven versammelt unterschiedliche Qualitätsparameter in Begutachtungsperspektiven (Bruder et al. 2006, S. 94 ff.).

- Lerngegenstandsorientierte Kriterien (Fachdidaktik)
  - Ziel-, Inhaltsqualität
  - Vermittlungsqualität
  - Ergebnisqualität
  - Individualisierungsqualität
- Nutzerorientierte Kriterien (Mensch-Maschine-Schnittstelle)
  - Usability
  - User Experience
  - Berücksichtigung wahrnehmungspsychologischer Faktoren
- Technische Rahmenbedingungen
  - Installation und Zugang
  - Betrieb, Lauffähigkeit, Verfügbarkeit
  - Technische Voraussetzungen
- Wirtschaftlichkeit
  - Kosten-Leistungsverhältnis
  - Wiederverwendbarkeit
  - Nachhaltigkeit
  - Zeitökonomisches Lernen

Die Qualitätskriterien in den Kategorien sind auf der Basis des tätigkeitsorientierten Ansatzes in der Schule weiterentwickelt und adaptiert worden. Als Voraussetzungen für die Etablierung erfolgreicher Lernhandlungen gelten gemäß diesen Ansatzes selbst gestellte, entwicklungsgerechte und entwicklungsfördernde Lernaufgaben. Flankiert werden diese durch eine Orientierungsgrundlage für erforderliche Lernhandlungen. Daraus abgeleitet wurden die Kriterienkataloge, die eine jeweilige Gewichtung im Kontext des konkreten Lehr-/Lernarrangements zulassen. Ebenso wurde der Ansatz von Zielkategorien im schulischen Lernbereich nach Weinert berücksichtigt. Demzufolge gibt es drei Zielkategorien: Intelligentes Wissen, Handlungskompetenzen und Metakompetenzen. Zum Erreichen optimaler Lernergebnisse in diesen Zielkategorien eigen sich jeweils unterschiedliche Lehr-Lernmethoden, z. B. Fallstudien, Instruktion, Projektarbeit (Weinert 1999).

5. Durchführung

Um das E-Learning-Produkt hinsichtlich der Erfüllung der Gütesiegelkriterien zu überprüfen, nutzt das TUD-Gütesiegel die Methode des Ad-Hoc-Expertentest für alle Begutachtungen. In einem mehrschrittigen Verfahren wird zunächst die Existenz der über 130 Kriterien im Lernprogramm erfasst. In einem Erstkontakt wird der Hersteller als erstes gebeten, einen Fragebogen auszufüllen. Dieser umfasst Angaben zu Zielen, Inhalten und Intentionen des E-Learning-Lernprogrammes. In einem zweiten Schritt wird ein kostenpflichtiges „Vorab-Kurzgutachten“ erstellt, welches den Gesamteindruck des Lernprogramms aus Sicht der Experten beschreibt. Auf Basis des Kurzgutachtens kann der Hersteller, Autor oder Entwickler des Lernprogramms entscheiden, ob die TUD-Gütesiegelvergabe insgesamt durchgeführt werden soll, oder ob lediglich einzelne Teilbereiche wie z. B. Didaktik, User Experience o. a. begutachtet werden sollen. Diese Teilgutachten sollen Hilfen bei der Weiterentwicklung des Lernprogramms liefern. Anschließend wird in einem nächsten Schritt das Lernprogramm auf der Grundlage der Informationen aus dem Kurzgutachten einer ausführlichen Test- und Begutachtungsphase unterzogen. In dieser detaillierten Testphase werden auf Basis der TUD-Gütesiegelkriterien die Ad-Hoc-Expertentests durchgeführt. Schlussendlich wird das Ergebnis in einem Gutachten zusammengefasst und in einer Präsentation dem Hersteller dargeboten. Optional kann sich eine Beratung für eventuelle Optimierungsschritte anschließen.

6. Weitere Informationen

Weitere Informationen erhalten Sie auf den Webseiten http://www.tud-guetesiegel.de und http://www.elc.tu-darmstadt.de.

4.1.3 Das E-Learning-Label – Qualität auf Angebotsebene

1. Ziele

Im Prozess der Umstrukturierung von der Präsenzuniversität zu einer Dual Mode-Universität[37] hat sich die TU Darmstadt entschieden, durch Einsatz von E-Learning-Methoden und Produkten die Lehre zu verbessern. Das E-Learning-Label dient hierbei als Qualitätsmaßstab zur Sicherstellung pädagogisch-didaktischer Qualität bei der Einbindung von Informations- und Kommunikationstechnologien in die Curricula der Lehrveranstaltungen.

2. Grundgedanke

Das E-Learning-Label ist ein Angebot an alle Lehrkräfte der TUD, ihrer Lehrveranstaltungen hinsichtlich der Eignung und des Einsatzes von E-Learning zu beschreiben und entsprechende Veranstaltungen einer Qualitätssicherung zu unterziehen. Die Vergabe eines E-Learning-Labels verfolgt dabei verschiedene Intentionen:

- E-Learning-Veranstaltungen sollen im Vorlesungsverzeichnis speziell ausgewiesen und kenntlich gemacht werden, um die Studierenden auf diese speziellen Veranstaltungsformen hinzuweisen
- Das E-Learning-Label soll als Grundlage für eine Qualitätsbeurteilung der Lehrveranstaltungen und zugleich als Chance zur Qualitätsverbesserung in der Hochschullehre durch E-Learning im Sinne der Qualitätsentwicklung von E-Learning-Veranstaltungen verstanden werden
- Das E-Learning-Label dient der internen Kennzeichnung von Qualität von E-Learning-Veranstaltungen
- Das E-Learning-Label dient als Orientierung für Lehrkräfte zur Adaption klassischer Veranstaltungen in E-Learning-Veranstaltungen
- Das E-Learning-Label dient zur Objektivierung und Vereinfachung des Auswahlprozesses der Gutachterinnen und Gutachter bei der internen Förderinitia-

37 Eine Dual Mode-Universität kombiniert traditionelle Präsenzlehre mit Formen und Methoden des E-Learning und E-Teaching. Sie ermöglicht den Studenten verschiedene Formen der Wissensaneignung und bietet ein erweitertes Methodenrepertoire. Neben „klassischen" Lernorten wie Hörsaal, Bibliothek und Seminarräumen wird ebenso ein zeit- und ortsunabhängiges Lernen durch internetgestützte Lernangebote ermöglicht. Die Implementierung dieser Angebote beinhaltet große infrastrukturelle, technische und didaktische Herausforderungen. Diese Herausforderungen müssen durch eine universitäre Institution bearbeitet, gelöst und koordiniert werden. Diese Aufgabe übernimmt an der TU Darmstadt das e-learning center (elc). Die Dual Mode-Initiativen leisten damit einen wesentlichen Beitrag zur Etablierung eines Lebenslangen Lernprozesses.

tive „Best E-Teaching Award“ sowie der Transparenz für die Bewerberinnen und Bewerber.

3. Adressaten

Die mit dem Label E-Learning-Veranstaltung bezeichneten Veranstaltungen dienen der Information für Studierende, Dozenten und Lehrkräfte sowie Bewerberinnen und Bewerber für den Best E-Teaching Award, einen Preis, den die Universität ausschreibt.

4. Ausgestaltung

Ausgangspunkt der Entwicklung der Kategorien und Kriterien für die Labelvergabe ist ebenso wie beim TUD-Gütesiegel die verbesserte Lernerorientierung im Kontext universitärer Aus- und Weiterbildung. Lernerorientierung meint hierbei die Orientierung an der Zielgruppe der Studierenden. Lernerorientierung soll als übergreifender Methoden- und Konzeptbegriff in der Ausgestaltung des Lehr-/Lernprozesses verstanden werden und meint keine spezielle Lerntheorie wie z. B. den Konstruktivismus. Ebenso wird das Methodendesign offen gelassen. Die curricularen notwendigen Zielvorgaben (Lehrziele und Lernziele) der Veranstaltung bleiben prioritär und liefern das Gerüst zur Ausgestaltung mit Elementen lernerorientierten E-Learnings. Hierbei kommen fünf Bereiche zur Förderung der Lernerorientierung zum Tragen (Bruder et al. 2006, S. 90.):

- Erweiterung der Lernzugänge und Lehr-/Lernwege
- Aktivierung und Beteiligung der Lernenden im Lehr-/Lernprozess
- Unterstützung der Selbststudiumsphasen
- Unterstützung der Betreuung der Lernenden
- Erweiterung der Lehr-/Lerninhalte um Informations- und Medientechniken

Die Ausgestaltung dieser Bereiche wird in einem umfangreichen Fragebogen mit elf Kernkategorien und 31 Unterkriterien von dem Anbieter der zu begutachtenden Lehrveranstaltung abgefragt. Die Auswahl der Kriterien basiert auf der medienpädagogischen Erkenntnis, dass das E-Learning-Potenzial einer Lehrveranstaltung in einer Förderung der Lernerorientierung im Lehr- und Lernprozess liegt. Bewertet wird entweder das Potenzial einer Weiterentwicklung bisheriger didaktischer Konzepte, oder die Unterstützung der Digitalisierung, z. B. Visualisierung, Individualisierung, Dynamisierung von Lerninhalten. Das E-Learning-Label wird vergeben, wenn mindestens sechs von elf Kernkriterien erfüllt sind.

5. Durchführung

Das Verfahren zur geprüften E-Learning-Veranstaltung gliedert sich in zwei Schritte. Zunächst wird vor Semesterbeginn mittels Fragebogen geprüft, inwieweit die Labelkriterien erfüllt sind (s. o.). Bei einem positiven Ergebnis (mindestens sechs Kernkriterien) wird das E-Learning-Label vergeben. Damit werden die Qualitätsstandards als gegeben gesetzt. Erhält eine Veranstaltung das E-Learning-Label, wird die Beschreibung der Veranstaltung im Online-Vorlesungsverzeichnis mit dem Label „E-Learning-Veranstaltung" markiert.

Nach Abschluss der Veranstaltung wird in einem zweiten Schritt mittels Evaluation überprüft, inwieweit die Qualitätskriterien realisiert und umgesetzt worden sind. Dies erfolgt über eine Studierendenbefragung, wobei sich die Fragen im Fragebogen auf die Angaben des Anbieters der Lehrveranstaltung beziehen. Neben der Qualitätssicherung mittels Fragebogen ist es optional möglich, eine SWOT-Analyse[38] hinsichtlich Defiziten, Ressourcen und möglichem Entwicklungspotenzial durchführen zu lassen. Ergibt die Evaluation ein positives Ergebnis, behält die Lehrveranstaltung das E-Learning-Label für die weitere Durchführung als E-Learning-Veranstaltung.

Das E-Learning-Label ist bis zu einem negativen Evaluationsergebnis gültig. Ergeben die Evaluationsergebnisse den Umstand, dass die Kriterien nicht umgesetzt werden konnten, wird in einem gemeinsamen Gespräch mit dem Anbieter der Veranstaltung und dem e-learning center (elc) die Diskussion der Ergebnisse angeboten. Ziel dieses Dialogs ist neben der Diskussion der Evaluationsergebnisse eine gemeinsame Erarbeitung von Verbesserungsmaßnahmen zur Umsetzung der intendierten Kriterien.

Instrumente der TUD zur Qualitätsförderung von E-Learning

Die Dual Mode-Universität bietet ein universitäres Gesamtkonzept zur Qualitätssicherung und Qualitätsentwicklung.

---

38 SWOT-Analyse steht für Strengths (Stärken), Weaknesses (Schwächen), Opportunities (Chancen) und Threats (Gefahren). Diese Methode wird oft für formative Evaluationen und Qualitätsentwicklung von Bildungsprogrammen und -angeboten eingesetzt.

Tabelle 11 Instrumente der TUD zur Qualitätsförderung von E-Learning
Quelle: http://www.elc.tu-darmstadt.de

E-LEARNING-LABEL (Qualitätssicherung)	**E-LEARNING-EVALUATION (Qualitätsentwicklung)**
Instrument zur Begutachtung von Lehrveranstaltungen vor Semesterbeginn auf der Basis eines Kriterienkatalogs hinsichtlich ihres E-Learning-Potenzials. Das Ergebnis zeichnet die geprüfte Veranstaltung entweder mit dem Label „E-Learning-Veranstaltung" aus oder deckt Entwicklungsmöglichkeiten auf.	Instrument zur Überprüfung der E-Learning-Veranstaltungen nach Semesterende bezüglich der Ausschöpfung ihres E-Learning-Potenzials in Verbindung mit einer Bewertung der Lehrveranstaltungen durch die Studierenden. Darüber hinaus stellt die Evaluation Qualitätsergebnisse sicher und liefert eine Beschreibung von Defiziten, Ressourcen und möglichem Entwicklungspotenzial der E-Learning-Veranstaltung.

6. Weitere Informationen

http://www.elc.tu-darmstadt.de

4.2 Publicly Available Specification (PAS)

Unter der Schirmherrschaft des DIN Institutes für deutsche Normung e.V. fanden sich Anfang der 2000er Jahre mehrere Expertengruppen zusammen, die eine Spezifikationen für E-Learning-Angebote und Online-Kurse entwickeln sollten. Neben den bereits bestehenden technischen Standards wie LOM[39], SCORM[40], AICC[41], IMS[42], die eine technische Austauschbarkeit von Lernprogrammen und Lernplattformen beschreiben, sollte in einer umfassenden Beschreibung relevanter Qualitätskriterien (Referenzmodell) die Vergleichbarkeit bereits besehender Qualitätsansätze erhöht werden und unterschiedliche Initiativen bei der Qualitätssicherung im E-Learning-Bereich zusammengeführt werden und gemeinsame Standards im

39 LOM steht für Learning Object Metadata.

40 SCORM steht für Shareable Courseware Reference Model. SCORM ist ein Standard, der Kompatibilität zwischen Lernprogrammen und Lernplattformen gewährleistet. Er wurde von der ADL-Initiative des US-Verteidigungsministeriums entwickelt.

41 AICC steht für Aviation Industry Computer-based Training Committee. Ausbildungsanbieter in der amerikanischen Luftfahrtindustrie entwickelten diese Standardisierung rechnergestützten Lernens.

42 IMS steht für IMS Learning Design des Consortium for Instructional Management Standards.

E-Learning-Bereich etabliert werden. Hauptergebnis dieser Bestrebungen sind zwei so genannte PAS (Publicly Available Specifications = öffentlich zugängliche Spezifikationen), die die Qualität von Aus- und Weiterbildungsprozessen unter Berücksichtigung von E-Learning sowie die standardisierte Beschreibung didaktischer Szenarien beinhalten. Im Gegensatz zur ISO-Norm besitzt eine PAS zunächst keinen verbindlichen Charakter, da sie ein Entwicklungsprodukt von Expertengruppen ist und vorerst die Grundlage für die konsensorientierte DIN-ISO darstellt. Ein Vorteil der PAS ist jedoch die schnelle und flexible Entwicklung, was im E-Learning-Bereich mit seinen notwendigen Anpassungen an und der Integration von schnellen technischen Entwicklungen von großem Vorteil ist.

Lernziele

Durch Bearbeitung dieses Abschnitts lernen Sie:

- Grundlagen, Ziele und Ausgestaltung der DIN Qualitätsinitiativen PAS 1032-1 und 2, der PAS 1037:2004 sowie der PAS 1068 kennen
- Die wesentlichen Qualitätspreise im E-Learning-Bereich kennen

4.2.1 DIN-PAS 1032-1

Die DIN-PAS 1032-1 hat den Titel „Aus- und Weiterbildung unter besonderer Berücksichtigung von e-Learning – Teil 1: Referenzmodell für Qualitätsmanagement und Qualitätssicherung – Planung, Entwicklung, Durchführung und Evaluation von Bildungsprozessen und Bildungsangeboten". Entwickelt wurde sie beim DIN Deutsches Institut für Normung e.V. von der Arbeitsgruppe "Qualität im E-Learning" mit Fachexperten aus Deutschland, Österreich und der Schweiz. Mittlerweile ist die PAS 1032-1 auch in eine internationale Norm für E-Learning basierte Bildungsangebote eingegangen, der ISO/IEC 19796-1:2005, die im Abschnitt 4.3.5 vorgestellt wird.

1. Ziele

Ziel der PAS 1032-1 ist die Identifizierung und Beschreibung von Prozessen zur Planung, Entwicklung, Durchführung sowie Evaluation von Bildungsprozessen und Bildungsangeboten unter dem spezifischen Aspekt der E-Learning-Unterstützung. Außerdem sollen Prüfkriterien zur Überprüfung von E-Learning-Produkten zur Verfügung gestellt werden. Die Entwickler der Norm intendierten die Erstellung eines harmonisierten Prozessmodells, das in bereits bestehende Qualitätsmanagementansätze integriert werden kann. Das Hauptziel ist die konsensbasierte Einigung auf einheitliche Qualitätsstandards im E-Learning-Bereich.

2. Grundgedanke

Mit der öffentlich verfügbaren Spezifikation sollte ein umfassendes Modell für das Qualitätsmanagement und die Qualitätssicherung geschaffen werden, welches alle Aktivitäten und Prozesse der Planung, Entwicklung, Durchführung und Evaluation von Bildungsprozessen und Bildungsangeboten unter besonderer Berücksichtigung von E-Learning identifiziert und beschreibt. Neben dem Referenzmodell zur Prozessbeschreibung umfasst die Spezifikation ein Referenzmodell für den Produktlebenszyklus eines E-Learning-Produktes sowie einen Katalog von 693 Kriterien, die zur Qualitätssicherung solcher Produkte erforderlich sind. Das Referenzmodell zur Prozessbeschreibung basiert auf zwei Teilmodellen, dem Prozessmodell zur Abbildung aller relevanten Geschäftsprozesse und dem Beschreibungsmodell zur vergleichbaren Beschreibung von Qualitätsansätzen. Die Kombination aller Elemente soll als ein umfassendes Qualitätsmodell Referenzcharakter haben und wird deshalb als Referenzmodell bezeichnet. Kernstück der PAS ist das erwähnte Prozessmodell, das alle Stufen im Produktlebenszyklus eines E-Learning basierten Bildungsangebotes abbilden soll. Bildungsanbietern ermöglicht das Prozessmodell die Dokumentation der konsequenten Verfolgung einer qualitätsgerechten Entwicklung von E-Learning-Bildungsangeboten. Die Führungskräfte der Bildungseinrichtungen und die Weiterbildungsverantwortlichen in den Unternehmen können damit ihre Prozessabläufe systematisieren, straffen und transparent machen, sowie Verantwortlichkeiten und Befugnisse aller beteiligten Mitarbeiter regeln. Ein derart gelebtes Qualitätsmanagement lässt mögliche Prozessrisiken rechtzeitig erkennen. So können kontinuierlich die Verbesserungspotenziale ermittelt und zeitnah Korrekturmaßnahmen eingeleitet werden.

3. Adressaten

Die Norm richtet sich an Bildungsorganisationen allgemein, die E-Learning gestützte Aus- und Weiterbildungsprogramme durchführen oder diese Durchführung planen.

4. Ausgestaltung

Das Prozessmodell

Der Lebenszyklus eines Bildungsangebotes kann in vier Phasen unterschieden werden: Planung, Entwicklung, Durchführung, Evaluation. Für alle vier Phasen bietet das Referenzmodell Prozessbeschreibungen an. Als Referenz zur Beschreibung aller Prozesse eines Bildungsangebotes wurde ein Referenzbeschreibungsmodell entwickelt, das alle relevanten Prozesse dieser vier Phasen eines Bildungsproduktes umfassen soll. Das Referenzmodell zur Prozessbeschreibung definiert hierbei sieben grundlegende Prozesskategorien und beschreibt einzelne Prozesse mit ihren Teilprozessen und Aspekten, Beziehungen, Zielen, Methoden und Ergebnissen. Zu den grundlegenden Kategorien zählen: Anforderungsermittlung, Rahmenbedingungen, Konzeption, Produktion, Einführung, Durchführung sowie die Evaluation.

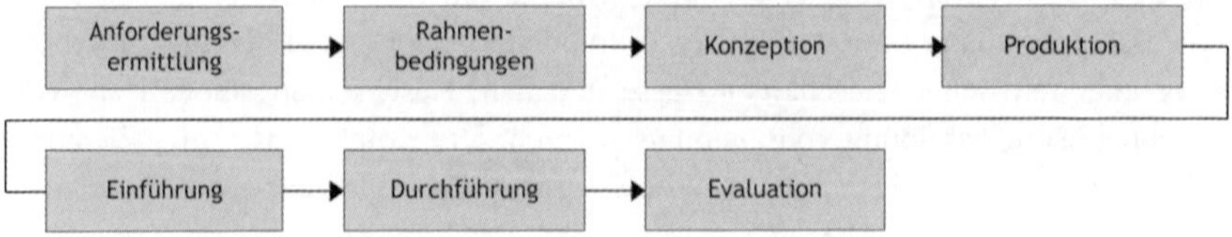

Abbildung 27 Die Prozesskategorien der DIN-PAS 1032-1

Die einzelnen Prozesskategorien beinhalten darüber hinaus die Beschreibung der Teilprozesse, Beziehungen untereinander, die einzusetzenden Methoden und die zu erwartenden Ergebnisse. So umfasst die Kategorie Durchführung beispielsweise die Teilprozesse Administration, Aktivitäten, Überprüfung von Kompetenzniveaus (Lernkontrolle).

Abbildung 28 Detailinformationen zu den Prozesskategorien

Alle Prozesse und deren Teilprozesse sind zeitlich unabhängig voneinander. Sie können parallel und wiederholend im Durchlauf eines Bildungsangebotes auftreten.

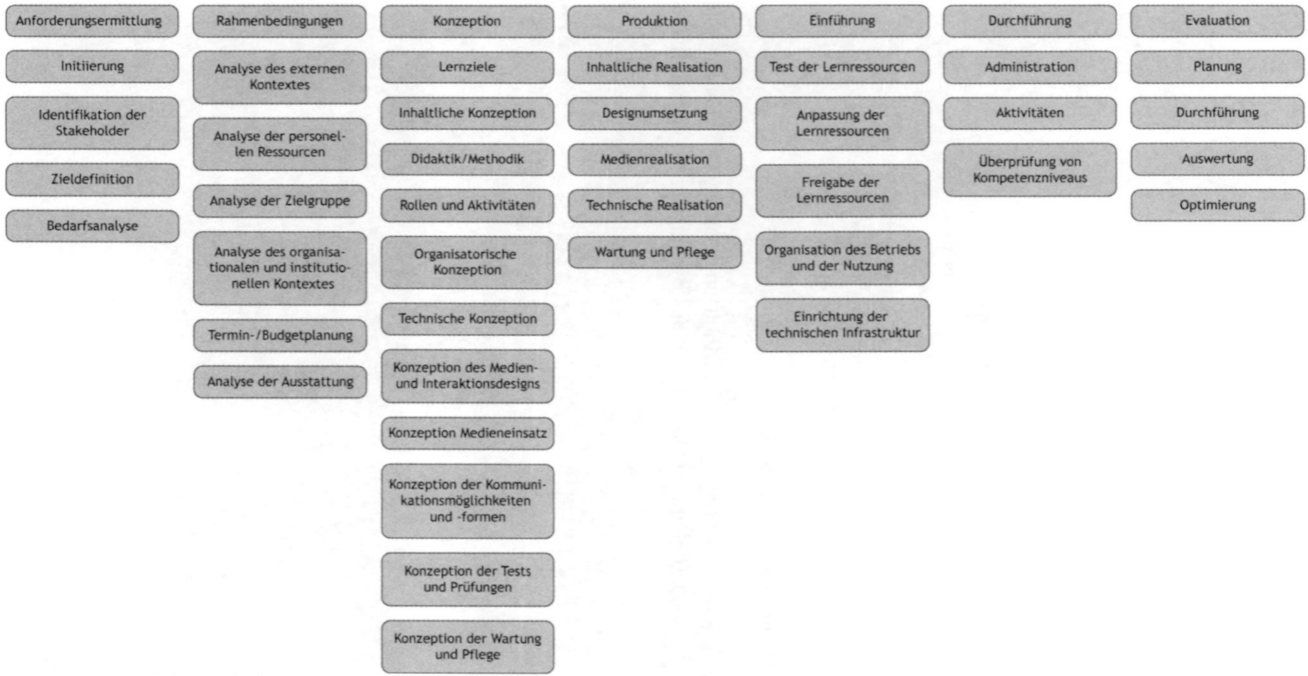

Abbildung 29 Das Prozessmodell der DIN-PAS 1032-1
Quelle: PAS 1032-1:2004, S. 9

In der Anlage finden Sie eine Zusammenstellung des Prozessmodells mit Prozesskategorien und einzelnen Prozessen.

Das Beschreibungsmodell

Den zweiten Teil des Referenzmodells bildet das Beschreibungsmodell. Das Beschreibungsmodell legt fest, wie eine Prozesskategorie bzw. ein einzelner Prozess des Prozessmodells zu beschreiben ist. Dabei werden für jeden einzelnen Prozess 12 Elemente spezifiziert. Zu den Elementen gehört beispielsweise ein *Identifikator,* der jeden Prozess numerisch eindeutig bestimmt, die Beschreibung der eingesetzten *Methode* im Prozess, die Beschreibung und Begründung der Zielsetzung (*Ziel*) eines Prozesses oder die *Verweisung* auf Standards, die berücksichtigt werden. Weitere Elemente sind *(Prozess-)Kategorie*, *Prozess*, *Beschreibung*, *Beziehung*, *Teilprozesse/Aspekte*, *Ergebnis*, *Aktor* sowie *Bewertung/Kriterien.* Kann eine Beschreibungskategorie nicht näher spezifiziert oder angewendet werden, muss dies kurz vermerkt und begründet werden. Das Beschreibungsmodell ermöglicht die standardisierte Beschreibung des Qualitätsansatzes unter Bezugnahme (Referenz) auf das Prozessmodell und es kann leicht um eigene organisationsspezifische Prozesse erweitert und ergänzt werden. Damit erleichtert das Modell den Aufbau eines eigenen Qualitätsmanagements inklusive einer vollständigen Dokumentation.

Element	**Beschreibung**	**Beispiel**
Identifikator (ID)	Eindeutige alphanumerische Bezeichnung des Prozesses	„ABCD1234“
(Prozess-) Kategorie	Benennung der übergeordneten Prozesskategorie	„Anforderungsermittlung“ „Konzeption“
Prozess	Kurzbezeichnung für den Prozess	„Initiierung“
Beschreibung	Kurze Beschreibung des Prozesses	„Ermittlung der Rahmenbedingungen für die Entwicklung des Bildungsangebotes“
Beziehung	Darstellung von sachlogischen und/oder zeitlichen Beziehungen zu anderen Prozessen und/oder Prozesskategorien	„2.4; 5.1“
Teilprozesse, Aspekte	Benennung möglicher Unterteilungen des Prozesses oder besonders zu beachtende Aspekte	- „Beschreibung“ - „Methoden“
Ziel	Beschreibung und Begründung der Zielsetzung eines Prozesses	„Auswahl einer oder mehrerer didaktischer Konzepte im Kurs „Buchhaltung“
Methoden	Beschreibung und Begründung der innerhalb des Prozesses eingesetzten Methoden: - Vorgehensweise, nach der ein Prozess bearbeitet wird - Ggf. Nennung eingesetzter Richtlinien und Verfahrensanweisungen	- „Bedarfsanalyse nach ABC-Analyse“ - „Usability-Prüfung nach Nielsen“ - „Software-Entwicklung nach Jackson“ - „Auswahl nach Methodenhandbuch ABC“

Ergebnis	Erwartete Ergebnisse oder Teilergebnisse des Prozesses	- „Spezifikation der Lernmethode und der Rolle des Lehrenden“ - „Dokumente, die erstellt und bearbeitet werden“
Aktor	Benennung von Personen, Gruppen oder Institutionen, die im Rahmen des Prozesses handeln und das Ergebnis beeinflussen	„Projektmanager“, „Tutoren“, „Lernende“
Bewertung / Kriterien	- Bewertung des Prozesses und Kriterien für die Ergebnisse oder Teilergebnisse - Bezug zum Kriterienbereich Produktqualität	- „P-D-C-A-Zyklus nach Deming“ - „vgl. Kapitel 6: Kriterienbereich 2“
Verweisungen	Nennung von Standards (Normen, Standards, Spezifikationen, Richtlinien usw.), auf die Bezug genommen wird; Beschreibung des Einsatzes; ggf. Begründung, warum im Referenzmodell aufgeführte Verweisungen nicht genutzt werden	„ISO 9241“, „LOM“

Abbildung 30 Das Beschreibungsmodell der DIN-PAS 1032-1
Quelle: PAS 1032-1:2004, S13 f.

Integration von Prozess- und Beschreibungsmodell

Um den konkreten Ablauf eines Bildungsangebotes abbilden zu können, ist es notwendig, das Prozessmodell mit dem Beschreibungsmodell zu verknüpfen und zusammenzuführen. Diese Integration nimmt den größten Raum in der Norm ein. Durch die Integration des Beschreibungsmodells und des Prozessmodells wird jeder Teilprozess eindeutig beschrieben. Die einzelnen Geschäftsprozesse eines Bildungsangebotes werden so beschreibbar gemacht. Die nachfolgende Tabelle zeigt exemplarisch die Übersicht der Prozesskategorie *Durchführung*:

ID	**Kategorie**	**Prozess**	**Beschreibung**	**Beziehung**
6		**Durchführung**	**Durchführung und Nutzung eines Bildungsangebotes**	**4; 5; 7**
Teilprozesse Aspekte		6.1 Administration 6.2. Aktivitäten 6.3 Überprüfung von Kompetenzniveaus		
Ziel		Durchführung und Überprüfung des Lernprozesses		
Methoden				
Ergebnis		Abgeschlossener Lernprozess		
Akteure		*Lernende, Lehrende, Trainer, Tutoren*		
Bewertung / Kriterien		*Lern- und Transfererfolg, Kompetenzzuwachs, Zufriedenheit der Lernenden und Lehrenden*		
Verweisungen				

Abbildung 31 Übersicht der Prozesskategorie „Durchführung“
Quelle: PAS 1032-1:2004, S44

Der Prozesskategorie Durchführung sind die Teilprozesse Administration, Aktivitäten, Überprüfung von Kompetenzniveaus zugeordnet. Eine Querverbindung ist hier zu den Prozesskategorien 4, 5, 7 angegeben. Die kursiv dargestellten Einträge stellen lediglich Beispiele dar und sind unternehmensspezifisch zu vervollständigen.

Die unternehmensspezifische Anpassung der standardisierten Normprozesse auf die Bedürfnisse der eigenen Organisation ist notwendige Voraussetzung und zugleich entscheidender Vorteil der PAS 1032-1. So kann aus dem Vergleichbarkeit garantierenden Orientierungsrahmen ein Qualitätsmanagementsystem in der E-Learning gestützten Aus- und Weiterbildung entstehen. Dabei wird Unterstützung für die folgenden Schritte bereitgestellt:

1. Bedarfsanalyse und Anforderungsermittlung
2. Identifizierung und Auswahl der organisationsinternen Prozesse bei der Planung, Entwicklung, Durchführung und Evaluation von Bildungsprozessen und Bildungsangeboten
3. Definition und Darlegung dieser organisationsinternen Prozesse
4. Umstrukturierung und Reorganisation der bisherigen organisationsinternen Prozesse anhand dieser Definitionen
5. Dokumentation der Prozesse während der Umsetzung und Durchführung
6. Überprüfung der Prozesse und Vergleich zwischen Darlegung und Dokumentation
7. Etablierung und Umsetzung von prozessorientierter Evaluation und Qualitätssicherung in Aus- und Weiterbildung

Das Referenzmodell ermöglicht durch seinen strukturierten Aufbau in Prozesskategorien, den Prozessen sowie durch die einzelnen Elemente eine detaillierte Prozessbeschreibung mit einer ganzheitlichen Sichtweise auf die Qualitätssicherung. Die Implementierung erfordert allerdings eine ausführliche Auseinandersetzung mit den zu beschreibenden Prozessen unter Mitwirkung aller an den jeweiligen Prozessen Beteiligten. Die aus dieser Analyse resultierende Transparenz der internen Prozesse und der eingesetzten Methoden zeigt einerseits Schwachstellen in den Organisations- und Managementabläufen auf, kann andererseits aber als Basis für eine Neugestaltung fungieren. Die konsequente Benennung von Standards, auf die in dem jeweiligen Prozess Bezug genommen wird, zeigt auf, welche Normen, Standards, Spezifikationen oder Richtlinien eingesetzt werden können und fordert dabei zeitgleich die Begründung für fehlende Verweisungen. Das Referenzmodell ist ein sehr umfangreiches Modell, welches eine ausführliche Dokumentation bzw. eine zeitintensive Implementierung beansprucht (Stracke et al. 2005, S.297).

Qualitätskriterien

Die PAS bietet neben den vorgestellten Prozess- und Beschreibungsmodellen für E-Learning-Bildungsangebote auch einen umfassenden Katalog an Qualitätskriterien für E-Learning-Produkte und Bildungsangebote an. 693 Kriterien wurden insgesamt identifiziert. 480 sind in sieben Kategorien zusammengefasst: Rahmenbedingungen, Technische Aspekte, Datenspeicherung und Verarbeitung, Funktionalitäten, Theoretische Aspekte, Kodierung der Information, Formate und Gestaltung. 213 Kriterien sind aus der ISO 9241 übernommen worden, der Norm für Qualitätsaspekte in der Softwareergonomie. Diese beeindruckende Zahl an Qualitätskriterien soll dem Anwender dabei helfen, die für ihn relevanten Kriterien in seinen Geschäftsprozessen zu identifizieren und auszuwählen. Die Qualitätskriterien sollen als Ausgangsbasis für die Zusammenstellung auf den Bedarf der eigenen Unternehmung abgestimmter Qualitätskriterien dienen. Anwendungsbereiche hierfür sind z. B. die vergleichende Beurteilung von E-Learning-Produkten bei der Anbieterwahl oder die Evaluation von Bildungsangeboten.

5. Weitere Informationen

Beim Beuth-Verlag unter www.beuth.de kann die PAS-Norm (PAS 1032-1:2004) kostenfrei bezogen werden. Das Fraunhofer-Institut für Graphische Datenverarbeitung Rostock hat im Rahmen des Projekts „ELQ – E-Learning Qualität" ein Vorgehensmodell zur Einführung der PAS entwickelt. Die Ergebnisse sind hier dokumentiert: http://cmsw3.rostock.igd.fhg.de/elq.

4.2.2 DIN-PAS 1032-2

Während die PAS 1032-1 die Qualitätsbeschreibung von Durchführungsprozessen E-Learning basierter Aus- und Weiterbildung zum Thema macht, stellt die PAS 1032-2 die Beschreibung didaktischer Szenarien, Konzepte und Methoden in den Fokus der Betrachtung. Sie ist daher als Komplementärmodell zur PAS 1032-1 zu betrachten. Im Zentrum der Überlegungen dieser PAS steht das so genannte „Didaktische Objekt" (DO), durch dessen Beschreibung Transparenz und Austauschbarkeit unterschiedlicher didaktischer Szenarien erreicht werden soll. Die Beschreibung erfolgt durch verschiedene Parameter, die diese Vergleichbarkeit gewährleisten sollen und ist nicht zu verwechseln mit der inhaltlichen Ausgestaltung derselben. Laut der PAS können didaktische Objekte in folgenden Bereichen zur Anwendung kommen (PAS 1032-2:2004, S. 4):

- Beschreibung didaktischer Konzepte, Szenarien und Methoden
- Planung, Entwurf und Umsetzung didaktischer Konzepte und Methoden
- Identifikation und Beurteilung geeigneter didaktischer und methodischer Konzepte
- Austausch von Kurskonzepten
- Hilfestellung bei Suche und Auswahl geeigneter Kurse und Kursmodule durch Nutzer
- Erfahrungsaustausch über Lernszenarien
- Vereinheitlichung von Anforderungsspezifikationen

Dem Anwender obliegt allerdings die konkrete Ausgestaltung der didaktischen Objekte. Weiterhin stellt die PAS ein so genanntes XML-Binding zur Verfügung, welches die Implementierung der Beschreibungskategorien in die eigene Lernarchitektur erleichtern soll. Die Beschreibung des Didaktischen Objektes mit seinen Elementen, Eigenschaften und Beziehungen wird als Didaktisches Objektmodell (DIN DOM) bezeichnet.

1. Ziele

„Ziel des Didaktischen Objektmodells ist die Sicherstellung und die Verbesserung der Austauschbarkeit, Vergleichbarkeit und Transparenz vielfältiger intentionaler didaktischer Konzepte, Szenarien und Methoden in verschiedenen Umgebungen" (PAS 1032-2:2004, S. 6).

2. Ausgestaltung

Innerhalb eines Lernszenarios sollen durch das didaktische Objektmodell (DIN-DOM) Prozesse und Beziehungen beschrieben werden, die dazu dienen, dass didaktische, inhaltliche und strukturelle Aspekte des Lernprozesses sowie deren Wechselwirkungen transparent werden. Folgende Parameter sind innerhalb eines Didaktischen Objektes zu definieren:

Metadaten, Kontext, Voraussetzungen, Erfahrung, Intention, Methode, Handlungsstruktur, Handlung, Rolle, Handlungsobjekt, Aktor, Verhalten, Ressource, Inhaltsobjekt, Werkzeug.

Sind diese Parameter bekannt, soll das Didaktische Objekt auch in anderen Kontexten sinnvoll zum Einsatz kommen können. Damit wird der Forderung nach der Mehrfachverwendung zur ökonomisch sinnvollen Entwicklung von Lernobjekten (Kamin 2004; Baumgartner, Kalz 2005; Kamin, Knispel 2007b) Rechnung getragen. Ein Didaktisches Objekt definiert sich nicht über einen zeitlichen Lernumfang. Es ist variabel und kann je nach den bestimmenden Rahmenbedingungen unterschiedliche Aggregationsgrade haben, z. B. eine Online-Lerneinheit, eine komplette Blended Learning Maßnahme oder ein Modul im Rahmen eines internetgestützen Studiengangs. Die Beschreibung Didaktischer Objekte lehnt sich eng an die Beschreibung von Standards wie LOM[43] und IMS[44] an, deren Struktur und Ausgestaltung es teilweise übernimmt und weiterentwickelt. Deshalb eignet sich dieses Modell auch zum Austausch in verschiedenen technischen Lernarchitekturen und Lernmanagementsystemen.

3. Weitere Informationen

Beim Beuth-Verlag unter www.beuth.de kann die PAS-Norm (PAS 1032-2:2004) bezogen werden.

4.2.3 DIN-PAS 1037:2004

1. Ziele

Der nach Aussage ihrer Entwickler, dem Fachverband Forum DistancE-Learning und der RKW Berlin GmbH erste branchenspezifische Qualitätsstandard für DistancE-Learning-Anbieter hat die Beurteilung der Qualität einer Fernschule bzw. Hochschule oder eines E-Learning-Anbieters zum Ziel (PAS 1037:2004). Die seit 2004 geltenden gesetzliche Bestimmungen für Anbieter und Träger beruflicher Weiterbildungsmaßnahmen (z. B. der Nachweis eines zertifizierten Qualitätsmanagementsystems) machte es nötig, ein Referenzmodell zur Beschreibung von Qualitätsmanagementsystemen für diese Bildungsanbieter zu konzipieren. Siehe dazu auch die detaillierten Ausführungen zur AZWV im Abschnitt 3.5.1.

2. Grundgedanke

Mit der DIN-PAS 1037:2004 ist ein Managementsystem für die Qualitätsentwicklung entstanden, welches auf die besonderen Anforderungen mediengestützten Lernens hin entwickelt worden ist – im Mittelpunkt stehen Qualität und Passgenauigkeit der Angebote. Bildungsanbieter sollen auf Basis des QM Stufen Modells dazu befähigt werden, den Übergang von der Angebots- zur Nachfrageorientierung, von der Wissensvermittlung zum wissensbasierten Dienstleistungsangebot durch ein Qualitätsmanagementsystem selbst gestalten zu können. Das Modell orientiert sich

43 LOM steht für Learning Object Metadata.
44 IMS steht für Instructional Management Systems Global Learning Consortium.

an den beiden Leitlinien *Kundenorientierung* und *Kundenkommunikation* und ist konsequent prozessorientiert ausgerichtet.

Die PAS 1037 ist im Gegensatz zur PAS 1032-1 eher betriebswirtschaftlich ausgerichtet und stellt weniger die konkrete inhaltliche Ausgestaltung eines E-Learning basierten Bildungsangebotes in den Vordergrund. Entwickelt wurde die PAS 1037 vor dem Hintergrund der ab 2004 geltenden gesetzlichen Bestimmungen für Träger der beruflichen Weiterbildung, ein Qualitätsmanagementsystem nachweisen zu müssen[45]. Damit steht sie in unmittelbarer Nähe zur DIN EN ISO 9001:2000, deren prozessorientierten Ansatz sie übernimmt und stellt durch die Adaption in Zukunft ein Konkurrenzmanagementsystem zu dieser Norm dar.

3. Adressaten

Die Norm richtet sich an Weiterbildungsorganisationen der beruflichen Aus- und Weiterbildung.

4. Ausgestaltung

Die Norm trägt den Titel „Anforderungen an Qualitätsmanagementsysteme von Organisationen der wirtschaftsorientierten Aus- und Weiterbildung“. Die branchenspezifische Qualitätsnorm basiert auf der 2004 vom Deutschen Institut für Normung e.V. (DIN) für die Bildungsbranche herausgegebenen PAS 1037. Herzstück der Norm ist das QM-Stufen-Modell, welches als Ergebnis von Modellprojekten der Länder Berlin und Brandenburg entstanden ist. Das QM-Stufen-Modell ist gekennzeichnet durch

1. eine ganzheitliche Herangehensweise, d. h. die Qualitätsentwicklung und Qualitätssicherung beziehen sich nicht nur auf Teilbereiche.
2. eine integrative Herangehensweise im Sinne des Total Quality Management (TQM).

45 Deutsches Sozialgesetzbuch, Drittes Buch Arbeitsförderung, §§ 84,85.

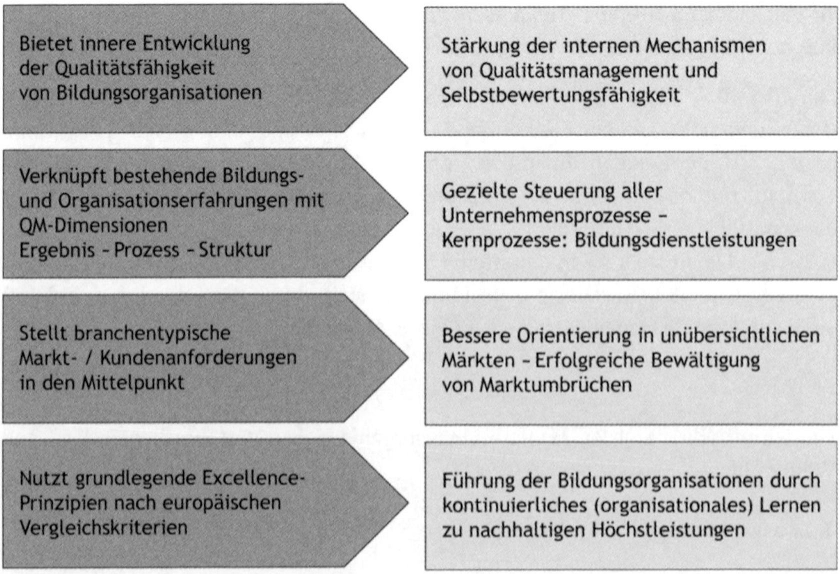

Abbildung 32 Der integrierende Ansatz des QM-Stufen-Modells der DIN-PAS 1037:2004
Quelle: http://www.qm-online-forum.de, Abruf am 15.05.2007

Als Geschäftsprozesse einer Unternehmung im Bildungssektor werden Führungsprozesse, Leistungsprozesse und Unterstützungsprozesse definiert. Damit lehnt sich das QM-Stufen-Modell stark an die DIN EN ISO 9001:2000 an, die das Fundament des QM-Stufen-Modells darstellt. Kern der Geschäftsprozesse sind vier Hauptprozesse, in denen alle Aktivitäten in über 70 Qualitätsanforderungen beschrieben sind. Diese Haupt- oder Kernprozesse sind

1. Führung und Entwicklung der Bildungsorganisation
2. Bereitstellung und Entwicklung von Mitarbeiterinnen und Mitarbeitern, Lehrenden und Lerninfrastruktur
3. Konzeption, Durchführung und Evaluation von Bildungsangeboten
4. Messen, Analysieren und Verbessern von Bildungsprozessen

Das Qualitätsmodell unterscheidet drei Niveaustufen. Auf der *Basisstufe* wird die geforderte grundsätzliche Qualitätsfähigkeit und die dokumentierten Prozesse geprüft. Auf der zweiten, *Standardstufe*, sind der Aufbau und die Umsetzung des Managementsystems mit dem Fokus der Kunden- und Qualitätsorientierung angesiedelt. Die *Excellence-Stufe* beinhaltet die Prüfung nach Kriterien der europäischen Vergleichbarkeit. Mit diesem dreistufigen Ansatz intendiert das QM-Stufen-Modell die sukzessive Entwicklungsmöglichkeit der Institution in Richtung Qualitätsfähigkeit bezüglich des Qualitätsmanagements und der Selbstbewertungsfähigkeit. Durch die Adaption der DIN EN ISO 9001:2000 wird der Ansatz deutlich, bestehende QM-Regelungen einer Organisation zu integrieren und auf Ihnen aufzubauen.

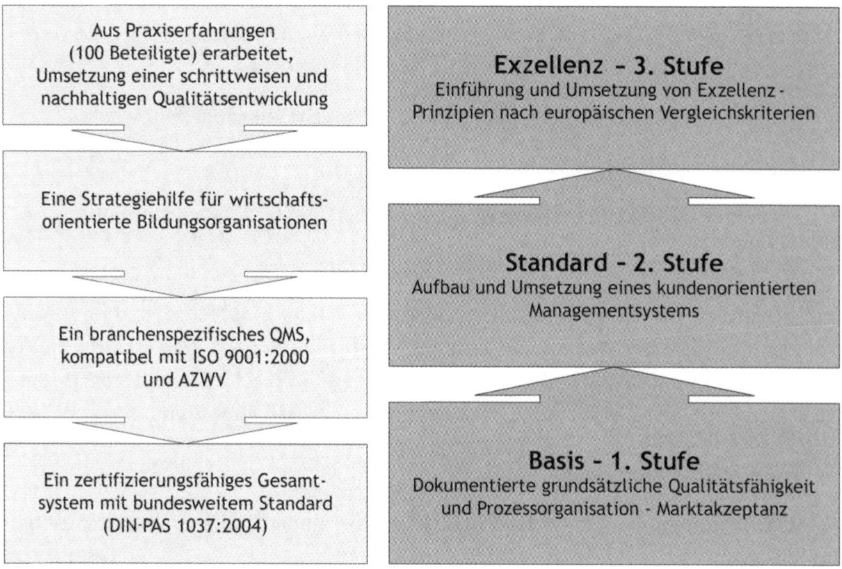

Abbildung 33 Die Niveaustufen des QM-Stufen-Modells
Quelle: nach Brückner, Girke 2005, S. 182

Institutionen können sich durch externe Prüfer auf den verschiedenen Niveaustufen bewerten lassen. Das extern vergebene Zertifikat soll die qualitative Einhaltung der Standards des Modells dokumentieren und gleichzeitig den staatlichen Prüfungsauflagen genüge leisten.

Initiative zur Aufnahme als ISO-Norm für Bildungsleistungen

Das Referenzmodell des QM-Stufen-Modells nach DIN-PAS 1037:2004 zum Qualitätsmanagement wirtschaftsorientierter Bildungsunternehmen ist nach Aussage seiner Entwickler ein transparentes, leicht nachvollziehbares Qualitätsmanagementsystem auf der Basis internationaler Standards. Auf Grundlage dieser nationalen Norm ist 2007 ein neues Gremium der Internationalen Organisation für Standardisierung (ISO) gegründet worden zum Start des Normungsvorhabens „Learning services for non-formal education and training“ (Bildungsdienstleistung für Weiterbildung und Training). Ziel dieses mit 30 Experten aus 25 Ländern besetzten Entwicklungskomitees ist die Erarbeitung eines internationalen Standards für „learning service providers“.

Im Zentrum stehen dabei die berufliche Weiterbildung im nicht-öffentlichen Bildungsbereich sowie innerbetriebliche Schulungen und Sprachausbildungen. Ziel ist die Entwicklung von Standards für Anforderungen an Dienstleistungen von Organisationen der wirtschaftsorientierten Aus- und Weiterbildung. Folgende zentralen Aspekte wurden dabei bereits identifiziert:

- methodisch-didaktische Gesamtkonzeption von Bildungsmaßnahmen
- Anforderungen an Lehrende
- Methoden und Techniken des Wissenserwerbs und der Wissensvermittlung
- Methoden zur Messung der Kundenzufriedenheit.

Mit der neuen ISO-Norm sollen die Qualität von Bildungsanbietern und ihrer Maßnahmen transparenter und international vergleichbarer werden. Das erklärte Ziel ist außerdem, den Wissenstransfer zu verbessern und die Nachhaltigkeit von Bildung zu sichern. Die Veröffentlichung der Norm wird für 2010 angestrebt.

5. Weitere Informationen

Weitere Informationen zur DIN-PAS 1037:2004 finden Sie hier http://www.qm-online-forum.de

4.2.4 DIN-PAS 1068

Interessenten und Nachfrager von E-Learning gestützten Bildungsangeboten haben häufig das Problem, dass keine ausreichenden Informationen über das auszuwählende Angebot erhältlich sind. Haben sie die Informationen, die über ein Bildungsprodukt verfügbar sind, zusammen getragen, lassen sich diese häufig nicht miteinander vergleichen, was einer qualifizierten Produktauswahl und einer Bewertung ob der Eignung bezüglich der eigenen Bedürfnisse äußerst abträglich ist. Diesen Missstand zu beheben, ist die Intention der DIN-PAS 1068. Der Inhalt dieser PAS wurde von der beim DIN gebildeten Arbeitsgruppe „Transparenz im E-Learning“ in Zusammenarbeit mit dem Projekt Qualitätsinitiative E-Learning in Deutschland (Q.E.D., siehe Abschnitt 4.3.1), gefördert vom Bundesministerium für Wirtschaft und Technologie, erarbeitet. Damit ist ein Leitfaden zur Beschreibung von Bildungsangeboten entstanden, auf dessen Grundlage Bildungsanbieter ihre Angebote exakt beschreiben können. Die Bildungsangebote werden somit vergleichbar und Anwendern und Nutzern werden ausreichende Informationen im Sinne eines „Beipackzettels“ zur Auswahl von Bildungsangeboten bereitgestellt. Der Leitfaden wurde auf der Grundlage des in der ISO/IEC 19796-1 und in der PAS 1032-1 enthaltenen Referenzprozessmodells für das Qualitätsmanagement und die Qualitätssicherung bei der Planung, Entwicklung, Durchführung und Evaluation von Bildungsprozessen und Bildungsangeboten entwickelt. Die PAS ist anwendbar auf alle Prozesse in der Bildung und bezieht insbesondere auch elektronisch unterstütztes Lernen, d. h. E-Learning mit ein. Bildungsangebote werden lt. PAS 1068 in acht Kategorien beschrieben:

Allgemeine Informationen, Administration und Kosten, Organisatorische Aspekte, Funktionale Aspekte, Barrierefreiheit, Didaktische Aspekte, Technische Aspekte, Datenspeicherung und Datenverarbeitung.

Beim Beuth-Verlag unter www.beuth.de kann die PAS-Norm (PAS 1068:2006) bezogen werden.

4.3 Weitere Qualitätsinitiativen im E-Learning-Bereich

Im folgenden Abschnitt werden weitere Qualitätsinitiativen im Blended Learning und E-Learning-Sektor vorgestellt, die zu einem Teil aus Harmonisierungsbestrebungen der nationalen Einzelinitiativen ausgegangen sind, zu einem anderen Teil internationale Standardisierungsbestrebungen verfolgen und vor dem Hintergrund der Globalisierungsentwicklungen im Bildungssektor versuchen, Einzelnormen im europäischen und internationalen Umfeld zu verankern.

Lernziele

Durch Bearbeitung dieses Abschnitts lernen Sie:

- Die Qualitätsinitiative E-Learning in Deutschland (Q.E.D.) kennen
- Das Qualitätssiegel E-Learning (QSel) kennen
- Qualitätsplattform Lernen: E-Learning, Fernlernen, Blended Learning kennen
- Die Initiative Certification of E-Learning (CEL) kennen
- Die Initiative zur internationalen E-Learning-Norm ISO/IEC 19796-1 kennen

4.3.1 Qualitätsinitiative E-Learning in Deutschland (Q.E.D.)

Die Qualitätsinitiative E-Learning in Deutschland (Q.E.D.) befasst sich mit der Qualität der Aus- und Weiterbildung unter besonderer Berücksichtigung von E-Learning. Q.E.D. ist ein Folgeprojekt des Förderprogramms LERNET[46], in dem von verschiedenen Konsortialpartnern neue E-Learning-Inhalte und -Konzepte für klein- und mittelständische Unternehmen (KMU) sowie für öffentliche Verwaltungen entwickelt wurden. Das Bundesministerium für Wirtschaft und Technologie (BMWi) fördert die Q.E.D-Initiative und das Deutsche Zentrum für Luft- und Raumfahrt ist Projektträger.

1. Ziele

Hauptziel ist es, die Qualität von arbeitsprozessorientierten E-Learning in Deutschland zu verbessern. Dazu soll die Entwicklung und Etablierung von Referenzmodellen und Qualitätsstandards im E-Learning dienen. Ein Schwerpunkt stellt hierbei die Konzeption und Bereitstellung von Instrumenten und Unterstützungsmechanismen für die speziellen Bedürfnisse von KMU dar. Dazu werden die Bedarfe in KMU für die Qualitätsentwicklung und das Qualitätsmanagement im E-Learning untersucht. Die Leitziele von Q.E.D sind:

- Entwicklung von international anerkannten Qualitätsstandards für E-Learning
- Verbreitung von Standards durch die Erstellung von Anwendungsleitfäden und die Entwicklung von benutzerfreundlichen Werkzeugen
- Hilfe bei der Einführung und Steigerung der Anwendung von E-Learning in KMU
- Einfache Nutzung und Automatisierung von Standards für komplexe multimediale Anwendungen
- Weiterentwicklung des Zukunftsfeldes Mobile Learning
- Bündelung von Interessen der Anbieter und Anwender von E-Learning und Vertretung in internationalen Standardisierungsgremien (Stracke et al. 2007, S. 16).

2. Grundgedanke

Die Ziele sollen durch Forschungen zu Aus- und Weiterbildungsprozessen unter Berücksichtigung von E-Learning und zu Prozessen, Methoden und Instrumenten des Qualitätsmanagements und der Qualitätssicherung erreicht werden. Im Mittel-

---

46 Informationen zu den LERNET-Projekten finden Sie unter http://www.lernet-info.de

punkt steht dabei die Idee, innovative Lernszenarien und Qualitätsstandards im E-Learning zu entwickeln, um diese in den internationalen Normungsprozess einzubringen und zu etablieren.

Die Initiative Q.E.D. umfasst vier Teilprojekte:

- Qualitätsmanagement und Qualitätssicherung
- Indexierung & Retrieval von Rich Media Content
- Standardisierungspotenziale im mobilen Lernen
- Entwicklungsbegleitende Normung

3. Adressaten

Die Ergebnisse der Qualitätsinitiative E-Learning in Deutschland (Q.E.D) richten sich vor allem an Verantwortliche für die Aus- und Weiterbildung in klein- und mittelständischen Betrieben (KMU).

4. Ausgestaltung

Da in der vorliegenden Publikation der Fokus auf Qualitätsansätzen für E-Learning-Anbieter liegt, gehen wir nur auf das Teilprojekt „Qualitätsmanagement und Qualitätssicherung" ein. Dieses wird von der Universität Duisburg-Essen verantwortlich geleitet und hatte eine Laufzeit von 09/2004 bis 08/2007. Bearbeitet wird der derzeit in Wissenschaft und Wirtschaft stark diskutierte Bereich der Qualität von E-Learning. Zielsetzung ist die Förderung international anerkannter, offener Qualitätsstandards für die E-Learning gestützte Aus- und Weiterbildung. Dazu sollen bestehende Qualitätsansätze in ein harmonisiertes Qualitätsmodell integriert und mit Hilfe geeigneter internetbasierter Tools für den Praxiseinsatz aufbereitet werden. Diese Tools sollen den Anwendern bei der Umsetzung von Qualitätsstandards und deren Integration in die eigenen Bildungs- und Geschäftsprozesse helfen. Anschließend sollen die Arbeitsergebnisse und -erkenntnisse in nationale und internationale Normungsgremien überführt werden.

Folgende Resultate sollen aus den Aktivitäten entstehen:

- die Ausarbeitung eines Qualitätsmanagementmodells für Entwicklungs- und Lernprozesse zur Erstellung und Nutzung qualitativ hochwertiger, wirtschaftlicher Lernsysteme
- Entwicklung von Referenzkriterien für E-Learning in der betrieblichen Aus- und Weiterbildung

- Leitfäden und andere Unterstützung zur Nutzung von Qualitätsstandards
- die Einbringung der Ergebnisse und aktive Mitwirkung in nationalen und internationalen Standardisierungsgremien (insb. DIN, ISO/IEC, CEN/ISSS)
- die Entwicklung eines internetbasierten Tools zur Unterstützung von Anwendern bei der Umsetzung von Qualitätsstandards und deren Integration in bestehende Bildungs- und Geschäftsprozesse (dokumentations- und entscheidungsunterstützendes System) vgl. www.qed-info.de.

Als ein Hauptergebnis der Initiative Q.E.D. ist neben der erfolgreichen Einbringung der nationalen Qualitätsstandards von DIN-PAS 1032-1 in die internationalen Standardisierungs- und Normierungsgremien ein Tool zur Umsetzung der Qualitätsstandards der DIN-PAS 1032-1 und ISO/IEC 19796-1 zu nennen:

Qualitäts-Integrations-Tool (QIT)

Auf Basis einer Studie (Teschler, Stracke 2005) bezüglich der Anforderungen eines Unterstützungstools für die Qualitätsentwicklung in KMU wurde das so genannte „Qualitäts-Integrations-Tool“ (QIT) entwickelt. Dieses richtet sich an Verantwortliche von KMU beim Aufbau von Qualitätsmanagement. Im Sinne des Total Quality Managements liefert das Tool Informationen zur Bildung und beim Aufbau von Qualitätsbewusstsein. Unterstützung bei der Einführung von Qualitätsmanagement erfolgt in Form einer Entscheidungsunterstützung bei der Auswahl geeigneter Methoden und Instrumente des Qualitätsmanagements sowie Hilfestellungen beim praktischen Einsatz in den Geschäftsprozessen. Gemäß dem Qualitätsansatz von TQM/EFQM unterstützt das QIT die Berücksichtigung der Perspektiven und Anforderungen aller Interessengruppen bei der Qualitätsentwicklung in einem Bildungsprozess. Methoden und Instrumente des Qualitätsmanagements sollen gezielt in die Lern- und Geschäftsprozesse der Aus- und Weiterbildung integriert werden (vgl. Stracke et al. 2007, S. 20). Das QIT unterstützt im Wesentlichen die Umsetzung der Qualitätsstandards der DIN-PAS 1032-1[47] und der ISO/IEC 19796-1[48], auf deren Referenzmodell das QIT basiert.

Zurzeit erarbeitet die Initiative auf der europäischen Ebene einen „Beipackzettel für E-Learning-Angebote“ auf der Basis der nationalen Norm DIN-PAS 1068. Dieser Leitfaden soll Anbietern von E-Learning-Produkten und deren Kunden eine normengestützte Orientierung geben, wie ein E-Learning-Lernprozess zu entwickeln, durchzuführen und im Hinblick seiner Qualität zu bewerten ist.

47 Ausführungen zur DIN-PAS 1032-1 siehe Abschnitt 4.2.1
48 Ausführungen zur ISO/IEC 19796-1 siehe Abschnitt 4.3.5

5. Weitere Informationen

Die Homepage der Qualitätsinitiative E-Learning in Deutschland (Q.E.D.) finden Sie hier: http://www.qed-info.de. Detailinformationen zum Qualitäts-Integrations-Tool (QIT) liefert Stracke et al. (2007).

4.3.2 Qualitätssiegel E-Learning - QSel

Aus einer Initiative der Unterstützung des „Wirtschafts- und Innovationsstandortes Nordrhein-Westfalen" heraus ist in einem Partnerverbund der Ansatz zum Qualitätssiegel E-Learning (QSel) entwickelt worden. Beteiligte Entwicklungspartner waren die Projekt Ruhr GmbH, der Lehrstuhl für Wirtschaftsinformatik der Produktionsunternehmen an der Universität Duisburg-Essen und das MMB Institut für Medien- und Kompetenzforschung. In einem ersten Pilotdurchlauf hat die RAG AG den Zertifizierungsworkflow erfolgreich durchlaufen.

1. Ziele

Erklärtes Ziel der Qualitätsinitiative Qualitätssiegel E-Learning (QSeL) ist die Verbesserung der Qualitätsentwicklung für Organisationen in Aus- und Weiterbildung, insbesondere für E-Learning und Blended Learning. Das Siegel soll die praktische Anwendung der Qualitätsmodelle DIN-PAS 1032-1[49] und der ISO/IEC 19796-1[50] dokumentieren und zertifizieren.

2. Grundgedanke

Im Zentrum des Qualitätssiegel E-Learning (QSeL) steht die Dokumentation und Zertifizierung der Umsetzung der Normen DIN-PAS 1032-1 und ISO/IEC 19796-1. Damit soll das Siegel eine Ergänzung bieten zu bereits bestehenden Ansätzen, Konzepten und Verfahren zur Qualitätssicherung im E-Learning-Bereich. Die Organisatoren der Initiative weisen darauf hin, dass das Siegel kein Instrument zur Bewertung von Produkten ist, sondern der prozessorientierten Überprüfung von Zielen und entsprechender Erfüllungsgrade von E-Learning-Bildungsangeboten darstellt. Während des Prüfprozesses werden Ansätze zur Qualitätssteigerung und -Optimierung der E-Learning-Bildungsangebote aufgezeigt. Die Überprüfung der E-Learning-Angebote anhand leitender Prüfindikatoren wird in elf Qualitätsbereichen vorgenommen. Im Fokus der Überprüfung stehen der Umfang und die Schlüssigkeit, mit der E-Learning-Angebote in der Ausgestaltung der Bildungsangebote der zu bewertenden Organisation realisiert sind (vgl. http://www.qsel.de).

49 Siehe dazu die Ausführungen zur Norm DIN-PAS 1032-1 in Abschnitt 4.2.1
50 Siehe dazu die Ausführungen zur Norm ISO/IEC 19796-1 in Abschnitt 4.3.5

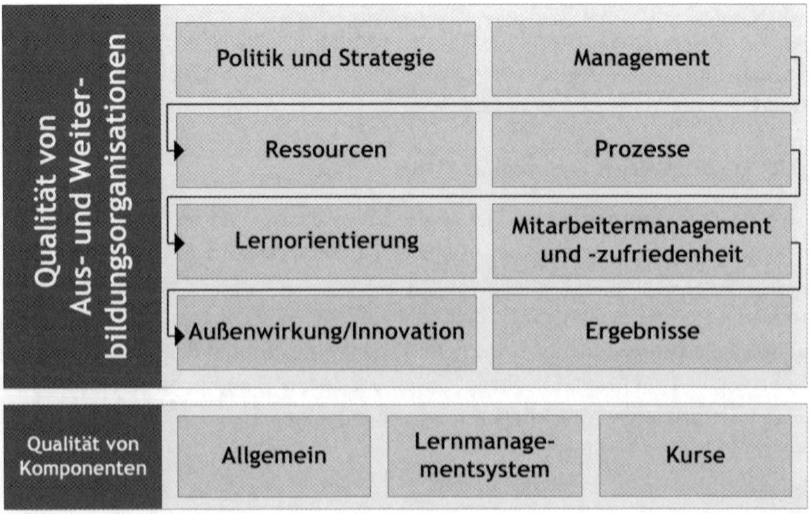

Abbildung 34 Qualitätsbereiche des Qualitätssiegels E-Learning QSel
Quelle: www.qsel.de, Abruf am 19.07.2007

3. Adressaten

Zielgruppe der Qualitätsinitiative E-Learning sind Weiterbildungsunternehmen und Bildungseinrichtungen, Unternehmen mit Weiterbildungsaktivitäten sowie Institutionen und Organisationen, die ihre Anstrengungen um Qualität, Nachhaltigkeit und Entwicklungsperspektiven ihrer E-Learning-Angebote durch eine fundierte Analyse begründet und durch eine Prüfung zertifiziert haben wollen.

4. Ausgestaltung

Der Zertifizierungsprozess des QSeL beginnt mit einem Kick-Off-Workshop, in dem Einvernehmen über das zu zertifizierende Bildungsangebot, den Bildungs- oder Entwicklungsprozess hergestellt wird. Daran anschließend kann die zu bewertende Organisation mit einem Tool einen Selbstbewertungsreport erstellen, der die Grundlage für ein Fremdaudit darstellt. Dieses Audit wird durch Experten aus dem Deutschen Netzwerk der E-Learning-Akteure e.V. (D-ELAN) durchgeführt. Die Ergebnisse des Audits werden in einem anschließendem „Audit-Workshop" diskutiert und besprochen. Die Auditoren teilen den Grad der Zielerreichung mit, geben Empfehlungen und eventuell noch zu erfüllende Auflagen zur Erlangung des Qualitätssiegels. Der Zertifizierungsprozess soll als Dialogverfahren zwischen den Experten und der zu zertifizierenden Einrichtung verstanden werden. Die Bildungseinrichtungen und Organisationen können im Zertifizierungsworkflow auf die Expertise der Auditoren in strategischen, fachlichen und operativ-organisatorischen Fragen zurückgreifen (vgl. http://www.qsel.de).

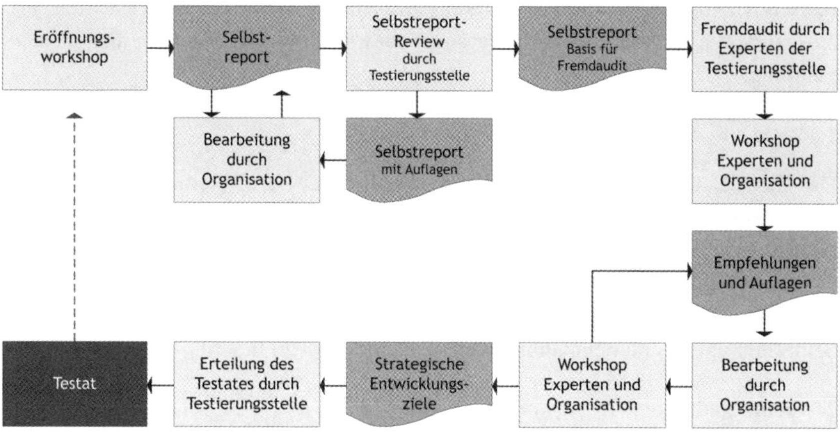

Abbildung 35 Ablauf des Zertifizierungsprozesses beim Qualitätssiegel E-Learning
Quelle: www.qsel.de, Abruf am 19.07.2007

5. Weitere Informationen

Ursprünglich war geplant, das entstandene Qualitätssiegel QSeL von einer eigenständigen Vergabestelle zu vergeben. Die Instrumente zur Qualitätsüberprüfung und -sicherung von Entwicklungsprozess und E-Learning-Bildungsangeboten sind aber mittlerweile in die Initiative „Qualitätsplattform Lernen: E-Learning, Fernlernen, Blended Learning“ (siehe Abschnitt 4.3.3) des Fachausschusses Qualität des Deutschen Netzwerks der E-Learning-Akteure e.V. (D-ELAN) integriert worden und bilden im Rahmen dieser Initiative einen zentralen Faktor. Weitere Informationen zum Qualitätssiegel E-Learning: http://www.qsel.de

4.3.3 Qualitätsplattform Lernen: E-Learning, Fernlernen, Blended Learning

Die „Qualitätsplattform Lernen“ ist eine Initiative des Fachausschuss Qualität, einer Arbeits- und Expertengruppe des Deutschen Netzwerks der E-Learning-Akteure e.V. (D-ELAN). Dieser Fachausschuss hatte 2005 die Aufgabe übernommen, eine Harmonisierung bereits vorhandener Qualitätsmodelle unter Integration der staatlichen Richtlinien der Zentralstelle für Fernunterricht (ZfU) durchzuführen. Auf dieser Grundlage wurde ein Qualitätsinstrumentarium erarbeitet, das die Basis für eine Zertifizierung von E-Learning gestützten Bildungsangeboten sowie von Bildungsdienstleistungsunternehmen bildet. Der gesamten Aus- und Weiterbildungsbranche sollte ein übergreifendes Instrument zur Qualitätssicherung und Qualitätsentwicklung angeboten werden, das alle Bildungsangebote berücksichtigt, insbesondere die spezifischen Anforderungen an E-Learning, Fernlernen und Blended Learning.

1. Ziele

Das Ziel der Qualitätsplattform Lernen ist neben der Zertifizierung von Bildungsunternehmen eine nachhaltige Qualitätssicherung der Bildungsprodukte und Geschäftsprozesse. Die Qualität von Bildungsangeboten soll beurteilbar und vergleichbar gemacht werden. Zu diesem Zweck sollen Hilfen beim Angebotsvergleich zur Verfügung gestellt werden und damit eine Basis für Entscheidungen beim Endkunden und beim anbietenden Unternehmen zu liefern.

2. Grundgedanke

Grundgedanke war ein integrativer Ansatz: Bereits bestehende und etablierte Konzepte des Qualitätsmanagements, Instrumente zur Beschreibung, Bewertung und Zertifizierung von Qualität bei Bildungsunternehmen und Ansätze im E-Learning-Bereich sollten miteinander verknüpft und kombiniert werden.

- Ansatz aus dem Bereich des traditionellen Fernlernens: Adaption des Leitfaden zur Begutachtung von Fernlehrgängen der Zentralstelle für Fernunterricht (ZfU) (Staatliche Zentralstelle für Fernunterricht (ZfU) 2004)[51]
- Ansatz aus dem Bereich des E-Learning: Integration des TUD-Gütesiegels zur Sicherung der Qualität von E-Learning-Produkten[52]
- Ansatz aus dem Bereich Qualitätssicherung von Prozessen: Qualitätssiegel E-Learning (QSel) Bewertung der Qualität von E-Learning-Organisationen[53]

3. Adressaten

Die Initiative der Qualitätsplattform Lernen richtet sich an allen Bildungsanbieter mit E-Learning-, Fernlern- und Blended Learning-Angeboten sowohl im privat-

51 Siehe dazu die Ausführungen zur Qualität im Fernlernen – ZfU in Abschnitt 3.5.2
52 Siehe dazu die Ausführungen zur Qualität auf Produktebene – das TUD-Gütesiegel in Abschnitt 4.1.2
53 Siehe dazu die Ausführungen zur Qualitätsinitiative QSel in Abschnitt 4.3.2

rechtlichen als auch im öffentlichen Bereich, z. B. Schulen, Universitäten oder Unternehmen.

4. Ausgestaltung

Das Instrumentarium der Qualitätsplattform Lernen sieht drei Qualitätsebenen vor, die modular angelegt sind, so dass genau diejenigen Teilbereiche zertifiziert werden können, die von besonderem Interesse für die Anbieter sind:

- Teil A: Qualität von Bildungsangeboten
- Teil B: Qualität von Organisationen – Basis
- Teil C: Qualität von Organisationen – Exzellenz

Teil A Qualität von Bildungsangeboten

Dieser Teil dient vor allem der Sicherung der Produktqualität, die hier im Mittelpunkt steht, z. B.:

- Informationen zum Bildungsangebot
- Zielgruppen und Lernziele
- Inhalte
- Didaktik
- Medien (digitale und Printmedien)
- Kommunikation/Zusammenarbeit

Teil B Qualität von Organisationen – Basis

Der Teil B, die Basisbegutachtung stellt sicher, dass eine Bildungsorganisation die wichtigsten Mechanismen zur Entwicklung qualitativ hochwertiger Produkte implementiert hat und umfasst somit eine grundlegende Bewertung der Prozessqualität von E-Learning-Bildungsanbietern. Im Teil B werden bewertet:

- Prozesse
- Lernerorientierung
- Ergebnisse

Teil C Qualität von Organisationen – Exzellenz

Teil C zielt auf eine umfassende Qualitätsentwicklung im Sinne der Bestätigung einer überdurchschnittlichen, „exzellenten" Qualität ab. Das Qualitätsmanagement eines Bildungsanbieters im Hinblick auf Produkte, Prozesse und Organisation wird als exzellent beurteilt, wenn Qualität in allen Kategorien der Basisbewertung und zusätzlich in folgenden sechs weiteren Kategorien nachgewiesen wird:

- Politik und Strategie
- Management
- Ressourcen
- Mitarbeitermanagement
- Innovation
- Außenwirkung

Zertifizierungsverfahren

Das Verfahren zur Zertifizierung ist in folgende vier Schritte aufgeteilt:

- Schritt 1 – Anmeldung
  Im Rahmen eines Kick-Off-Workshops werden Ziele definiert und das Vorgehen abgestimmt, Zielsetzungen und Leistungsanforderungen geklärt und transparent gemacht, Ansprechpartner benannt und die Termine festgelegt.
- Schritt 2 – Selbstüberprüfung
  Für die Selbstüberprüfung werden im zweiten Schritt Leitfäden bereitgestellt, wobei das Angebot besteht, die Leitfadenbenutzung in einem zusätzlichen optionalen Workshop zu erklären.
- Schritt 3 – Begutachtung und Audit
  In einem dritten Schritt erfolgt die Durchsicht des Selbst-Audit, es werden Defizite identifiziert und eventuelle Nachbesserungen bei zertifizierungsrelevanten Anteilen vorgenommen. Teil des Schritts 3 ist die Aufstellung eines Nachbesserungskatalogs, der in mindestens einem Workshop besprochen wird.
- Schritt 4 – Zertifizierung
  Den Abschluss bildet die eigentliche Zertifizierung. Die Dokumentation der Nachbesserung und die Ausstellung des Qualitätssiegels dienen als Zertifizierungsnachweis.

Initiative zur Aufnahme als ISO-Norm für Bildungsleistungen

Bei den Bemühungen, deutsche Initiativen in die internationale Diskussionen um Qualitätsnormen einzubringen, wird der „Qualitätsplattform Lernen“ große Bedeutung beigemessen. Sie soll nach Bestreben des D-ELAN als deutscher Beitrag in die Arbeit internationaler Standardisierungsgremien eingebracht und als Beitrag zum langfristigen Ziel der Harmonisierung mit weiteren Qualitätsinitiativen gelten. Ein erster Schritt ist hierbei bereits getan. Die Einbindung in den ISO -Qualitätsstandard für die Aus- und Weiterbildung ISO/IEC 19796-1 ist bereits erfolgt. Details zur internationalen Normendiskussion finden Sie im Abschnitt 4.3.5 zur ISO/IEC 19796-1.

5. Weitere Informationen

Die Initiative der Qualitätsplattform Lernen wird vom Deutschen Netzwerk der E-Learning-Akteure e.V. (D-ELAN) betrieben: http://www.d-elan.de

4.3.4 Certification of E-Learning (CEL)

Als einer der wenigen Ansätze zur Bewertung und Entwicklung von Qualität auf der Mesoebene (Studiengang, Bildungsprogramm) versteht sich das Qualitätsmanagement-Konzept Certification of E-Learning (CEL) der Akkreditierungsorganisation European Foundation for Management Development (EFMD). Diese zertifiziert und akkreditiert vornehmlich Business Schools und Corporate Universities. Das Zertifizierungsprogramm für Qualitätsmanagement von E-Learning-Programmen ist am Swiss Centre for Innovations in Learning (SCIL) entwickelt worden. Ausgangspunkt der Entwicklung des Programms ist eine Delphi-Studie über die Nachhaltigkeit von E-Learning-Innovationen und eine Befragung von 25 E-Learning-Experten gewesen (Seufert, Euler 2004; Seufert, Euler 2003). Neben der wissenschaftlichen Grundlage des Programms ist als zweiter zentraler Punkt der Schwerpunkt auf der Lernerperspektive der „E-Learning-Endkunden“ zu nennen.

Tabelle 12 Elemente des Certification of E-Learning (CEL)
Quelle: Euler et al. 2005, S. 525

Normative Perspektive Theoriegeleitete Qualitätsstandards, Perspektive des Lernenden	**Inhaltliche Perspektive** E-Learning-Programme im Bereich Management-Education
Selbst-Evaluation: Programm Manager, Fremd-Evaluation: Auditor-Team **Subjektive Perspektive**	Input-, Prozess-Output-Qualitäten, mit Betonung auf Qualitätsentwicklung **Prozessuale Perspektive**

CEL

Ausgestaltung:

Gegenstand der Qualitätsanalyse und damit auch Objekt des Zertifizierungsprozesses ist nicht ein Produkt (welches in der Auffassung CEL-Initiatoren ein „E-Learning-Medium", bspw. Ein CBT, WBT oder dergleichen ist), sondern ein E-Learning gestütztes Ausbildungsprogramm. Damit richtet sich die Qualitätsbeurteilung nicht an den Erstellungsprozess von Bildungsangeboten, sondern bewertet das fertige Bildungsangebot.

Ein E-Learning gestütztes Aus- oder Weiterbildungsprogramm muss nach den Kriterien des CEL folgende Merkmale aufweisen, (vgl. Euler et al. 2005, S. 525 f.):

- umfasst mindestens 100 Lernstunden seitens der Rezipienten (z. B. Studierende)
- schließt mit einer Messung und Beurteilung der Lernergebnisse ab (z. B. Prüfung oder Klausur)
- impliziert Nachhaltigkeitsmomente, d. h. ist mindestens zweimal durchgeführt worden
- mindestens 20% der Lernstunden werden durch E-Learning-Methoden abgedeckt, d. h es muss mindestens ein interaktives E-Medium außer Text vorkommen und es involviert mindestens eine Form der interaktiven netzgestützen Kommunikation.

Die Beurteilung und Bewertung der Qualität des Ausbildungsprogramms richtet sich nach den vom Programmanbieter definierten Zielgrößen entlang des Input-Prozess-Output Modells.[54] Bewertet werden die relevanten Qualitätskriterien in diesen drei Stufen anhand der Fragen: Was sind die intendierten Zielgrößen? Mit welchen Aktivitäten, Mitteln und Methoden werden die Zielgrößen erreicht? In diesem Sinne folgt die CEL-Evaluation E-Learning gestützter Aus- und Weiterbildungsprogramme in etwa dem Berteilungsverfahren der ZfU.[55]

Das Zertifizierungsverfahren ist ein mehrschrittiges Verfahren. Detaillierte Angaben zum Verfahren und Evaluationsprocedere liefert M. Wirth (2005, S. 308 f.) Nach einer ersten Anfrage und Kontaktaufnahme erfolgt die verbindliche Anmeldung *(Application)* über ein Bewerbungsformular mit der Angabe der Programmdetails unter der Annahme der o. g. Mindestanforderungen. Nach einer Zulassungsprüfung *(Eligibility)* und positivem Entscheid beginnt das Evaluationsverfahren. Der Anbieter des zu prüfenden E-Learning-Programms muss eine Selbstbeurteilung *(Self Assessment)* ausfüllen und an die Auditoren senden. Die Selbstbeurteilung

54 Siehe dazu die Ausführungen in Abschnitt 1.1.4
55 Siehe dazu die Ausführungen in Abschnitt 3.5.2

bildet die Grundlage der Evaluationsschritte. Anschließend erfolgt die Auswertung der Selbstbeurteilung durch die Auditoren *(Auditors Review of Self Assessment)*. Lernende und Lehrende werden durch die Auditoren mittels Fragebogen befragt. Teil der Befragung sind Telefoninterviews mit zufällig ausgewählten Lernenden *(Student Interviews)*. In dem folgenden Audit-Besuch *(Audit-Team-Visit)* befragen die Auditoren wesentliche Akteure wie z. B. Produktentwickler, Lehrende, Administratoren und Verwaltungspersonal zur E-Learning-Programmgestaltung. Auf dieser Datenbasis entsteht der Audit-respektive Evaluations-Bericht *(Audit-Team-Report)*, der von mindestens zwei Auditoren verfasst wird (Mehraugen-Prinzip). Dieser Bericht umfasst zum einen die Evaluationsergebnisse mit einer Empfehlung der Auditoren zur Entscheidungsfällung und zum anderen Verbesserungsmaßnahmen und -schritte, die die Auditoren zusammen mit den E-Learning-Programmverantwortlichen erarbeitet haben (Wirth 2005, S. 379). Der Audit-Bericht wird zur Entscheidungsfällung an ein unabhängiges Entscheidungsorgan geschickt, das so genannte Awarding Body. Das Awarding Body ist ein Komitee aus Vertretern aus Hochschulen und der Privatwirtschaft, die ausgewiesene Experten im E-Learning-Bereich sind und Erfahrungen bei der Umsetzung von Lerninnovationen haben. Nach einer kritischen Überprüfung des Evaluationsberichtes fällt das Awarding Body die begründete und objektivierte Zertifizierungsentscheidung *(Awarding Body Decision)*. Diese Entscheidung wird nach dem Mehrheitsprinzip gefällt. Wichtig ist die personelle Trennung von Auditoren und Awarding Body, um einerseits ein Höchstmaß an Bewertungs- und Beurteilungsobjektivität zu erreichen und andererseits „einen Kontrollmechanismus bezüglich der Qualität der Evaluation und des daraus resultierenden Audit-Berichts zu installieren“ (Wirth 2005, S. 376). Mit dieser Trennung soll einem automatisierten und mechanistischen Evaluationsablauf entgegengewirkt werden. Die Zertifizierung *(CEL-Certification)* des E-Learning-Programms hat eine Gültigkeitsdauer von drei Jahren. Abbildung 36 zeigt den Ablauf des Evaluationsverfahrens:

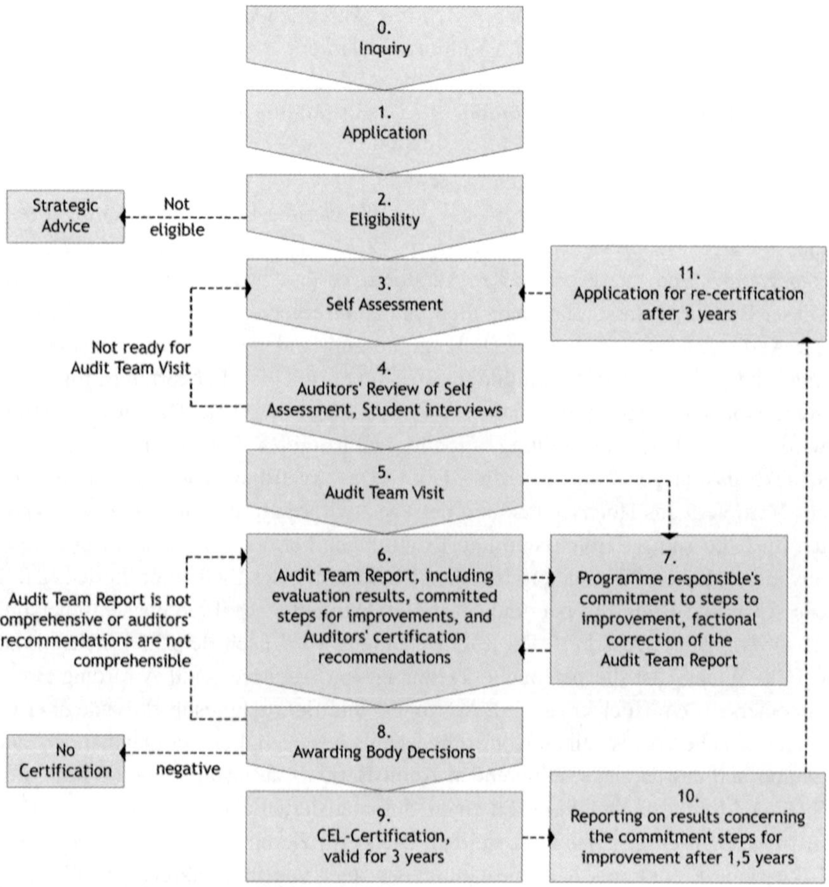

Abbildung 36 Evaluationsablauf beim CEL
Quelle: Wirth 2005, S. 378

Ziel der Qualitätsinitiative CEL ist eine europaweite Etablierung des Systems für den gesamten E-Learning-Bildungsmarkt. Zurzeit befinden sich drei Pilotanwendungen aus dem Hochschulbereich in der Evaluationsphase (Euler et al. 2005).

Weitere Informationen

Die Webseiten der beiden zertifizierungsbeteiligten Organisationen bieten weitere Hinweise:

Swiss Centre for Innovations in Learning (SCIL) http://www.scil.ch

European Foundation for Management Development http://www.efmd.org

4.3.5 ISO/IEC 19796-1

Die länderübergreifende Norm ISO/IEC 19796-1 (BS ISO/IEC 19796-1:2006) für das Qualitätsmanagement von Aus- und Weiterbildungsprozessen wurde 2005 verabschiedet. Die Norm wurde vom ISO/IEC Gemeinschaftskomitee JTC 1 „Informationstechnik", Unterkomitee SC 36 „Informationstechnik für das Lernen, Ausbilden und Weiterbilden" erarbeitet. Die Norm ist der erste Teil einer vierteiligen Normenreihe, die weltweit gültige und einheitliche Standards für das Qualitätsmanagement in Aus- und Weiterbildungsprozessen unter Berücksichtigung von E-Learning schaffen möchte. Das anspruchsvolle Ziel der ISO-Arbeitsgruppe ist es, ein weltweit harmonisiertes Qualitätsmanagementsystem zu kreieren, das ein Extrakt aus den derzeit besten nationalen Ansätzen darstellt. Die Norm soll den Vergleich und die Bewertung der jeweiligen Vorzüge verschiedener E-Learning-Initiativen erleichtern. Mit dem ersten Teil der Norm liegt zunächst das Orientierungsraster vor. Dieses ist aus der nationalen Initiative der DIN-PAS 1032-1 entstanden und mit dieser deckungsgleich, weshalb auf die Darstellung der Inhalte an dieser Stelle verzichtet und statt dessen auf den Abschnitt 4.2.1 zur DIN-PAS 1032-1 verwiesen wird. Das Orientierungsraster ist das Referenzprozessmodell und besteht aus den Prozessdarstellungen der DIN-PAS 1032-1. Die Internationalisierung der DIN-PAS-Norm in die ISO-Formen trägt der Entwicklung im Qualitätsmanagement in Richtung einer breiten Durchsetzung von weltweiten einheitlichen Standards Rechnung. So sind z. B. in Deutschland mittlerweile über 80% aller gültigen Normen europäische und internationale Normen. Die Globalisierung erfordert von international tätigen Konzernen einheitliche und weltweit gültige Standards auch in ihren Personalenwicklungsprozessen, die mit Hilfe von E-Learning-Technologien durchgeführt werden. Hinzu kommt der Trend in der Entwicklung hin zu globalisierten Nachfrager- und Anbietermärken im Bildungsbereich im Allgemeinen und im E-Learning-Bildungsbereich im Besonderen. Ein wesentliches Ziel der ISO/IEC 1976-1 ist die Harmonisierung dieser Prozesse in international aufgestellten Unternehmen. Durch die Vergleichbarkeit des Qualitätsmanagements auf internationaler Ebene ergeben sich aber gerade auch für kleine und mittelständische Unternehmen (KMUs) Chancen, durch implementierte anerkannte Referenzprozesssysteme auf internationalen Märkten agieren zu können. Durch vergleichbare und allgemein verständliche Anforderungen und Kriterien können die Bedürfnisse der Nutzer, Käufer und Anbieter besser aufeinander abgestimmt werden. Die kompletten vier Teile der Norm ISO/IEC 19796 umfassen im Einzelnen:

Teil 1: Allgemeiner Orientierungsrahmen, DIN-PAS 1032-1. Fundierte Bestandsaufnahme der unterschiedlichen Prozesse, die die E-Learning-Qualität beeinflussen. Zum Teil 1 gehören neben dem Referenzprozessmodell die Beschreibungsmodelle für alle relevanten Prozesse. Diese Prozesse beinhalten von der regelmäßigen Bedarfsanalyse bis zur stetigen Optimierung alle E-Learning-Anwendungsszenarien (z. B. Schaffung von Inhalten und Werkzeugen, Erbringung von Dienstleistungen, Lernen und Ausbilden, Überwachung und Bewertung, Lebenszyklusstadien).

Teil 2: Das Qualitätsmodell wird die Aspekte der Qualitätssysteme und ihrer Beziehungen zueinander vereinheitlichen und allen Beteiligten Orientierung geben. Nicht beabsichtigt ist die Durchsetzung von Anwendungen, sondern das Hauptaugenmerk richtet sich hier auf die angestrebten Ziele.

Teil 3: Referenzverfahren und Metriken sollen die Formate für die Beschreibung von Verfahren und Metriken für Qualitätsmanagement und -sicherung vereinheitlichen. Geplant ist eine Sammlung von Referenzverfahren, die für Qualitätsmanagement und -sicherung in unterschiedlichen Kontexten angewendet werden können. Weiterhin sollen Referenzmetriken und –indikatoren definiert werden, die zur Beurteilung der Qualität von Prozessen, Produkten, Komponenten und Dienstleistungen verwendet werden können.

Teil 4: Best Practices und Leitfäden zur Durchführung sollen einheitliche Kriterien für die Identifizierung von Best Practices, Richtlinien für die Anpassung, Durchführung und die Anwendung der mehrteiligen Norm und eine Reihe von Beispielen liefern.

Die Norm (BS ISO/IEC 19796-1:2006) kann beim Beuth-Verlag bezogen werden.

4.4 Qualitätspreise

Die Auslobung von Qualitätspreisen ist auch im E-Learning-Sektor eine Methode, qualitativ hochwertige Produkte zu identifizieren, deren Entwicklung zu honorieren und einer größeren Öffentlichkeit bekannt zu machen. Die Preise beziehen sich zurzeit fast ausschließlich auf Produkte, weniger auf komplette E-Learning gestützte Bildungsangebote. Absolut heterogen sind die Bewertungskriterien der Preise bzw. die der Preisstifter und der zu bewertenden Jury. Manche Kriterien sind transparent, andere werden selbst auf Nachfrage nicht öffentlich gemacht. Allen gemeinsam ist der intendierte Marketingeffekt, den sich die Einreichenden für ihre Produkte erhoffen. Die Preisspanne ist ebenfalls erheblich. Von einer reinen Medaillenvergabe bis zur spektakulären Summe von 100.000 EUR beim MEDIDA Prix reicht hier die Bandbreite. Der folgende Abschnitt stellt die wichtigsten E-Learning-Preise, deren Intention, Beurteilungskriterien und Bewertungsverfahren vor.

Lernziele

Durch Bearbeitung dieses Abschnitts lernen Sie:

- Unterschiedliche Qualitätspreise für E-Learning und Medienprodukte kennen
- Die verschiedene Ausrichtungen und unterschiedlichen Bewertungskategorien der Preise kennen
- Zu abstrahieren, welche Preiseinreichung eventuell für ihr E-Learning oder Multimediaprodukt relevant wäre.

4.4.1 Comenius EduMedia Siegel

1. Grundgedanke

Für didaktische Multimediaprodukte werden von der Gesellschaft für Pädagogik und Information (GPI) seit 1995 jährlich das Comenius-Siegel und die Comenius-Medaille verliehen. Die Comenius-Auszeichnungen sind Ehrenpreise und nicht mit einer finanziellen Zuwendung für den Preisträger verbunden. Das Comenius-Siegel ist sozusagen der „TÜV-Stempel" für ein Bildungsprodukt im Bereich E-Learning-Content. Weiterhin gibt es Sonderpreise und seit 2006 den höherwertigen Erasmus-EuroMedia-Award, der für Medienprodukte-, -programme und -produktionen mit inhaltlichen Bezug zum Thema Europa vergeben wird.

2. Ziele

Die GPI möchte mit den Preisen vor allem „pädagogisch, inhaltlich und gestalterisch herausragende IKT-basierte und eurokulturelle Bildungsmedien" fördern.

3. Adressaten

Preisträger sind in der Regel Verlage bzw. Einrichtungen, die das exemplarische Medienprodukt für Bildungsmedien entwickelt, hergestellt und vertrieben haben. 2007 werden in folgenden Kategorien Comenius-Auszeichnungen ausgeschrieben:

- Didaktische Multimediaprodukte sowie Lehr- und Lernmanagementsysteme

für folgende Anwendungsfelder

- Vorschulbildung
- Schule
- Berufsbildung
- Studium
- Erwachsenenbildung (allgemeine Weiterbildung)
- Freizeit (Edutainment).

4. Weitere Informationen

Die Webseite mit weiteren Informationen zum Preis Comenius EduMedia Siegel finden Sie hier: http://www.gpi-online.de

4.4.2 Europäischer E-Learning Award (eureleA)

Der Wettbewerb um den europäischen E-Learning Award intendiert einen zentralen Impuls für die Entwicklung innovativer Aus- und Fortbildungsangebote im Internet und Intranet. Der Preis wurde 2003 durch die damalige baden-württembergische Landesregierung initiiert. Die Jury besteht aus vielen Mitgliedern der E-Learning-Branche unter der Leitung von Prof. Dr. Peter A. Henning, Leiter des MediaLab der Hochschule Karlsruhe.

Prämiert werden soll im Rahmen von eureleA die beispielgebende Nutzung von E-Learning, (elektronische Lehr- und Lernmitteln für Zwecke der Aus- und Fortbildung) durch beliebige Organisationen, d. h. Best-Practice Beispiele. Als wesentlich für die Preisvergabe wird das Kriterium der Übertragbarkeit erachtet. Konzept, Methode und die Organisation des Best-Practice Beispiels soll sich auf andere Unternehmungen übertragen lassen. Dabei ist die Art der technischen Lösung explizit nicht Gegenstand der Auszeichnung – es kann sich um einen einfachen Kurs aus html-Seiten ebenso handeln wie um eine äußerst komplexe kommerzielle Lernmanagement-Plattform. Für die Einreichung gibt es unterschiedliche Kategorien:

- Große Unternehmen
- Kleine Firmen
- Verbände & Stiftungen
- Öffentlichen Verwaltung und Ausbildung
- Bestes Internationales Projekt
- Privatinitiativen und Non-Profit-Organisationen
- Journalismus und Reporting

Weitere Informationen

Verliehen wird der Preis im Rahmen der Learntec-Messe. http://www.learntec.de

Die Webseite zum Preis eureleA finden Sie hier: http://www.eurelea.org

4.4.3 MEDIDA-Prix

1. Grundgedanke

Seit dem Jahre 2000 vergibt die Gesellschaft für Medien in der Wissenschaft (GMW) den mediendidaktischen Hochschulpreis MEDIDA-Prix. Mit 100.000 EUR Preisgeld ist er der höchst dotierte Qualitätspreis im deutschsprachigen Raum. Mit dem mediendidaktischen Hochschulpreis wollten die GMW und die Fachministerien der drei beteiligten Länder (Deutschland, Österreich und Schweiz) die nachhaltige und beispielgebende Verankerung digitaler Medien in Hochschullehre und Hochschulentwicklung fördern, und zwar unabhängig von den nationalen Förderprogrammen. Prämiert werden sollen herausragende mediendidaktische Konzepte und Entwicklungen, die den sinnvollen Einsatz von E-Learning in der Hochschullehre fördern.

2. Ziele:

Der trinationale Wettbewerb (Deutschland, Schweiz, Österreich) soll didaktisch motivierte Aktivitäten unterstützen, die einen besonderen Beitrag zur Qualitätssicherung und zur nachhaltigen Verankerung digitaler Medien in der Hochschullehre leisten.

Grundsätzliches Ziel der Preisinitiatoren war die Setzung von Standards und Maßstäben im Usability und Designbereich. Der Preis soll aber auch eine Art „Gütesiegel" für ein Gesamtsystem der Studienorganisation sein, nicht der einzelnen Veranstaltung oder des Softwareproduktes.

3. Adressaten

Teilnehmen können alle didaktisch motivierten Projekte von Hochschullehrern, Mitarbeitern und Studierenden der Hochschulen aller beteiligter Länder.

4. Ausgestaltung

Der Preis wird in zwei Kategorien ausgerichtet: „Digitale Medien in der Hochschullehre" und „Hochschulentwicklung mit Digitalen Medien" In diesen beiden Kategorien werden unterschiedliche Qualitätsdimensionen bewertet:

- Innovationsorientierte Kriterien
- Produktorientierte Kriterien
- Strukturorientierte Kriterien
- Prozessorientierte Kriterien

In diesen Qualitätsdimensionen werden folgenden Kriterienbereichen begutachtet:

- Innovation
- Medialer Mehrwert
- Nachhaltigkeit
- Diversität
- Integration
- Übertragbarkeit
- Qualitätsmanagement

Die angewendeten Qualitätskriterien basieren ausschließlich auf dem Konsens der beteiligten Beiratsmitglieder, nicht auf einer theoretisch-empirischen Begründung, was hinsichtlich der Höhe des Förderpreises Anlass für heftige Diskussionen bot.

5. Weitere Informationen

Die Webseite zum Preis MEDIDA PRIX finden Sie hier:
http://www.medidaprix.org

4.4.4 D-ELINA

D-ELINA
Deutscher E-Learning-Innovations- und Nachwuchs-Award
2008

1. Grundgedanke

Die Initiatoren des Preises für digitale Lernlösungen, das Netzwerk der Europäischen E-Learning-Akteure (D-ELAN) haben Ihre Auszeichnung unter das Motto gestellt „Innovation durch Lernen mit neuen Medien“. Als innovative Elemente von E-Learning-Lösungen werden dabei die aktive Rolle des Lernenden, die zunehmende technologische Auflösung von Lernorten, die Förderung informeller Lernprozesse und die Bildung von Communities sowie Ansätze im Content Sharing identifiziert und deren Bewältigungsstrategien gewürdigt.

2. Ziele

Mit dem Preis sollen erfolgreiche und erfolgversprechende E-Learning-Anwendungen, respektive Lern-Arrangements in Wirtschaft, Hochschule, öffentlicher Verwaltung und Schulen prämiert werden.

3. Ausgestaltung

Die Preise werden in zwei Preiskategorien vergeben:

Kategorie 1 Approved

In der Kategorie *Approved* werden innovative Konzepte und Produkte gesucht, deren Entwicklung abgeschlossen ist und die bereits erste Praxistests erfolgreich bestanden haben. Im Mittelpunkt sollen dabei die Integration von E-Learning in die Personalentwicklung und unternehmens- bzw. organisationsübergreifende Konzeptionen stehen. Zentrale Aspekte der Beurteilung sind hierbei die Ansätze der Konzepte und Produkte hinsichtlich

- der Integration der Ansätze in Personal- und Organisationsentwicklung
- der Ermöglichung einer aktiven Rolle des Lernenden
- der Förderung informeller und kooperativer Lernprozesse und -formen
- der Mehrfachverwertung von Inhalten (Content Sharing)
- der Verbindung von Wissensmanagement und E-Learning
- der Einbindung und aus Sicht der Nutzer einfach zu handhabende und selbsterklärende Techniken und Tools
- der Förderung ortsunabhängigen Lernens (z. B. durch die Auflösung der Trennung zwischen Datenspeicherung auf dem eigenen PC und einem Server)
- generell der wirkungsvollen Einbindung neuer Technologien und Tools wie z. B. Instant Messaging, Suchmaschinen, Chat, Communities, Blogs, Wikis, Podcasting, RSS-Feeds, Simulation etc. in Lernumgebungen

Kategorie 2: Blueprint

In dieser Kategorie sind innovative Konzepte, Produkte und Lösungen gesucht, deren „Marktreife" bzw. Erprobung in der Praxis derzeit (noch) ausstehen. Angesprochen sollen der akademische Nachwuchs (Diplomarbeiten, Promotionen) und Schüler und Schülerinnen werden. Im Mittelpunkt stehen Lern-Lösungen und -ansätze für Schule und Hochschule, für die betriebliche Aus- und Weiterbildung, aber auch für den privaten Nutzer. Gesucht werden Konzepte und Produkte, die sich mit den Aspekten der Kategorie Approved befassen.

4. Adressaten

In der Kategorie Approved richtet sich die Preisvergabe an:

- Wissenschaftler und Projektteams aus Hochschulen
- Einzelne und Gruppen junger/angehender Lehrerinnen und Lehrer
- Junge/angehende Personalentwickler, Trainer, Einzelpersonen aus der Bildungsbranche

- Junge Selbständige, Gründer aus der Bildungsbranche (Start-up-Unternehmen der letzten zwei Jahre)

In der Kategorie *Blueprint* richtet sich die Preisvergabe an:

- Studierende aller Hochschulen
- Schüler und Schüler-Netzwerke

5. Weitere Informationen

Die Webseite des D-ELINA Preises finden Sie hier: www.delina.de

4.5 Fazit: Bewertung der Qualitätsansätze im E-Learning-Bereich

Den im zweiten Kapitel dargestellten ISO-Prozessmodellen und Qualitätsansätzen haftet immer noch das Manko der Herkunft aus dem industriellen Sektor an. Um den spezifischen Bedürfnissen des Bildungssektors gerecht zu werden und den speziellen Anforderungen von E-Learning-Bildungsangeboten eine adäquate Adaption zur Verfügung zu stellen, sind die DIN-PAS-Initiativen entstanden. Die derzeitigen Ergebnisse in Form der PAS bieten eine sehr gute Adaptionsmöglichkeit für Bildungsanbieter von E-Learning und Blended Learning-Qualifizierungen an. Die DIN-PAS 1032-1 liefert hierfür ein Prozess- und Beschreibungsmodell, das offen ist für die Adaption unterschiedlicher, eventuell bereits im Unternehmen eingeführter Qualitätsmanagementansätze und welches Transparenz für deren Auswahl schaffen kann. Ein zusätzlicher Vorteil ist die Überführung der DIN-PAS 1032-1 in eine international gültige Norm. Dadurch werden einheitliche und weltweit gültige Standards in Personalenwicklungsprozessen gewonnen, die mit Hilfe von E-Learning-Technologien durchgeführt werden. Mit dem Ziel der Harmonisierung von Prozessen wird das Qualitätsmanagement auf internationaler Ebene vergleichbar und es ergeben sich auch für kleine und mittelständische Unternehmen (KMU) Chancen, durch implementierte anerkannte Referenzprozesssysteme auf internationalen Märkten agieren zu können. Allerdings ist die enorme Anzahl der 693 Qualitätskriterien in der praktischen Anwendung eher ein Hindernisgrund zur Implementierung. Großer Zeit- und Beratungsaufwand sind nötig, um eine auf die konkrete Unternehmung passende Auswahl und Adaption zu generieren. Einen pragmatischeren Ansatz liefert die die PAS 1037, wobei hier der Fokus eher auf der Administration von Geschäftsprozessen liegt, d. h. die eigentliche qualitätssichernde Beurteilung didaktischer Lehr-Lernszenarien und deren Optimierung im Hinblick auf E-Learning-Szenarien nicht wirklich abgebildet wird.

Qualitätspreise sind eine gute Möglichkeit, die eigenen Bildungsangebote marketingtechnisch zu bewerben. Einen wirklichen Beitrag zu nachhaltigen Qualitätsmanagement liefern sie aber nicht. Allerdings kann die Konzentration bei der Einreichung auf die Anforderungen der Qualitätsanforderungen wertvolle Hinweise auf die Optimierung des eigenen Angebotes liefern und damit einen Anstoß in Richtung einer qualitativen Verbesserung dieser Angebote liefern. Das Comenius-Siegel ist hier als „TÜV-Stempel" ein guter Einstieg, um sicherzugehen, dass das Angebot ein Mindestmaß an Qualität aufweist. Einen Ersatz mit der Beschäftigung zur Implementierung nachhaltiger Qualitätssicherung oder gar eines Qualitätsmanagementsystems liefern die Bewertungskategorien der Preise allesamt nicht.

5. Qualitätssicherungsmassnahmen für Online-Tutoren in Blended Learning- und E-Learning-Bildungsangeboten

In den vorangegangenen Kapiteln wurden Überlegungen zur Qualität von Bildungsangeboten aus systemübergreifender sowie aus Sicht der Prozesse betrachtet. Nun wenden wir uns dem betreuenden Personal in einem onlinegestützten Bildungsprozess zu und wollen sehen, welche Mittel und Möglichkeiten zur Qualitätssicherung und -verbesserung eingesetzt werden können. Ziel dieses Kapitels ist nicht, alle Arten, Szenarien und Durchführungsvarianten von Blended Learning Kursen hinsichtlich ihrer Qualitätssicherungselemente abzubilden, sondern eine praktikable Handreichung auf fundierter wissenschaftlicher Basis zu liefern, die sich in vielen Fällen und in den unterschiedlichsten Szenarien bewährt hat. Dieses handlungsorientierte Konzept soll in die Diskussion um die fehlende pädagogisch-didaktische Qualitätssicherung von E-Learning-Bildungsangeboten eingebracht werden und damit den Kontext der prozessorientierten, standardumsetzenden und systemorientierten Normierungsansätze im E-Learning-Bereich, die in den DIN-PAS-Initiativen manifestiert sind, um einen wichtigen Aspekt erweitern und ergänzen.

5.1 Online-Betreuung in Blended Learning- und E-Learning-Szenarien

Ausgangspunkt der Überlegungen zur Qualitätssicherung ist der Erfolgsfaktor der tutoriellen Betreuung. Hierfür ist auf Inhalt und Thesen des Abschnitts 1.1.2 zu verweisen, der in diese Problematik einführt. Es ist mittlerweile Konsens in der Forschung und durch mehrere Studien bestätigt, dass die tutorielle Betreuung der Lernenden wesentlich zur Lernmotivation und zur Förderung der Lernleistung beiträgt.[56] Doch nicht nur auf der Outputebene des einzelnen Bildungsangebotes ist der Betreuungsfaktor erfolgsentscheidend. Entschließt sich ein Bildungsanbieter sein Geschäftmodell auf Blended Learning umzustellen, ist neben der Qualität in den geänderten Prozessen ebenso eine Neubeurteilung und Bewertung der Qualität der Dozenten und Online-Tutoren hinsichtlich der Blended Learning Szenarien notwendig (Knispel 2004).

Dieses Kapitel soll hauptsächlich Online-Tutoren, Tele-Tutoren und anderen mit der Betreuung von Online-Lernenden beauftragte Personen als Hilfestellung dienen, ausgehend von dem eigenen Anforderungsprofil in einer Online-Maßnahme

56 Vgl. dazu die Quellenangaben im Abschnitt 1.1.2

ein eigenes Qualitätssicherungs- und Verbesserungssystem aufzubauen. Dieser systematische Aufbau zur Evaluation der Qualität der eigenen Arbeit hat viele Vorteile. So können die Qualitätssicherungselemente mit geringen Anpassungen in allen Maßnahmen eingesetzt werden, unabhängig von der jeweiligen Ausgestaltung. Hat der Auftraggeber oder Arbeitgeber des Online-Tutors keine oder nicht auf den Kontext passende Qualitätssicherungsmaßnahmen in seinen Abläufen implementiert, eignen sich die nachfolgenden Elemente zum Aufbau eines solchen Systems. Dies wird entsprechend der im Abschnitt 1.1.2 genannten zentralen Thesen an der entscheidenden Schnittstelle aufgebaut und zeitigt bei konsequenter Umsetzung sofortige und messbare Erfolge. So wird der Online-Tutor zugleich der Treiber und Vorreiter in der Qualitätsdebatte und kann diese notwendige Kompetenz unter Beweis stellen.

Bei unseren Überlegungen gehen wir zunächst vom Ansatz des Projektmanagements aus. Wir betrachten eine Bildungsmaßnahme als ein Projekt und unterscheiden hierbei drei grundsätzliche Phasen:

- Vorbereitungsphase
- Durchführungsphase
- Nachbereitungsphase

Diese Phaseneinteilung ist im Bereich des strategischen Bildungsmanagements und im Bildungscontrolling der betrieblichen Weiterbildung sehr verbreitet (vgl. z. B. Lang 2006). Die Systematik erlaubt uns, qualitätsrelevante Aufgaben der Betreuung diesen drei Phasen zuzuordnen. Ein Online-Tutor bekommt hiermit einen Handlungsrahmen, den er mit kurstypischen Aktionen ausgestalten kann. Eine Adaption der Phasen des Projektmanagements und eine ausführliche Beschreibung im Kontext von Blended Learning-Bildungsangeboten liefert z. B. Ojstersek (2007). Die Durchführungsphase ist hinsichtlich qualitätsrelevanter Faktoren die komplexeste Phase einer Bildungsmaßnahme. Hier sind naturgemäß die umfangreichsten Aktivitäten zur Qualitätssicherung zu verorten. Innerhalb der Durchführungsphase bedienen wir uns ebenso eines bereits akzeptierten Modells für Qualität in der Online-Betreuung, des 5-Stufen-Modells für Online-Lernen und Lehren von Gilly Salmon.

Lernziele

Durch Bearbeitung dieses Abschnittes lernen Sie:

- Qualitätsrelevante Aktivitäten für die Online-Kursbetreuung kennen
- Die Ausgestaltungsmöglichkeiten von Betreuungsaktivitäten in den verschiedenen Phasen einer Bildungsmaßnahme kennen
- Qualitätssichernde Aktionen in Online-Szenarien anhand des 5-Stufen-Modells kennen

5.1.1 Grundsätzliche Qualitätsüberlegungen für Online-Tutoren

Im Abschnitt 1.1.4 war die Rede von den unterrichtlichen Qualitätskriterien und deren Geltung für E-Learning gestützte Aus- und Weiterbildungsprogramme.

Sammlung Qualitätskriterien:

- Die Kriterien für guten Präsenzunterricht gelten genauso für Blended Learning- und E-Learning-Szenarien.
- Klare Lernziele, ein gut strukturierter und vorab kommunizierter Ablauf, ein variantenreicher und abwechslungsreicher Methodeneinsatz sowie regelmäßiges Feedback sind unabdingbare Voraussetzung für ein erfolgreiches Online-Seminar.
- Die Schlüsselfunktion, Klammer des Seminars und Erfolgsgarant bildet der Online-Tutor, Tele-Tutor, Lerncoach respektive E-Trainer.

Zur Erinnerung wiederholen wir an dieser Stelle nochmals die zentrale These aus Abschnitt 1.1.2:

> Für den Erfolg internetgestützter Lehr-/Lernszenarien sind das betreuende Lehrpersonal und dessen Umgang und Erfahrungen mit virtuellen Lernformen von zentraler Bedeutung. Der Online-Tutor ist das entscheidenden Erfolgs- und Qualitätskriterium.

In der Vorbereitungsphase, der Durchführungsphase und der Nachbereitungsphase eines Bildungsprozesses kann der Online-Tutor folgendes Qualitätsraster anlegen, wobei die einzelnen Kategorien in den Phasen unterschiedlich ausgeprägt sind.

- Vorwissen und Lernvoraussetzungen

- Ziele und Inhalte
- Methoden
- Medien
- Lernfortschritt
- Kooperation
- Transfer

Qualitätssicherung, Qualitätsverbesserung erfolgen daraufhin auf Basis der Datenerhebung zu diesen Kategorien zu bestimmten vom Online-Tutor oder den Kursverantwortlichen festgelegten Zeitpunkten.

5.1.2 Qualitätssicherungsmaßnahmen in der Vorbereitungsphase

Sind Sie als Online-Tutor oder -Tutorin in die Vorbereitung einer Online- oder Blended Learning-Maßnahme involviert, was i. d. R. in unterschiedlicher Tiefe und Ausprägung der Fall sein dürfte, so liegt der Schwerpunkt der qualitätssichernden Aktivitäten in dieser Phase auf *organisatorischen Aufgaben*. So müssen z. B. die Verantwortlichkeiten und Rollenzuweisungen im Vorfeld genau geklärt werden.[57] Durch die höhere Arbeitsteilung in Online-Bildungsmaßnahmen entstehen neben den Vorteilen auch Notwendigkeiten bezüglich der Betreuungskonstellation, die unter allen am Bildungsprozess Beteiligten vorab kommuniziert und klar sein müssen. Detaillierte Ausführungen zu Rollen und Aufgaben von Online-Tutoren liefert Ojstersek (2007, S. 77 f. u. 112 ff.). Art und Umfang der Aufgaben sind zwar je nach Ausgestaltung des Bildungsangebotes verschieden, allen gemeinsam ist jedoch, dass der Online-Tutor selbst aktiv im Vorfeld der Maßnahme alle relevanten Rollenträger kontaktiert („Holschuld“) und durch klare Absprachen der Zuständigkeiten mögliche Fehlerquellen während der Maßnahme eliminiert.

Des Weiteren muss in der Vorbereitungsphase der komplette Ablaufplan inklusive Lernziele, Individual- und Gruppenaufgaben, Tests und Präsenzphasen vorliegen. Die Erstellung des *Ablaufplans* liegt analog der o. g. organisatorischen Aufgaben je nach Ausgestaltung des Bildungsangebotes bei unterschiedlichen Rollenträgern. Wichtig ist, dass sich der Online-Tutor intensiv mit dem Plan auseinandersetzt und eine genaue Vorstellung für sein didaktisches Vorgehen erhält. Dies spart später viel Zeit, schafft Klarheit und Handlungssicherheit bei allen am Bildungsprozess Beteiligten. Anhand des unter Abschnitt 5.1.1 genannten Qualitäts-

57 Zur Relevanz der verschiedenen Interessengruppen und Rollenträger in einem E-Learning gestützten Bildungsangebot siehe Abschnitt 1.1.2

rasters kann sich der Online-Tutor im Ablaufplan geeignete Messpunkte dieser Qualitätsmerkmale definieren und einrichten.

Die Abfrage von *Vorwissen* und die *Erwartungen* der Teilnehmer zählen wir zum Ende der Vorbereitungsphase als weitere wichtige Aktivität. Bei allen Aufgaben sollte sich der Online-Tutor ein zeitsparendes System mit Checklisten, Terminerinnerungen, To-Do-Listen etc. aufbauen. Ziel der Vorbereitungsphase sollte sein, die Betreuung der Teilnehmenden in der Durchführungsphase so zu gestalten, dass der Online-Tutor mit seinen zeitlichen und organisatorischen Ressourcen eine optimale Betreuungsqualität liefern kann (Ojstersek 2007, S. 78). Die genaue Einschätzung und Einteilung dieser Ressourcen ist von entscheidender Bedeutung für den Online-Tutor, da im Gegensatz zu Präsenzseminaren der Betreuungsaufwand in Online-Seminaren mit steigender Teilnehmerzahl exponentiell ansteigt, was Abbildung 37 verdeutlicht. Oftmals ist es aber gerade der Fall, dass die genauen Teilnehmerzahlen erst zu Beginn einer Maßnahme oder später feststehen.

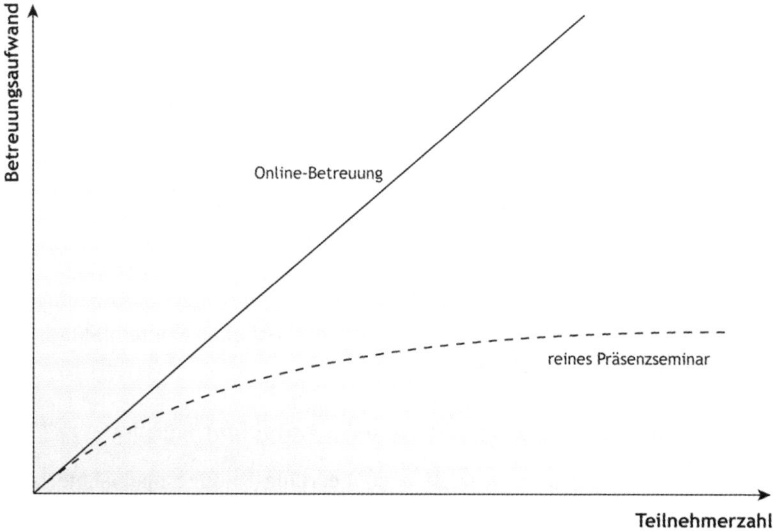

Abbildung 37 Zeitaufwand für die internetgestützte Betreuung der Kursteilnehmer/innen im Vergleich zum Präsenzseminar
Quelle: Gierke et al. 2003, S. 77

Tabelle 13 listet die wesentlichen Aufgaben mit den dazugehörigen Qualitätsrastern und Qualitätssicherungsinstrumenten in der Vorbereitungsphase auf.

Tabelle 13 Qualitätssichernde Aufgaben in der Vorbereitungsphase

Hauptaufgabe	Einzelaktivitäten	Qualitätsraster	Qualitätssicherungsinstrumente
• Organisation	• Klärung der Verantwortlichkeiten • Kontakt zu den Rollenträgern	• Ziele und Inhalte • Medien	• Liste mit Kontaktdaten aller Ansprechpartner, Geschäftszeiten, Aufgabenbereiche • Gesprächsprotokolle der Verantwortlichkeiten und Rollenspezifikationen
• Ablaufplanung	• Planung des Medien- und Methodeneinsatzes • Kurspläne, Zeitpläne • Erstellung des Lernmaterials • Planung und Organisation der Präsenzveranstaltungen • Eventuelle Verwaltungsaufgaben • Interessentenberatung • Technische Vorbereitungen, z. B. Zugänge zur Lernplattform und Bereitstellung der E-Learning-Materialien	• Ziele und Inhalte • Methoden • Medien • Vorwissen	• Ablaufpläne und Konzeptionen • Lernmaterialien und Trainer- bzw. Dozentenleitfäden • Datensammlung des CRM[58]: Kundenhistorie der Bewerber und Teilnehmer

Checklisten, Hinweise und wertvolle Tipps zur Gestaltung der Vorbereitungsphase, fokussiert auf das Bildungsmanagement in der betrieblichen Weiterbildung, finden Sie u. a. bei Lang (2006) und Meier (2005).

5.1.3 Qualitätssicherungsmaßnahmen in der Durchführungsphase

An die Vorbereitungsphase einer Blended Learning-Bildungsmaßnahme schließt sich die Durchführungsphase an. Diese ist in Bezug auf qualitätssichernde Einflussgrößen die umfangreichste Phase im Lebenszyklus eines Bildungsangebotes. Die Durchführungsphase kann hinsichtlich der Generierung von Wissen und Können bei den Teilnehmenden in mehrere Unterphasen strukturiert werden, die jeweils verschiedene Qualitätssicherungsinstrumente erforderlich machen. Im Hinblick auf die Unterphasen beziehen wir uns im Folgenden auf den Systematisierungsansatz von G. Salmon, die die Online-Aktivitäten in einer tutoriell betreuten E-Learning-Maßnahme nach den speziellen Lernerbedürfnissen strukturiert hat

58 CRM steht für Customer Relation Management (Kundenbeziehungsmanagement).

(Salmon 2000), Erweiterung und deutsche Übersetzung in Salmon (2004). Unserer Auffassung nach eignet sich diese Strukturierung sehr gut, um als Online-Tutor oder Tutorin Qualitätssicherungselemente in den Bildungsprozess einzubauen. Salmon definiert die Aktivitäten eines Online-Tutors als so genannte „E-tivities“, d. h. als Online-Aktivitäten bzw. Arbeitsaufträge für aktives und interaktives Online-Lernen. Diese E-tivities haben folgende *Eigenschaften:*

- sie sind zielgerichtet, motivierend, Gewinn bringend
- es sind mehrheitlich schriftliche Interaktionen zwischen Lernenden, Studierenden und Teilnehmenden
- sie werden von E-Moderatorinnen und -Moderatoren (Online-Tutoren und -Tutorinnen) entworfen und betreut
- sie sind asynchron, d. h. sie entwickeln sich mit der Zeit
- sie sind einfach und kostengünstig umzusetzen, was i. d. R. mittels virtueller Foren geschieht

E-tivities zeichnen sich durch folgende Merkmale aus:

- sie bestehen aus einem herausfordernden kurzen Text („Zündfunke“)
- sie bestehen aus individuellen Beiträgen der Teilnehmenden
- sie beinhalten interaktive Elemente wie z. B. Antworten und Beiträge
- sie beinhalten Instruktionen für die Teilnehmenden als allgemein zugängliche Online-Beiträge (z. B. Einladungen, etwas zu tun)
- sie kulminieren in einer Zusammenfassung, begleitet mit Feedback oder Kritik seitens der Online-Tutoren (Salmon 2004, S. 17).

Abbildung 38 zeigt das 5-Stufen-Modell für Online-Lehren und Lernen mit verschiedenen Aufgabenfeldern während einer Online-Maßnahme, die durch E-tivities gesteuert werden können.

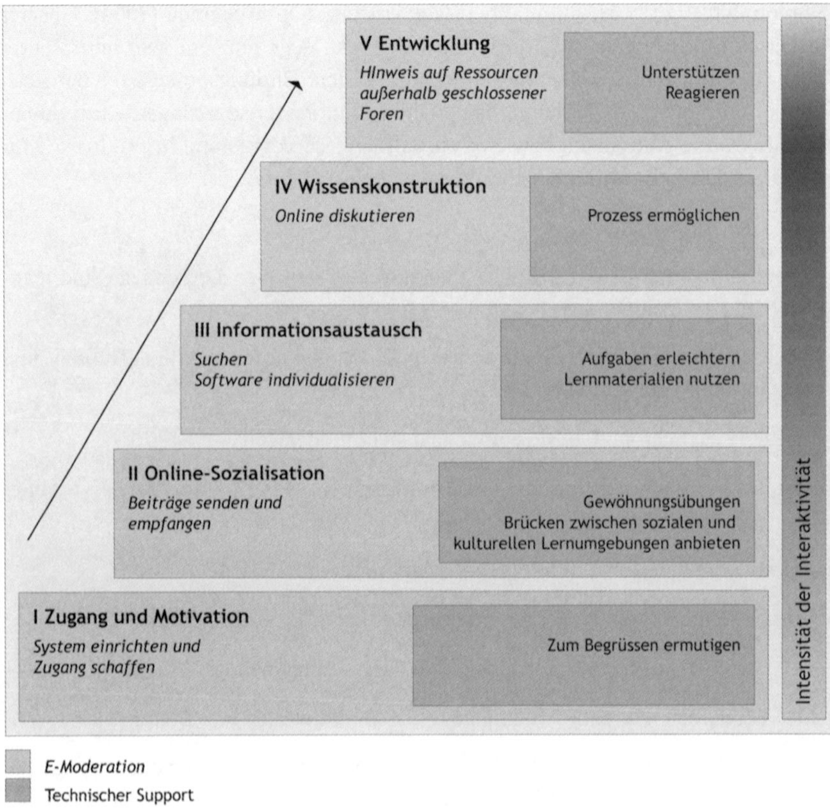

Abbildung 38 Das 5-Stufen-Modell des Online-Lehrens und -Lernens
Quelle: nach Salmon 2004, S. 27

5.1.3.1 Stufe I: Zugang und Motivation

Zu Beginn einer Blended Learning-Maßnahme gilt es, den Lernenden größtmögliche Unterstützung zum Einstieg und zu ihrer Orientierung zu geben. Diese Unterstützung umfasst *organisatorischen, sozialen, methodisch-didaktischen* und *technischen Support*. Alle Arbeitsaufträge des Tutors zielen darauf ab, diesen Einstieg zu erleichtern, die Absprungquote zu verringern, Hemmnisse und Vorbehalte abzubauen, Technikängste zu überwinden, zum Mitmachen zu motivieren. Die dafür notwendigen Kompetenzen des Online-Tutors beschreibt Ojstersek (2007, S. 81 ff.). Geeignete E-tivities für Stufe I liefert Salmon (2004, S. 136 ff.). Die Teilnehmenden sollen die Technik beherrschen und dazu angeregt werden, die ausgewählten Medien und Werkzeuge zur Kommunikation zu benutzen. Besondere Bedeutung kommt hierbei dem Medium E-Mail zu, da es das gebräuchlichste und am häufigsten eingesetzte Kommunikationsmedium ist, welches aber spezifische Kompetenzen im Umgang erfordert (bspw. hinsichtlich eventueller Missverständnisse durch schriftliche Kommunikation) und sich auch nicht für alle Einsatzzwecke eignet. Einzelheiten bei Busch, Mayer (2002) und Ojstersek (2007, S. 87 f.). Tabelle 14 listet die Qualitätssicherungsinstrumente der Stufe I auf. Art und Weise der Nachweise sind durch den Tutor in Zusammenhang mit den Anforderungen des Qualitätsmanagementsystems zu wählen, bzw. sind durch den Tutor bei Fehlen eines solchen Systems frei wählbar. Es eignen sich z. B. freie Aufzeichnungen, Kontrolllisten, Aktivitätsreports, Checklisten etc. Wichtig ist es, die Nachweise systematisch zu sammeln und den Lehrgangsverantwortlichen zur Verfügung zu stellen. Dies gilt für alle Qualitätssicherungsinstrumente in allen Phasen der Blended Learning-Maßnahme.

Tabelle 14 Qualitätssicherungsinstrumente in Stufe I (Zugang und Motivation) der Durchführungsphase

Hauptaufgabe	Einzelaktivitäten	Qualitätsraster	Qualitätssicherungsinstrumente
1. Stufe: Zugang und Motivation			
• Technik	• Technische Beratung und Betreuung zum Zugang und zur Bedienung • Intensive Unterstützung der Teilnehmenden, Ängste nehmen • Auswahl der Medien und Kommunikationswerkzeuge	• Kooperation • Medien • Ziele und Inhalte	• Nachweis der Online-Arbeit der Teilnehmer durch die Bearbeitung der Einstiegsarbeitsaufträge
• Motivation	• Erwartungen abfragen, leichte Einstiegsaufgaben • Begrüßen/Vorstellen • Transparenz über den Kursverlauf herstellen, Vorstellen des Ablaufplans (was erwartet die Teilnehmer wie und in welcher Form)	• Vorwissen • Ziele und Inhalte	• Sammlung der Teilnehmererwartungen • Nachweise über das „Ankommen“ der Teilnehmer

5.1.3.2 Stufe II: Online-Sozialisation

Im Zentrum von Phase II steht die Gemeinschaftsbildung und daraus resultieren die *sozialen Hauptaufgaben* des Online-Tutors. Eine mikrokulturelle Lerngemeinschaft sollte sich herausbilden, ein Vertrauensnetzwerk, welches über ein lockeres Anfangsstadium hin zu festen Strukturen führt, welche den Austausch und das spätere Lernen im Team ermöglichen und fördern. Das gegenseitige Kennen lernen und die Bildung von Gruppen, die gut zusammen arbeiten, erleichtern dem Tutor später die Arbeit, verringern zukünftiges Intervenieren und steigern die Motivation der Teilnehmenden. Salmon weist darauf hin, dass auf dieser Stufe das Fehlen von Präsenzveranstaltungen sogar die Online-Beteiligung erhöht, was zum schnelleren und effizienteren Abschluss dieser Phase führt (Salmon 2004). Ist am Anfang der Maßnahme eine Präsenzveranstaltung als Kick Off vorgesehen, so empfehlen viele Autoren diese zur Gruppenbildung zu nutzen um schon eine persönliche Beziehung aufzubauen (Zawacki-Richter 2004). Verbreitet ist das Ausfüllen von persönlichen Profilen oder „Steckbriefen“ in der Lernplattform, die besonders der Online-Tutor als Vorbildfunktion sehr ausführlich vornehmen sollte. Auch werden in dieser Phase durch die Äußerungen und Rückmeldungen der Teilnehmenden bereits ihr persönlicher Lernstil und Lerntyp[59] deutlich, welches der Online-Tutor als ein wichtiges Signal für die methodisch-didaktische Ausgestaltung der Aufgabenstellungen und deren Art und Weise der Abarbeitung und Ergebniseinforderung reflektieren sollte. In interkulturellen Gruppen kommt dieser Phase eine noch höhere Bedeutung zu, ist doch die Gefahr von Missverständnissen durch den fehlenden Präsenzkontakt noch viel größer als in „homogenen“ Gruppen. Deshalb sollten Online-Tutoren in interkulturellen Online-Settings diese Phase dazu benutzen, Arbeitsaufträge zum Vorstellen und Kennen lernen der jeweils anderen Kultur zu verwenden. Anregungen und Beispiele für E-tivities finden Sie auch hier bei Salmon (2004, S. 141 ff.). Tabelle 15 listet die dazugehörigen Qualitätssicherungsinstrumente in der Stufe der Online-Sozialisation auf.

59 Ausführungen zu unterschiedlichen Lernstilen und Lerntypen und deren Anforderungen an die Kursgestaltung siehe Abschnitt 1.1.2

Tabelle 15 Qualitätssicherungsinstrumente in Stufe II (Online-Sozialisation) der Durchführungsphase

Hauptaufgabe 2. Stufe: Online-Sozialisation	Einzelaktivitäten	Qualitäts-raster	Qualitäts-sicherungs-instrumente
• Technik	• Beiträge senden und empfangen	• Medien	• Nachweis der Technik- und Werkzeugnutzung der Teilnehmer durch die Bearbeitung der Arbeitsaufträge
• Sozialisation	• Profil/Steckbrief ausfüllen • Intensiven Kontakt aufnahmen, gegenseitiges Kennen lernen fördern • Bildung von Lerngruppen mit dem Ziel der Schaffung von Vertrauensnetzwerken • Aufbau von persönlichen Beziehungen ermöglichen, Austausch fördern • Aufgaben zum Einüben, Gewöhnen, kennen lernen und „warmwerden" • Informellen Austausch fördern, situationsabhängige Online-Treffen einberufen • Netiquette und Umgangsregeln festlegen	• Ziele und Inhalte • Methoden • Kooperation	• Nachweis der Online-Arbeit der Teilnehmer durch die Bearbeitung der Arbeitsaufträge
• Organisation	• Gruppenbildung	• Kooperation	• Nachweis der Gruppensozialisation durch Bearbeitung der Arbeitsaufträge

5.1.3.3 Stufe III: Informationsaustausch

Sind die Technikfragen gelöst, ist das organisatorische Procedere des Kursablaufs klar, haben sich erste Lerngruppen und ein lockeres Netzwerk gebildet, wird die

Lerngemeinschaft in die Phase des Informationsaustauschs eingeleitet. Im Zentrum dieser Phase steht neben dem Austausch von Informationen auch die Erledigung von Arbeitsaufträgen in Form von Individual- und Gruppenaufgaben. Der Informationsaustausch beschränkt sich dabei nicht nur auf die Arbeitsaufträge, auf Kursinhalte und -ziele, sondern bezieht ebenso die Ansichten anderer Kursteilnehmer, deren Hintergrund- und Erfahrungswissen mit ein. Der Lernfortschritt der Teilnehmer beruht im Wesentlichen auf zwei Interaktionsarten: Die Auseinandersetzung mit den Lehrmaterialien sowie mit dem/den Online-Tutor/en und anderen Teilnehmern. Das Ziel dieser Phase sollte sein, die zentrale Funktion des Online-Tutors über die dritte Phase langsam zurückzunehmen und die Teilnehmer zu befähigen, selbst aktiv ihren Lernprozess steuern zu lernen. Hauptaugenmerk hinsichtlich der qualitätssichernden Elemente sollte in dieser Phase vom Tutor darauf gelegt werden, dass kein Teilnehmer aus dem Lernprozess herausfällt, dass alle Teilnehmenden im regelmäßigen Austausch stehen, dass sich alle am kooperativen Gruppenprozess beteiligen. Die Hauptaufgaben liegen daher im *fachlichen, didaktisch-methodischen Bereich*, was entsprechende Kompetenzen der Online-Tutoren voraussetzt, die z. B. Sauter und Sauter (2004) und Ojstersek (2007) darlegen.

Die Arbeitsaufträge in Form von Individual- und Gruppenaufgaben sind in dieser Phase die zentrale Form der didaktischen Einflussnahme. Sie müssen einen hohen Bezug zur Arbeits- und Lebenswelt der Teilnehmenden aufweisen, um größtmöglichen Nutzen zu generieren. Ebenso ist die Art und Weise der Beantwortung der Fachfragen, des Feedbacks zum Lernfortschritt und zur Arbeitsweise zentral. Das Ziel ist hierbei nicht der Input von Informationen (Push-Prinzip), sondern Aktionen und Interaktionen bei den Teilnehmenden zu generieren.

Wichtige Hinweise zur Ausgestaltung von Lernaufgaben (Individual- und Gruppenaufgaben) und deren Verortung in Abhängigkeit des geeigneten Einsatzkontextes und die Form des Feedbacks geben Sauter et al. (2004, S. 126) und Ojstersek (2007, S. 98 ff.). Salmon (2004) verweist auf die zentralen Steuerungselemente durch gute Strukturierung, Formulierung von klaren Erwartungen und Bearbeitungshinweise bezüglich der Arbeitsaufträge. Was ist in welchem Umfang in welcher Zeit mit welchen Mitteln und Materialien in welchen Kommunikationsformen zu erarbeiten? Wichtig ist eine prägnante Zusammenfassung von Ergebnissen, Beiträgen, Meinungen, Auffassungen etc. Sehr gute Beispiele für die Form und Ausgestaltung von Arbeitsaufträgen in dieser Phase liefert Salmon (2004, S. 144 ff.). Tabelle 16 listet mögliche Qualitätssicherungsinstrumente in der Phase des Informationsaustausches auf.

Tabelle 16 Qualitätssicherungsinstrumente in Stufe III (Informationsaustausch) der Durchführungsphase

Hauptaufgabe	Einzelaktivitäten	Qualitäts-raster	Qualitäts-sicherungs-instrumente
3. Stufe: Informations-austausch			
• Technik	• Anleitung zum professionellen Umgang mit Online-Werkzeugen und Tools	• Medien	• Nachweis der Online-Arbeit der Teilnehmer durch die Bearbeitung der Arbeitsaufträge
• Lerninhalte	• Individual- und Gruppenaufgaben (Arbeitsaufträge) stellen • Bewertung und Beantwortung der Arbeitsaufträge • Bezug zur Praxis und Arbeitskontext herstellen • Beispiele geben • Verschiedene Meinungen/Lehrauffassungen darstellen • Feedback geben: zu Fachfragen, zum Lernfortschritt, zur Arbeitsweise • Anregen zur Auseinandersetzug mit Lerninhalten • Kommunikation und Lernfortschritt verfolgen und steuern	• Ziele und Inhalte • Methoden • Medien • Lernfortschritt	• Lernfortschritts-kontrollen • Nachweis der Online-Arbeit der Teilnehmer durch die Bearbeitung der Arbeitsaufträge • Evaluation der eingesetzten Mittel und Methoden durch Teilnehmerbefragungen
• Sozialisation	• Diskussions- und Kommunikationsanlässe schaffen	• Kooperation	• Nachweis der Gruppensozialisation durch Bearbeitung der Arbeitsaufträge

5.1.3.4 Stufe IV: Konstruktion von Wissen

Sind die Teilnehmenden dazu befähigt, in Kombination von Individual- und gruppenabhängigen Arbeitsaufträgen Wissen aufzubauen und ihre Lernfortschritte eigenverantwortlich zu generieren, ist die Stufe der Wissenskonstruktion erreicht. Das Ziel dieser Phase ist es, die steuernde und regelnde Funktion des Online-Tutors von der Instruktionsrolle weitgehend in eine unterstützende Moderationsrolle zu überführen. Die Lernenden sollten nun in der Lage sein, aktiv und zielorientiert miteinander zu interagieren und die entsprechenden Online-Werkzeuge und Tools aufgabenabhängig und eigenverantwortlich zu benutzen. Die Interaktion ist mittels verschiedener Denkformen (z. B. kritisch: Beurteilen, Evaluieren, Vergleichen; kreativ: Entdecken, Visualisieren, Hypothesen bilden; praktisch: Anwenden, Verwenden, vgl. Salmon 2004, S. 45) zu ermöglichen, um Wissen aufzubauen. Der Online-Tutor sollte dabei im Hintergrund bleiben und nur noch eine unterstützende Funktion wahrnehmen, die Diskussionen zusammenhalten und selbige zusammenzufassen, bei Bedarf den anderen Lerngruppen die Gruppenergebnisse zusammengefasst zur Verfügung zu stellen. Idealerweise wird die Zusammenfassung auch an die Teilnehmenden delegiert. Die Wissenskonstruktion wird durch strategische, problem- und praxisorientierte Fragen befördert. Eine sehr gut geeignete Form von Lernaufgaben in dieser Phase sind z. B. komplexere Fallstudien, die in Gruppenarbeit erarbeitet werden müssen. Tabelle 17 listet mögliche Qualitätssicherungsinstrumente in der Phase der Wissenskonstruktion auf.

Tabelle 17 Qualitätssicherungsinstrumente in Stufe IV (Wissenskonstruktion) der Durchführungsphase

Hauptaufgabe	Einzelaktivitäten	Qualitätsraster	Qualitätssicherungsinstrumente
4. Stufe: Konstruktion von Wissen			
• Technik	• Moderation der eigenverantwortlichen Problemlösungssuche der Teilnehmer	• Medien	• eigene Aktivitäten der Teilnehmer

• Lerninhalte	• Wissensaufbau ermöglichen durch Schaffung geeigneter Rahmenbedingungen • Verschiedene Meinungen und Lehrauffassungen darstellen • Strukturierung der Kommunikationsumgebung (z. B. durch Threads)	• Ziele und Inhalte • Methoden • Medien • Lernfortschritt	• Lernfortschrittskontrollen • Nachweis der Online-Arbeit der Teilnehmer durch die Bearbeitung der Arbeitsaufträge • Evaluation der eingesetzten Mittel und Methoden durch Teilnehmerbefragungen zu geeigneten Zeitpunkten
• Sozialisation	• Diskussionen anregen und zusammenfassen • Strukturierung und Moderation des Lernprozesses • Gruppenbildung initiieren, anregen, begleiten	• Kooperation	• Nachweis der Gruppensozialisation durch Bearbeitung der Arbeitsaufträge

5.1.3.5 Stufe V: Entwicklung

In der Entwicklungsphase übernehmen die Lernenden die Verantwortung über ihren eigenen Lernprozess und den ihrer Lerngruppe. Lernphasen, die dazugehörigen Schritte, Lernziele und Lerninhalte werden von den Teilnehmern selbst geplant. Das Ziel dieser Phase ist es, über die Wissenskonstruktion hinaus Ergebnisse kritisch zu reflektieren, zu beurteilen und zu bewerten. Die Aufgaben der Online-Tutoren wandeln sich in die Beförderung dieser Reflexionen durch Rückblicke an bereits erarbeitete Ergebnisse und an die Begründung der erwarteten Reflexion im Lernszenario. Die Rolle des Tutors wandelt sich in die eines den *Lernprozess begleitenden „Lerncoaches" mit Unterstützungsfunktion.* Tabelle 18 listet mögliche Qualitätssicherungsinstrumente in der Entwicklungsphase auf.

Tabelle 18 Qualitätssicherungsinstrumente in Stufe V (Entwicklung) der Durchführungsphase

Hauptaufgabe	Einzelaktivitäten	Qualitätsraster	Qualitätssicherungsinstrumente
5. Stufe: Entwicklung			
• Technik	• Hinweise auf Ressourcen, Online-Werkzeuge und Tools außerhalb der Kursumgebung	• Medien	• Dokumentation der Erfahrungen der Teilnehmenden mit diesen Tools
• Lerninhalte	• Auseinandersetzung mit den Lerninhalten anregen	• Ziele und Inhalte • Methoden • Medien • Lernfortschritt	• Lernfortschrittskontrollen • Nachweis der Online-Arbeit der Teilnehmer durch die Bearbeitung der Arbeitsaufträge • Evaluation der eingesetzten Mittel und Methoden durch Teilnehmerbefragung zu geeigneten Zeitpunkten
• Sozialisation	• Reflexionsförderung • Hilfestellungen anbieten • Lernstrategien und Arbeitspläne erarbeiten • Individuelle Beratung, Coaching • Lernbedarfe erkennen • Lernschwierigkeiten analysieren • Motivation fördern	• Kooperation • Kollaboration • Transfer	• Nachweis der Gruppensozialisation durch Bearbeitung der Arbeitsaufträge

5.1.4 Qualitätssicherungsmaßnahmen in der Nachbereitungsphase

Nach Beendigung der Durchführungsphase schließt sich die Nachbereitungsphase an, auch Transferphase oder Evaluationsphase genannt. Hier stehen – analog zur Vorbereitungsphase – *organisatorische Aufgaben* im Mittelpunkt der Tätigkeit von Online-Tutoren und Tutorinnen. Abschlussveranstaltungen und Zertifikatsvergabe müssen rechtzeitig organisiert werden. Im Sinne der TQM-Forderung von nachhaltigem Kundenbeziehungsmanagement als Mehrwert für den Bildungsanbieter sollte die Netzwerkbildung unter den Teilnehmenden initiiert werden, z. B. in Form eines Alumni-Services oder einer Community of Practice. Neben dem nachhaltigen positiven Transfereffekt dieser Elemente dienen sie zum einen der Kundenbindung durch weiterführende Informationen im Transferkontext, zum anderen dazu, passgenau und bedarfsorientiert Nachfolgeofferten von Bildungsangeboten geben zu können.

Zum zweiten wesentlichen Aufgabenkomplex in der Nachbereitungsphase gehören die *Aufgaben im Kontext der Maßnahmeevaluation*. Alle Feedbackergebnisse müssen gesammelt, ausgewertet und in entsprechende Verbesserungsmaßnahmen im Sinne des kontinuierlichen Verbesserungsprozesses (KVP, siehe Abschnitt 2.2.2) innerhalb des Total Quality Managements (TQM) umgesetzt werden. Hierbei ist es wiederum abhängig von der Art und Weise der Ausgestaltung des Bildungsangebotes und der Organisation sowie von den Evaluationsergebnissen, wer die einzelnen Verbesserungen vornimmt. So sind z. B. schlechte Evaluationsergebnisse hinsichtlich des Methodeneinsatzes vom Online-Tutor selbst in der zukünftigen Umsetzung zu verbessern, schlechte Evaluationsergebnisse hinsichtlich des eingesetzten Contents z. B. durch die Überarbeitung der E-Learning-Materialien seitens der Content-Autoren. Tabelle 19 listet mögliche Qualitätssicherungsinstrumente in der Nachbereitungsphase auf.

Tabelle 19 Qualitätssichernde Aufgaben in der Nachbereitungsphase

Hauptaufgabe	Einzelaktivitäten	Qualitäts-raster	Qualitäts-sicherungs-instrumente
• Organisation	• Abschlussveranstaltung, Zertifikatsausstellung • Aufbau und Pflege des Alumni-Netzwerk oder der Community of Practice	• Transfer	• Kopie der Zertifikate für Verwaltung
• Evaluation	• Formative und summative Evaluation • Auswahl der Evaluationsinstrumente und -Maßahmen • Auswertung von Feedbackgespräche • Auswertung von Feedbackformularen, Online-Befragungen etc.	• Ziele und Inhalte • Methoden • Medien • Lernfortschritt • Kooperation • Transfer	• Komplette Evaluation des Bildungsangebotes je nach Evaluationsvorgaben des vorhandenem Qualitätsmanagementsystem • Kursabhängige Erfordernisse und Evaluationsfragen des Online-Tutors

5.1.5 Anwendungsbeispiel: Qualitätssicherung für Online-Tutoren eines internetgestützten Studienganges

In internetgestützten Studiengängen ist oftmals eine Vielzahl von verwaltungstechnischen und organisatorischen Abläufen zu beachten, die sehr personalintensiv sind und äußerst gute Abstimmungen zwischen den einzelnen beteiligten Rollenträgern in der Betreuung des Studiengangs (Vorbereitungsphase) erfordern. Es hat sich für die Abwicklung eines internetgestützten Studiengangs bewährt, die drei eingangs vorgestellten Phasen (Vorbereitungsphase, Durchführungsphase, Nachbereitungsphase) als Grundlage der Prozessbeschreibung der Abläufe zu verwenden. Als Handlungsanleitung und -hilfe für alle Beteiligten kann auf dieser Grundlage eine so genannte FAQ-Liste[60] erstellt werden, die für jede Phase des Studiengangs genau beschreibt, was, wann, in welcher Form und mit welchen Mitteln geregelt werden muss und wie bei eventuell auftretenden Problemen gehandelt werden soll. Diese Probleme, die naturgemäß immer auftreten, und deren Lösungen, können nach und nach in die jeweiligen Phasenbeschreibungen mit aufgenommen werden und damit die FAQ-Liste sukzessive vervollständigt werden. Es soll im Folgenden nun nicht der vollständige Aufbau und die Abwicklung eines internetgestützte Stu-

60 FAQ steht für Frequently Asked Questions (häufig gestellte Fragen).

diengangs beschrieben werden, der zumal äußerst different sein kann, sondern wesentliche Fragen als relevante Handlungshilfen bei der Erstellung einer idealtypischen Ablaufplanung, die auf unseren drei Phasen inklusive der Unterphasen in Form des 5-Stufen-Modells für Online-Lehren und -Lernen basieren, sollen vorgestellt werden.

Im Rahmen der Qualitätssicherung dient die FAQ-Liste im Studiengang als Handreichung für qualitätssichernde Aufgaben der Studiengangs-Tutoren die jeweils vor, zu Beginn, während und nach eines Semesters, bzw. vor, während und nach einer Präsenzveranstaltung durchzuführen sind.

1. Vorbereitungsphase

Im Hinblick auf Online-Lehr/Lernszenarien bietet folgende Liste wichtiger, vorab zu klärende Fragen zur Organisation der Online-Betreuung in einem Studiengang eine Hilfestellung an, (vgl. Kamin, Knispel 2007a):

Fragen zur Kommunikation und Betreuung

- In welchem Dateiformat bzw. in welcher Form sollen die Teilnehmenden Dokumente hochladen bzw. mailen?
- Wo werden Downloads eingestellt?
- Wie kontakte bzw. kommuniziere ich mit Teilnehmern, die keine Kontaktadressen hinterlassen haben?
- Wie oft sollte ich in die Lernplattform schauen bzw. online sein?
- Wie sieht es mit Kommunikationsregeln aus?
- Gibt es etwas bezüglich der Arbeitsweise an die Teilnehmer zu kommunizieren?
- Sind Forenbeiträge und News (Ankündigungen) abonnierbar bzw. automatisch per Mail zustellbar?
- Was gibt es hinsichtlich des Feedbacks zu beachten?

Fragen zu den Verantwortlichkeiten

- An wen wende ich mich, wenn es Anwendungsprobleme bei der Einrichtung und Bedienung der Lernplattform (keine technischen Störungen/Defekte) kommt?
- An wen wende ich mich, wenn es zu technischen Störungen/Defekten bei der Lernplattform kommt?

- An wen wende ich mich mit eventuellen Änderungs-/Verbesserungsvorschlägen in Bezug auf die Lernplattform?

Allgemeine Fragen vor Beginn einer Maßnahme

- Muss ich die Lernplattform für die Bildungsmaßnahme komplett vorbereiten? Wenn ja, was ist wann genau zu tun?
- Wie gehe ich mit nicht vollständig ausgefüllten Tutorenprofilen um?

2. Durchführungsphase

Stufe II Online-Sozialisation

- Wie stelle ich mich als Online-Tutor respektive Tele-Tutor vor?
- Wie gehe ich mit Nachmeldungen bzw. Nachzüglern um?
- Wie gehe ich mit nicht vollständig ausgefüllten Teilnehmerprofilen um?
- Was muss beim Formulieren eines Arbeitsauftrages an die Teilnehmenden beachtet werden?

Stufe III Informationsaustausch

- Was ist bei den Tests, die durch die Lernplattform eingerichtet werden können, zu beachten?
- Wie gehe ich mit Studenten in meiner Lehrveranstaltung um, die noch angemeldet sind, aber schon lange nicht mehr an Online-Übungen oder Präsenzsitzungen teilgenommen haben um?
- Was mache ich, wenn die angefertigten Lösungen der Studenten ohne Quellenangabe aus dem Internet, dem Baustein oder anderen Quellen kopiert wurde?
- Wie gehe ich mit Konflikten während des Gruppenbetriebes um?
- Was mache ich, wenn die Teilnehmenden die Lösungen zum vorgegebenen Termin nicht kommuniziert haben?
- Wie lange habe ich Zeit zum Korrigieren und um Feedback zu geben?
- Auf welchem Weg kommuniziere ich das Feedback auf die Lösungen der Gruppenaufgaben?
- Die Teilnehmenden sind mit meinem Feedback nicht einverstanden, was mache ich?

- Wie gehe ich mit Abwesenheits- bzw. Krankmeldungen um?

3. **Nachbereitungsphase**

- Wie und in welcher Form erfolgt die Evaluation der Lehrveranstaltung?
- Zu welchem Zeitpunkt sind Online-Fragebögen freizuschalten?
- Wie ist mit den Evaluationsergebnissen zu verfahren? Wer bekommt die Ergebnisse zur Verfügung gestellt?
- Wie ist die Evaluation der spezifischen E-Learning-Anteile im Verhältnis zur Evaluation „klassischer" Lehrveranstaltungen in der Fakultät geregelt?

5.2 Fazit: Die Bedeutung des Online-Tutoring

Die vorangegangenen Ausführungen haben gezeigt, dass die Betreuung der Lernenden in Online-Szenarien durch die Online-Tutoren, die Dozenten oder die Lehrenden das entscheidende Qualitätskriterium darstellt. Nicht die Qualität des E-Learning-Lernmaterials (des „Contents") allein ist ausschlaggebend für den Erfolg eines Online-Kurses, sondern vielmehr die Förderung, Forderung, die Unterstützung und Begleitung der Lernenden durch den oder die Online-Tutoren. Ein gutes Online-Tutoring kann auch bei schlechtem E-Learning-Content eine äußerst erfolgreiche Maßnahme gewährleisten. Genauso kann aber auch umgekehrt der beste Content keinen schlechten Tutoren kompensieren. Insofern kommt dem Online-Tutor die größte Bedeutung in einem Kurssetting zu. Hier unterscheidet sich ein Online-Kurs nicht vom klassischen Präsenzunterricht. Deshalb gilt es, durch eine gute Ausbildung, respektive durch qualitativ hochwertige Fort- und Weiterbildungsangebote die Fertigkeiten von Online-Tutoren zu schulen und ihnen das Rüstzeug für eine qualitativ hochwertige Kursdurchführung an die Hand zu geben. Die Grundlagen hierfür wurden durch die dargestellten Elemente in Kapitel 5 dargelegt und müssen nun situationsspezifisch an das jeweilige E-Learning-Szenario angepasst werden. Themen wie die Didaktik und Methodik des E-Learning, das Lehren in Online-Szenarien, die Instrumente zur Unterstützung von Lernprozessen, Kommunikation, Lernerfolgskontrollen, Qualitätssicherung und die sichere Beherrschung der Technik sollten zur Grundausstattung einer jeden Online-Tutorin und jedes Online-Tutoren gehören.

6. ZUSAMMENFASSUNG

Der vorliegende Grundlagenband zum Qualitätsmanagement im Bildungssektor mit dem Fokus auf E-Learning und Blended Learning-Bildungsangeboten gibt einen Überblick über bestehende und für den Bildungssektor relevante Ansätze, Konzepte und Methoden des Qualitätsmanagements. Damit leistet das Buch den Beitrag, erstmalig die unterschiedlichen Ansätze in einer Gesamtdarstellung systematisch aufzuarbeiten und in einen für das Qualitätsmanagement in Bildungsorganisationen konzipierten, sachlogischen Kontext zu überführen. Qualitätsverantwortliche in Bildungsinstitutionen sowie alle an der Qualität von E-Learning und Blended Learning-Bildungsangeboten Interessierte bekommen eine fundierte Handreichung für die Planung, Konzeption und Umsetzung von Qualitätsmodellen geliefert.

Bei der Untersuchung der unterschiedlichen Ansatzpunkte der Qualitätskonzepte stellt sich dabei heraus, dass es keinen allgemeingültigen Königsweg im Sinne eines umfassenden Qualitätsmanagementsystems für E-Learning-Anbieter gibt, welches für alle Ausprägungen von E-Learning-Szenarien geeignet ist. Der Band versammelt vielmehr die wichtigsten Qualitätsinitiativen und liefert eine transparente Beschreibung und Bewertung sowie den Vergleich dieser Modelle. Anbieter von E-Learning und Blended Learning-Qualifizierungen haben nun die Möglichkeit, nach Prüfung der organisationseigenen Rahmenbedingungen und Gegebenheiten das nach ihren Bedürfnissen passende Modell zu identifizieren, einer genaueren Prüfung zu unterziehen und nach einer eventuellen Adaption zu implementieren. In der Praxis finden sich hierbei oft Kombinationen verschiedener Modelle, deren jeweilige Vorteile verschiedener Qualitätssicherungs- und Verbesserungsansätze sinnvoll verknüpft werden können.

Grundsätzliche Betrachtungen über Qualität und Qualitätsmanagement im Bildungssektor sind eine notwendige Voraussetzung dafür, die verschiedenen Modelle und Methoden zur Qualitätssicherung und -verbesserung richtig einordnen zu können. In einem zweiten Schritt wird darauf aufbauend auf die beiden grundlegend verschiedenen Qualitätsansätze eingegangen: Modelle der DIN, PAS, ISO-Normierungen verfolgen einen prozessorientierten, standardumsetzenden und systemorientierten Ansatz. Modelle des Total Quality Managements (TQM) hingegen verfolgen den Ansatz, durch die Gestaltung von Rahmenbedingungen einen Bewusstseinswandel aller am Bildungsprozess Beteiligten zu initiieren, der einen ständigen Verbesserungsprozess von Qualität auf allen Ebenen etabliert. Durch Vergleiche der beiden Ansätze werden die Unterschiede, aber auch die Vorteile einer Verbindung beider Ansätze deutlich gemacht. Die umfassende Vorstellung der konkreten Ausgestaltung beider Ansätze in den verschiedenen Methoden und Konzepten von Qualitätssicherung, Qualitätsverbesserung und Qualitätsmanagement für E-Learning und Blended Learning-Bildungsanbieter bildet den dritten und vierten Schritt innerhalb des Grundlagenbandes. Hier erfolgen Analyse und Bewertung der Konzepte, abgerundet mit Praxisbeispielen aus der Umsetzung in verschiedenen Organisationen aus dem Bildungsbereich. In einem letzten Schritt wird ein pragmatisches Qualitätssicherungskonzept für Online-Tutoren vorgestellt, die als die eigentlichen Betreuenden der E-Lernenden in einem E-Learning oder Blended Learning-Szenario die erfolgskritischste und entscheidende Rolle spielen. Hier betritt der Grundlagenband ebenfalls Neuland, indem ein handlungsorientiertes, fundiertes Konzept in die Diskussion um die fehlende pädagogisch-didaktische Qualitätssicherung von E-Learning-Bildungsangeboten eingebracht wird. Damit wird der Kontext der prozessorientierten, standardumsetzenden und systemischen Normierungsansätze im E-Learning-Bereich, die in den DIN-PAS-Initiativen manifestiert sind, um einen wichtigen Aspekt erweitert und ergänzt.

7. Literatur

Bahl, A. (2004): Telecoaching als neue soziale Praxis in der Beruflichen Bildung. In: Die Virtualisierung der Arbeit: zur Ethnographie neuer Arbeits- und Organisationsformen. Hirschfelder, G.; Huber, B. (Hg) Frankfurt/Main: Campus-Verlag S. 199-216.

Baumert, J.; Neubrand, M. (2001): PISA 2000. Basiskompetenzen von Schülerinnen und Schülern im internationalen Vergleich. Opladen: Leske + Budrich.

Baumgartner, P. (2004): Corporate E-Learning bewerten. Swiss Centre for Innovations in Learning (SCIL). Online verfügbar unter http://www.scil.ch/congress-2003/program-09-10/docs/09-track-5-4-txt-baumgartner.pdf Abruf am 19.06.2007.

Baumgartner, P.; Kalz, M. (2005): Wiederverwendung von Lernobjekten aus didaktischer Sicht. In: Tavangarian, D.; Nölting, K. (Hg.): Auf zu neuen Ufern! E-Learning heute und morgen. Medien in der Wissenschaft. Münster: Waxmann (Medien in der Wissenschaft, 34), S. 97–106.

Böttcher, W. (2006): Evaluation im Bildungswesen. Eine Einführung in Grundlagen und Praxisbeispiele. Weinheim: Juventa (Grundlagentexte Pädagogik).

Brophy, J. E. (2000): Teaching. Educational Practices Series-1. Ed. by International Academy of Education/International Bureau of Education. http://www.ibe.unesco.org. Abruf am 21.09.2007

Brückner, W.; Girke, G. (2005): PAS 1037. Innovationen für Qualitätsmanagement mit ganzheitlichem Bildungscontrolling. In: Gust, M.; Weiß, R. (Hg.): Praxishandbuch Bildungscontrolling. Bildungscontrolling für exzellente Personalarbeit; Konzepte – Methoden – Instrumente – Unternehmenspraxis. Oberhaching bei München: USP International Publishing, S. 175–185.

Bruder, R.; Osswald, K.; Sauer, S.; Sonnberger, J. (2006): Qualitätssicherung mit einem E-Learning-Label für universitäre Lehre und einem Gütesiegel. In: Sindler, A.; Bremer, C.; Dittler, U.; Hennecke, P.; Sengstag, C.; Wedekind, J. (Hg.): Qualitätssicherung im E-Learning. Münster: Waxmann (Medien in der Wissenschaft, 36), S. 87–98.

Bülow-Schramm, M. (2006): Qualitätsmanagement in Bildungseinrichtungen. Münster: Waxmann (Studienreihe Bildung u. Wissenschaftsmanagement, 6).

Bundesinstitut für Berufsbildung (Hg.) (2004): E-Learning Qualität und Nutzerakzeptanz sichern. Beiträge zur Planung, Umsetzung und Evaluation multimedialer und netzgestützter Anwendungen. Bielefeld: Bertelsmann (Berichte zur beruflichen Bildung, 265).

Bundesministerium für Bildung und Forschung BMBF (2002): Gesetz zum Schutz der Teilnehmer am Fernunterricht (Fernunterrichtsschutzgesetz – FernUSG). FernUSG, von 2002.

Bundesministerium für Wirtschaft und Arbeit (16. Juni 2004): Verordnung über das Verfahren zur Anerkennung von fachkundigen Stellen sowie zur Zulassung von Trägern und Maßnahmen der beruflichen Weiterbildung nach dem Dritten Buch Sozialgesetzbuch (Anerkennungs- und Zulassungsverordnung – Weiterbildung – AZWV). AZWV-Verordnung: Drittes Buch Sozialgesetzbuch. Online verfügbar unter http://www.bmas.bund.de/BMAS/Redaktion/Pdf/Gesetze/anerkennungs-und-zulassungsverordnung-weiterbildung-azwv,property=pdf,bereich=bmas,sprache=de,rwb=true.pdf, zuletzt aktualisiert am 16. Juni 2004, Abruf am 08.07.2007.

Bundesministerium für Wirtschaft und Arbeit (24.03.1997): Drittes Buch Sozialgesetzbuch – Arbeitsförderung. SGB III, vom Artikel 1 des Gesetzes vom 24. März 1997, BGBl. I S. 594, zuletzt geändert durch Artikel 3 des Gesetzes vom 20. April 2007 (BGBl. I S. 554).

Bungert, E.; Närmann, A. (2005): Einsatz der Learning Scorecard im Bildungscontrolling. DETECON-Veranstaltung vom 17.02.2005. Karlsruhe. Veranstalter: Learntec 2005.

Busch, F.; Mayer, T. B. (2002): Der Online-Coach. Wie Trainer virtuelles Lernen optimal fördern können. Weinheim: Beltz (Reihe Beltz-Weiterbildung).

Busse, J.; Loebe, H. (2005): Bildungsträger werden Bildungsdienstleister. Konzepte, Erfahrungen und Perspektiven. Bielefeld: Bertelsmann (Wirtschaft und Weiterbildung, 37).

Diesner, I.; Euler, D.; Seufert, S. (2006): SCIL-Trendstudie. Ergebnisse einer Delphi-Studie zu den Herausforderungen für das Bildungsmanagement in Unternehmen. St. Gallen: Swiss Centre for Innovations in Learning (SCIL) University of St. Gallen (SCIL-Arbeitsbericht, 9).

BS ISO/IEC 19796-1:2006, 24.01.2006: Informationstechnik – Lernen, Ausbilden und Weiterbilden – Qualitätsmanagement, -sicherung und -metriken – Allgemeiner Ansatz (BS ISO/IEC 19796-1:2006).

DIN EN ISO 9001:2000, 12/2000: DIN Deutsches Institut für Normung e.V. (Hg.): Qualitätsmanagementsysteme – Anforderungen DIN EN ISO 9001:2000.

DIN EN ISO 9004:2000, 12/2000: DIN Deutsches Institut für Normung e.V. (Hg.): Qualitätsmanagementsysteme – Leitfaden zur Leistungsverbesserung DIN EN ISO 9004:2000.

DIN EN ISO 19011:2002, 12/2002: DIN Deutsches Institut für Normung e.V. (Hg.): Leitfaden für Audits von Qualitätsmanagement- und/oder Umweltmanagementsystemen (DIN EN ISO 19011:2002).

DIN EN ISO 9000:2005, 12/2005: DIN Deutsches Institut für Normung e.V. (Hg.): Qualitätsmanagementsysteme – Grundlagen und Begriffe (DIN EN ISO 9000:2005).

Dubs, R. (2003): Qualitätsmanagement für Schulen. St. Gallen: Institut für Wirtschaftspädagogik. (Studien und Berichte des IWP, 13).

Ehlers, U.-D. (2004a): Qualität im E-Learning aus Lernersicht. Grundlagen, Empirie und Modellkonzeption subjektiver Qualität. 1. Aufl. Wiesbaden: VS Verlag für Sozialwissenschaft (Bildung und neue Medien, 7).

Ehlers, U.-D. (2004b): Erfolgsfaktoren für E-Learning. Die Sicht der Lernenden und mediendidaktische Konsequenzen. In: Tergan, S.-O.; Schenkel, P. (Hg.): Was macht E-Learning erfolgreich? Grundlagen und Instrumente der Qualitätsbeurteilung. Berlin: Springer, S. 29–49.

Ehlers, U.-D. (2006): Bildungsrelevante Qualitätsentwicklung. Qualitätskompetenz als Grundlage für Partizipation im Qualitätsprozess. In: Sindler, A.; Bremer, C.; Dittler, U.; Hennecke, P.; Sengstag, C.; Wedekind, J. (Hg.): Qualitätssicherung im E-Learning. Münster: Waxmann (Medien in der Wissenschaft, 36), S. 33–54.

Euler, D.; Seufert, S.; Wirth, M. (2005): Gestaltung des Qualitätsmanagements zur Zertifizierung von E-Learning-Programmen. In: Euler, D.; Seufert, S. (Hg.): E-Learning in Hochschulen und Bildungszentren. München: Oldenbourg (E-Learning in Wissenschaft und Praxis, 1), S. 513–528.

Fend, H. (2000): Qualität und Qualitätssicherung im Bildungswesen. Wohlfahrtsstaatliche Modelle und Marktmodelle. In: Helmke, A.; Hornstein, W.; Terhart, E. (Hg.): Qualität und Qualitätssicherung im Bildungsbereich Schule, Sozialpädagogik, Hochschule. Zeitschrift für Pädagogik, Sonderheft, Weinheim: Beltz.

Garvin, D. A. (1988): Managing quality. The strategic and competitive edge. New York: Free Press [u. a.].

Gierke, C.; Schlieszeit, J.; Windschiegl, H. (2003): Vom Trainer zum E-Trainer. Neue Chancen für den Trainer von morgen. Offenbach am Main: GABAL-Verlag

Goertz, L.; Johanning, A. (2004): Das Kunststück, alle unter einen Hut zu bringen. Zielkonflikte bei der Akzeptanz des E-Learning. In: Tergan, S.-O.; Schenkel, P. (Hg.): Was macht E-Learning erfolgreich? Grundlagen und Instrumente der Qualitätsbeurteilung. Berlin: Springer, S. 83–92.

Graf, J. (2006): Weiterbildung jenseits vom Seminar. Trendanalyse Weiterbildung. In: managerSeminare Verlags GmbH (Hg.): managerSeminare: (Heft 97), S. 48–54.

Haller, S. (2005): Dienstleistungsmanagement. Grundlagen, Konzepte, Instrumente. Wiesbaden: Gabler (Lehrbuch).

Harvey, L; Green, D.: Qualität definieren – Fünf unterschiedliche Ansätze: Zeitschrift für Pädagogik, S. 17–39.

Haworth, J. G.; Conrad, C. (1997): Emblems of quality in higher education. Developing and sustaining high-quality programs. Boston: Allyn and Bacon.

Jechle, T.; Markowski, K.; Nunnenmacher, U. (2007): Medienkompetenz: Qualifizierung von Dozenten, Trainern und Tutoren für den Einsatz von Online-Lernen. In: Personalführung. (2007), H. 2, S. 25-32.

Kamin, O. (2004): Mehrfachverwendbare elektronische Lehr-/Lernarrangements, Köln/Lohmar 2004. Köln: Eul-Verlag.

Kamin, O.; Knispel, K. (2007a): FAQ für Tutoren einer Lehrveranstaltung. Version 1.0. Unveröffentlichtes Arbeitspapier. Universität Oldenburg. Oldenburg.

Kamin, O.; Knispel, K. (2007b): Modularisierungskonzepte als Voraussetzung zur Gestaltung nachhaltiger Bildungsangebote am Beispiel der Aus-, Fort- und Weiterbildung von Ökonomielehrkräften. In: Oberweis, A.; Weinhardt, C.; Gimpel, H.; Koschmider, A.; Pancratius, V.; Schnizler, B. (Hg.): eOrganisation: Service-, Prozess-, Market-Engineering. 8. Internationale Tagung Wirtschaftsinformatik. Karlsruhe: Universitätsverlag Karlsruhe (2), S. 57-74.

Kamiske, G. F.; Brauer, J.-P. (2006): Qualitätsmanagement von A bis Z. Erläuterungen moderner Begriffe des Qualitätsmanagements. München: Hanser.

Kaplan, R. S.; Norton, D. P. (2001): Die strategiefokussierte Organisation. Führen mit der Balanced Scorecard. Stuttgart: Schäffer-Poeschel.

Kempfert, G.; Rolff, H.-G. (2005): Qualität und Evaluation. Ein Leitfaden für pädagogisches Qualitätsmanagement. 4., überarb. und erw. Aufl. Weinheim: Beltz (Neue Lehrerbildung und Schulentwicklung).

Kerres, M. (2001): Multimediale und telemediale Lernumgebungen. Konzeption und Entwicklung. 2. Aufl. München: Oldenbourg-Verlag.

Kirkpatrick, D. L.; Kirkpatrick, J. D. (2006): Evaluating training programs. The four levels. San Francisco: Berrett-Koehler [u. a.].

Klüber, K.; Löwe, C. R. (2006): Qualitätsmanagement und Zertifizierung in Bildungsorganisationen auf der Basis des internationalen Standards DIN EN

ISO 9001:2000. 2., überarb. Aufl. Augsburg: ZIEL (Grundlagen der Weiterbildung).

Knispel, K. (2004): Umsetzung der Geschäftsstrategie Blended Learning. Dresden; Hamburg; Berlin; Leipzig; Stuttgart; Essen; Düsseldorf. Veranstalter: Vortragsveranstaltung WBS Training AG.

Knispel, K. (2005): Blended Learning in SAP-Bildungsprojekten. Neue Lehr- und Lernmethoden unter Berücksichtigung des Gender Mainstreaming-Aspektes. Veranstaltung vom 24.05.2005. Leipzig. Veranstalter: Gemeinschaftsinitiative EQUAL.

Lang, K. (2006): Bildungs-Controlling. Personalentwicklung effizient planen, steuern und kontrollieren. Wien: Linde (Linde international).

Mandl, H.; Bürg, O. (2004): Akzeptanz von E-Learning in Unternehmen. Herausgegeben von Ludwig-Maximilians-Universität München. München. (Forschungsberichte, 167).

Meier, R. (2005): Praxis Weiterbildung. Personalentwicklung, Bedarfsanalyse, Seminarplanung, Seminarbetreuung, Transfersicherung, Qualitätssicherung, Bildungsmarketing, Bildungscontrolling. Offenbach: GABAL-Verlag. (GABAL Professional Training).

Meyer, H. (2004): Was ist guter Unterricht? Berlin: Cornelsen Scriptor

Michel, L. P. (Hg.) (2006): Digitales Lernen. Forschung – Praxis – Märkte; ein Reader zum E-Learning. Norderstedt: Books on Demand.

Ojstersek, N. (2007): Betreuungskonzepte beim Blended Learning. Gestaltung und Organisation tutorieller Betreuung. Münster: Waxmann.

Ollenschläger, G. (2003): Von der Qualitätskontrolle zum Total Quality Management. In: Dierks, M.-L.; Salice-Stephan, K. (Hg.): Qualitätsmanagement in Gesundheitsförderung und Prävention. Grundsätze, Methoden und Anforderungen; eine aktuelle Bestandsaufnahme. Köln: BZgA (Forschung und Praxis der Gesundheitsförderung, 15), S. 98–112.

Oser, F. (2001): Standards: Kompetenzen von Lehrpersonen. In: Oser, F./Oelkers, J. (Hg.): Die Wirksamkeit der Lehrerbildungssysteme – Von der Allrounderbildung zur Ausbildung professioneller Standards, Chur, Zürich: Rüegger, S. 215-342

PAS 1032-1 (2004): DIN Deutsches Institut für Normung e.V. (Hg.): Aus- und Weiterbildung unter besonderer Berücksichtigung von e-Learning – Teil 1: Referenzmodell für Qualitätsmanagement und Qualitätssicherung; Planung, Entwicklung, Durchführung und Evaluation von Bildungsprozessen und Bildungsangeboten. Technische Regel.

PAS 1032-2 (2004): DIN Deutsches Institut für Normung e.V. (Hg.): Aus- und Weiterbildung unter besonderer Berücksichtigung von e-Learning – Teil 2: Didaktisches Objektmodell; Modellierung und Beschreibung didaktischer Szenarien. Technische Regel.

PAS 1037 (2004): DIN Deutsches Institut für Normung e.V. (Hg.): QM STUFEN-MODELL. Anforderungen an Qualitätsmanagementsysteme von Organisationen der wirtschaftsorientierten Aus- und Weiterbildung. Technische Regel.

PAS 1068 (2006): DIN Deutsches Institut für Normung e.V. (Hg.): Aus- und Weiterbildung unter besonderer Berücksichtigung von e-Learning – Leitfaden zur Beschreibung von Bildungsangeboten. Technische Regel.

QUAZERT GmbH (Hg.) (2004): Begründung zur AZWV. Begründet von QUAZERT GmbH.

Rüegg-Stürm, J. (2005): Das neue St. Galler Management-Modell. Grundkategorien einer integrierten Managementlehre; der HSG-Ansatz. Bern: Haupt.

Salmon, G. (2000): E-moderating. The key to teaching and learning online. London: Kogan Page (Open and distance learning series).

Salmon, G. (2004): E-tivities – der Schlüssel zu aktivem Online-Lernen: Orell Füssli.

Sauter, A. M.; Sauter, W.; Bender, H. (2004): Blended learning. Effiziente Integration von E-Learning und Präsenztraining. Neuwied: Luchterhand.

Schenkel, P. (2000): Qualitätsbeurteilung multimedialer Lern- und Informationssysteme. Evaluationsmethoden auf dem Prüfstand. Nürnberg: BW Bildung und Wissenschaft. Verlag und Software (Multimediales Lernen in der Berufsbildung).

Schmitz, W.; Fogolin, A. (2003): Aktuelle Entwicklungstendenzen im Fernunterricht durch den Einsatz netzgestützter Technologien. Herausgegeben von Bundesinstitut für Berufsbildung (BIBB). Online verfügbar unter http://www.bibb.de/dokumente/pdf/a34_umfrage_fernunterricht.pdf, zuletzt geprüft am 18.07.2007.

Seufert, S.; Euler, D. (2003): Nachhaltigkeit von eLearning-Innovationen. Swiss Centre for Innovations in Learning (SCIL) University of St. Gallen: (SCIL-Arbeitsbericht, 1).

Seufert, S.; Euler, D. (2004): Nachhaltigkeit von eLearning-Innovationen. Ergebnisse einer Delphi-Studie. St. Gallen: Swiss Centre for Innovations in Learning (SCIL) University of St. Gallen (SCIL-Arbeitsbericht, 2).

Seufert, S.; Hasanbegovic, J.; Euler, D. (2007): Mehrwert für das Bildungsmanagement durch nachhaltige Lernkulturen. St. Gallen: Institut für Wirtschaftspädagogik (SCIL-Arbeitsbericht, 11).

Stracke, C.; Hildebrandt, B.; Teschler, S.; Adelsberger, H.; Pawlowski, J. (2007): Die Qualitätsinitiative E-Learning in Deutschland (Q.E.D.) für Qualität und Standards im E-Learning. Innovatives Prozessmanagement und Quality Management Support Systems. In: Lehmann, B.; Bloh, E. (Hg.): Online-Pädagogik. Baltmannsweiler: Schneider-Verl. Hohengehren (4).

Stracke, C.; Teschler, S.; Pawlowski, J. (2005): Das Referenzmodell der PAS 1032-1 für das Bildungscontrolling in der Praxis. In: Gust, M.; Weiß, R. (Hg.): Praxishandbuch Bildungscontrolling. Bildungscontrolling für exzellente Personalarbeit; Konzepte – Methoden – Instrumente – Unternehmenspraxis. Oberhaching bei München: USP International Publishing, S. 284–299.

Stufflebeam, D. L. (2001): Evaluation models. Viewpoints on educational and human services evaluation. 2nd ed. Boston Mass: Kluwer Academic Publishers (Evaluation in education and human services, 49).

Tergan, S.-O.; Schenkel, P. (Hg.) (2004): Was macht E-Learning erfolgreich? Grundlagen und Instrumente der Qualitätsbeurteilung. Berlin: Springer.

Teschler, S.; Stracke, C. (2005): Qualität und Qualitätsmanagement in der E-Learning gestützten Aus- und Weiterbildung – Anforderungen an das Qualitäts-Integrations-Tool (QIT). Ergebnisse einer Expertenbefragung. Universität Duisburg-Essen. Online verfügbar unter http://www.qed-info.de, zuletzt geprüft am 30.07.2007.

Thomson, I. (4.6.2007): Evaluation of training. Chartered Institute of Personnel and Development (cipd) (Hg.). Online verfügbar unter http://www.cipd.co.uk/subjects/training/trneval/evatrain.htm, zuletzt aktualisiert am 4.6.2007.

Weinert, F. E. (1999): Die fünf Irrtümer der Schulreformer. Welche Lehrer/innen, welchen Unterricht braucht das Land? Psychologie heute, S. 28–34.

Wirth, M. A. (2005): Qualität in eLearning. Konzepte und Methoden zur Beurteilung der Qualität eLearning-gestützter Aus- und Weiterbildungsprogramme. Paderborn: Eusl (Wirtschaftspädagogisches Forum, 29).

Wuppertaler Kreis e.V. (Hg.) (2006): Trends in der Weiterbildung. Verbandsumfrage 2006 bei den Mitgliedsinstituten des Wuppertaler Kreises. Online verfügbar unter http://www.wkr-ev.de/trends06/trends2006.pdf, zuletzt geprüft am 01.06.2007.

Zawacki-Richter, O. (2004): Online-Tutorien Broschüre II. Herausgegeben von nordmedia – Die Mediengesellschaft Niedersachsen/Bremen mbH Kompetenzzentrum eLearning Niedersachsen. Hannover. Online verfügbar unter http://www.elearning-zentrum.de, zuletzt geprüft am 09.08.2007.

Zech, R. (2006a): Lernerorientierte Qualitätstestierung in der Weiterbildung. Leitfaden für die Praxis. Stand: Modellversion 3, August 2006. Hannover: Expressum-Verlag.

Zech, R. (2006b): Handbuch Lernorientierte Qualitätstestierung in der Weiterbildung (LQW). Grundlegung – Anwendung – Wirkung. Bielefeld: W. Bertelsmann.

Staatliche Zentralstelle für Fernunterricht (ZfU) (2004): Leitfaden zur Begutachtung von Fernlehrgängen. Herausgegeben von Staatliche Zentralstelle für Fernunterricht (ZfU) und Bundesinstitut für Berufsbildung (BIBB). Online verfügbar unter http://www.zfu.de, zuletzt geprüft am 18.07.2007.

Staatliche Zentralstelle für Fernunterricht (ZfU) (2007): Ratgeber für Fernunterricht. Informationen und Empfehlungen. Alle Fernlehrinstitute. Alle Fernlehrgänge. Herausgegeben von Staatliche Zentralstelle für Fernunterricht (ZfU) und Bundesinstitut für Berufsbildung (BIBB). Online verfügbar unter http://www.zfu.de, zuletzt geprüft am 18.07.2007.

Zink, K. J. (2004): TQM als integratives Managementkonzept. Das EFQM Excellence Modell und seine Umsetzung. Mit Selbstbewertungsprozess. Berücksichtigt Reviews des EFQM-Modells von 2000 und 2002. 2., vollst. überarb. und erw. Aufl. München: Hanser.

8. INTERNETLINKS

http://www.wkr-ev.de Wuppertaler Kreis e.V. Bundesverband betriebliche Weiterbildung

http://www.deming.de EFQM-Management in Germany

http://www.efqm.org EFQM in Europa

http://www.deutsche-efqm.de Deutsches EFQM Center

http://www.bscol.com Balanced Scorecard Collaborative

http://www.artset-lqw.de Lernerorientierte Qualitätstestierung in der Weiterbildung (LQW®)

http://www.azwv.de Anerkennungs- und Zulassungsstelle Weiterbildung

http://www.degeval.de Deutsche Gesellschaft für Evaluation

http://www.iqb.hu-berlin.de Institut für Qualitätssicherung im Bildungswesen

http://www.d-elan.org Deutsches Netzwerk der E-Learning Akteure e.V.

http://www.forum-distance-learning.de Fachverband für Fernlernen und Lernmedien e. V.

http://www.qm-online-forum.de DIN-PAS 1037:2004

http://www.qed-info.de Die Qualitätsinitiative E-Learning in Deutschland

http://www.bibb.de Bundesinstitut für Berufsbildung (BIBB)

http://www.eldoc.info E-Learning Weiterbildungsdatenbank des Bundesinstituts für Berufsbildung (BIBB)

http://www.weiterbildungsblog.de aktuelle Entwicklungen in der Weiterbildung mit Schwerpunkt E-Learning von Jochen Robes

http://lernqualitaet.twoday.net European Weblog for E-Learning, Competence and more von Ulf-Daniel Ehlers

http://www.e-teaching.org Internetportal zur Unterstützung und mit vielen Hilfen zur Online-Lehre.

http://www.checkpoint-elearning.de Informationsportal und Newsletter zu E-Learning

http://beat.doebe.li/bibliothek/index.html Beats Bibliothek von Beat Döbeli Honegger

http://www.scil.ch Swiss Centre for Innovations in Learning (SCIL)

http://www.efmd.org European Foundation for Management Development

Verlage

http://www.cloodt.de Der Verlag für Qualitätsmanagement

http://www.beuth.de Über den Beuth-Verlag können DIN, PAS und ISO-Normen bezogen werden.

Qualitätspreise

http://www.deming.org/demingprize Deming Prize

http://baldrige.nist.gov Malcolm Baldrige National Quality Award, National Institute of Standards and Technology (NIST)

http://www.deutsche-efqm.de EFQM Excellence Award (EEA), Deutsches EFQM Center

http://www.ilep.de Homepage der Initiative des Ludwig-Erhard-Preises

http://www.medidaprix.org Mediendidaktischer Hochschulpreis MEDIDA-Prix

http://www.tud-guetesiegel.de E-Learning Gütesiegel der Technischen Universität Darmstadt

http://www.d-elina.de Deutscher E-Learning Innovations- und Nachwuchspreis D-ELINA

http://www.gpi-online.de Comenius-Siegel, Gesellschaft für Pädagogik und Information e.V.

http://www.eurelea.org Europäischer E-Learning Award

9. Glossar

Audit

Mit Audit wird im Rahmen eines Qualitätsmanagements ein Bewertungsverfahren zur Überprüfung von Geschäftsprozessabläufen bezeichnet, die hinsichtlich von vorab definierten Messgrößen, Standards oder Richtlinien zu bewerten sind. Audits werden von speziell geschulten Auditoren durchgeführt. Zunächst wurden Audits im Personalwesen eingeführt, heute sind sie jedoch in allen betrieblichen Funktionsbereichen anzutreffen. Bei einem Audit wird der Ist-Zustand analysiert und/oder ein Vergleich mit einer vorab intendierten Zielvorgabe mit den tatsächlich erreichten Ergebnissen ermittelt. Man unterscheidet in interne und externe Audits. Oft dienen die internen Audits der Vorbereitung einer externen Auditierung, die das Ziel einer Zertifizierung der Einrichtung hat.

Balanced Scorecard

Die Balanced Scorecard (BSC) ist ein Konzept zur Messung der Aktivitäten eines Bildungsanbieters im Hinblick auf dessen Vision und Strategien, um den Führungskräften einen umfassenden Überblick über die Performance des Geschäfts zu bieten. Die BSC beinhaltet mindestens vier Perspektiven, die neben den monetären Parametern auch „weiche" Faktoren des Humanpotenzials beinhalten, die Treiber für die Ergebnisse sind und in die Unternehmungsbewertung hinsichtlich langfristiger strategischer Interessen eingehen.

Benchmarking

Benchmarking ist ein Instrument der Wettbewerbsanalyse, bei der ein kontinuierlicher und systematischer Vergleich von Produkten, Dienstleistungen, Prozessen und Methoden der eigenen Unternehmung mit denen anderer Marktteilnehmenden (z. B. der Branchenführer) erfolgt. Über den Vergleich mit der Konkurrenz sollen Leistungslücken aufgedeckt und behoben werden, um so anschlussfähig an die Branchenbesten zu werden.

Bildungscontrolling

Bildungscontrolling dient der Planung, Bewertung, Optimierung, Durchführung, Steuerung und Kontrolle von Bildungsmaßnahmen und Bildungsprozessen in Abhängigkeit von Unternehmenszielen. Es zielt auf Erfassung, Darstellung, Effizienz und Effektivität der Bildungsprozesse ab. Bildungscontrolling bedient sich unterschiedlicher Konzepte, Methoden und Instrumente.

Bildungsdienstleistung

Eine Bildungsdienstleistung ist eine spezielle Form der Dienstleistung, die sich vor allem im Weiterbildungsbereich etabliert hat. Bildungsdienstleistungen haben den Lernenden als Kunden. Die Dienstleistung ist hierbei wissensvermittelnd und personenbezogen und gekennzeichnet durch eine notwendige Eigenleistung des Kunden. Für ihre Durchführung sind verschiedene Vorleistungen und Teilleistungen notwendig. Beispiele für Bildungsdienstleistungen sind Weiterbildungsseminare oder Online-Kurse.

Bildungsangebot

Ein Bildungsangebot entsteht durch die Kombination verschiedener Bildungsprodukte. Bei der Konzeption von Bildungsangeboten werden Bildungsprodukte (z. B. inhaltliche E-Learning Module, Prüfungen, Übungen etc.) sowie Betreuungs- und Serviceleistungen (z. B. Kommunikation, Diskussionsforum etc.) zusammengestellt. Mehrere Bildungsangebote können als Teilangebote eines übergreifenden Bildungsangebotes (z. B. Ausbildungsprogramm, Studiengang) dienen.

Bildungsgutschein

Der Bildungsgutschein ist ein Konzept zur staatlichen Kostenübernahme für Ausbildung und Weiterbildung. Der Bildungsgutschein hat die Funktion der schriftlichen Zusage der Bundesagentur für Arbeit über die Kostenübernahme einer Teilnahme an einer Weiterbildung und ist seit 2003 Teil des deutschen Bildungssystems.

Bildungsprodukt

Bildungsprodukte sind die Komponenten, aus denen Bildungsangebote bestehen. Bildungsprodukte sind z. B. E-Learning-Lernmaterialien, Studiengangsmodule, Lehrbücher, Videosequenzen, interaktive Übungen etc. Verschiedene Bildungsprodukte werden zu Bildungsangeboten zusammengestellt. Sind Bildungsprodukte modular aufgebaut, unterscheidet man bei der Kombination derselben zu Bildungsangeboten in Mussbausteine (obligatorische Komponenten) und Kannbausteine (optionale Komponenten).

Blended Learning

Blended Learning (gemischtes oder hybrides Lernen) bezeichnet die Mischung von Präsenzphasen und technologiebasierte Online-Phasen in einem Qualifizierungsprozess. Blended Learning ist demnach ein integriertes Lernkonzept, in dem mittels

Optimierung die Vorteile unterschiedlicher Lehr-/Lernmethoden für einen effektiveren und effizienteren Lernprozess kombiniert werden.

Controlling

Controlling ist als Regelkreis zu verstehen, in dem Planungen immer wieder mit der Wirklichkeit abgeglichen und so angepasst werden, dass angestrebte Ergebnisse möglichst effizient und effektiv erreicht werden können. Die dafür benötigten Informationen werden durch das Controlling bereitgestellt.

Distance learning

Distance learning (Fernunterricht) Bildungsangebote sind eine Form der Fernlehrgänge unter besonderem Einsatz der Kommunikations- und Informationstechnologien sowie von E-Learning. Distance Learning-Kurse bestehen aus Online-Phasen, die als Selbstlernphasen konzipiert sind und optionalen Präsenzphasen, die zur Vertiefung oder der Vorbereitung auf Prüfungen und Abschlussarbeiten dienen. Beim Studienmaterial kommen neben dem klassischen Lehrmaterial Lehrbrief auch Hörkassetten, Videos und CD-ROMs zum Einsatz. Viele Fernlehrinstitute bieten Lerneinheiten via Internet an und verfügen über ein für den jeweiligen Bedarf gestaltetes Online-Studienzentrum.

EFQM-Modell

Das Qualitätsmanagementkonzept des EFQM-Modells (European Foundation for Quality Management) besteht aus neun Einzelkriterien, die die Grundphilosophie des Ansatzes kennzeichnen. Es wird davon ausgegangen, dass Kundenzufriedenheit, Mitarbeiterzufriedenheit und positive Wirkungen für die Gesellschaft durch Führung bestimmt werden, die die Unternehmenspolitik und -strategie sowie das Management von Personal, Ressourcen und Prozessen lenkt, was letztlich zu herausragenden Geschäftsergebnissen führt. Die einzelnen Kriterien werden nach ihrer Bedeutung gewichtet und fließen anteilig in die Gesamtbewertung der Organisation ein. Im Unterschied zur ISO-Normierung beinhaltet das EFQM-Modell eine starke Einbeziehung von Außenperspektiven.

E-Learning

Unter E-Learning (elektronisches Lernen) werden alle Lehr- und Lernaktivitäten subsumiert, die durch Nutzung moderner Informations- und Kommunikationstechnologien (IKT) unterstützt werden.

E-tivities

E-tivities (Online-Aktivitäten) sind Arbeitsaufträge für aktives und interaktives Online-Lernen. Der Begriff wurde durch G. Salmon geprägt, die ihr 5-Stufen-Modell für Online-Lehren und Lernen mit verschiedenen E-tivities untersetzt und Beispiele dafür liefert.

Evaluation

Evaluation als Bestandteil des Qualitätsmanagements bedeutet die systematische Sammlung, Analyse und Bewertung von Informationen über ein Bildungsangebot und kann als Selbstevaluation oder Fremdevaluation erfolgen. In Evaluation steckt der Begriff „Wert", das Bewerten im Sinne der Einschätzung oder Klassifizierung eines Gegenstandes oder einer Leistung unter Rückgriff auf Methoden der empirischen Sozialforschung steht daher im Mittelpunkt. Dabei kommen insbesondere Fragebögen, Interviews, Dokumentenanalysen und Beobachtungen zum Einsatz.

Fernlehrgang

Fernlehrgänge sind Lehrgänge, in denen die Wissensvermittlung zu mehr als 50% räumlich getrennt vom Lehrenden durchgeführt wird. Viele Fachgebiete können derzeit mittels Fernlehrgänge erarbeitet werden. Sie bereiten dabei auf staatliche, öffentlich-rechtliche oder intstitutsinterne Abschlüsse vor. Fernlehrgänge vermitteln den Lernstoff durch einen Methoden- und Medienmix, zu dem speziell aufbereitete Lernhefte, der Austausch mit anderen Lernenden in einem Online-Lernraum und die persönliche Betreuung durch Online-Tutoren gehören. Anhand von Einsendeaufgaben werden die Leistungen der Lernenden bewertet und es erfolgt eine individuelle Rückmeldung durch die Online-Tutoren. Fernlehrgänge unterliegen dem staatlichen Verbraucherschutz und müssen von der Staatlichen Zentralstelle für Fernunterricht (ZFU) geprüft und zugelassen werden.

Fernunterricht

Fernunterricht (engl. Distance Learning) ist ein verbraucherschutzrechtlich eindeutig definierter Begriff: Laut Fernunterrichtsschutzgesetz von 1977 handelt es sich beim „Fernunterricht" um die „Vermittlung von Kenntnissen und Fähigkeiten, bei der der Lehrende und der Lernende ausschließlich oder überwiegend räumlich getrennt sind, und der Lehrende oder sein Beauftragter den Lernerfolg überwachen." (FernUSG § 1 Abs. 1) Fernlehrgänge können also durchaus Präsenzseminare umfassen, doch der überwiegende Teil des Lernstoffs wird laut Definition – und im Gegensatz zum Direktunterricht – räumlich getrennt vom Lehrer, also individuell und unter freier Zeiteinteilung, bearbeitet, die entsprechende Bildungseinrichtung wird auch Fernschule genannt. Die pädagogische Begleitung und Lernerfolgskontrolle grenzt den Fernunterricht wiederum vom Selbststudium ab.

Kontinuierlicher Verbesserungsprozess (KVP)

Ständige Suche nach den Ursachen von Problemen, um alle Prozesse einer Unternehmung, vom Produktdesign bis zum Transfer eines Bildungsangebotes, sowie alle Aktivitäten beständig und immer wieder zu verbessern.

Kundenorientierung

Kundenorientierung bedeutet, dass eine Bildungseinrichtung ihre Arbeit (Lehre, Personalentwicklung, Organisation, Verwaltung), ihre Produkte (Bildungsprodukte, -angebote und -dienstleistungen) und ihre Prozesse konsequent auf die Erwartungen der Kunden abstimmt und ausrichtet.

Learning Scorecard

Die Learning Scorecard (LSC) ist ein von der Balanced Scorecard abgeleitetes Steuerungs- und Monitoring-Instrument für Bildungsmanagement und Bildungscontrolling in Unternehmen.

Lehr-/Lernarrangement

Lehr-/Lernarrangement ist synonym zu Lernszenario zu verstehen.

Lernszenario

Unter Lernszenario versteht man die spezifische Konfiguration einer konkreten Lernsituation in zeitlicher, methodischer und organisatorischer Hinsicht. Lernszenarien beschreiben die zeitlichen und organisatorischen Abläufe bezüglich der Integration von Präsenzphasen und Online-Phasen, synchroner und asynchroner Kommunikationsphasen, sowie die Ausgestaltung lehrer- oder lernerorientierter Aktionsformen.

Online-Tutor

Online-Tutoren und -Tutorinnen unterstützen und begleiten Lernende bei virtuellen Lernprozessen hauptsächlich über das Internet. Abhängig vom Anbieter der Qualifizierung wird von Online-Tutoren, Tele-Tutoren, E-Trainern oder E-Coaches gesprochen.

Personalentwicklung

Personalentwicklung umfasst von der Diagnose des Qualifizierungsbedarfs über die Durchführung von Qualifizierungsmaßnahmen und arbeitsplatznaher oder -integrierter Lernformen bis hin zum Bildungscontrolling alle Maßnahmen eines Unternehmens, die sowohl der individuellen Kompetenzerweiterung als auch der betrieblichen Entwicklung dienen. Unternehmen verfolgen mit der Förderung und Weiterqualifizierung ihres Personals vor allem das Ziel, die Wettbewerbsfähigkeit zu erhalten und auszubauen. Den Beschäftigten geht es vor allem um den Erhalt ihrer „Employability" und beruflichen Aufstieg. Personalentwicklung bewegt sich also im Spannungsfeld zwischen individuellen und organisatorischen Interessen.

Qualitätscontrolling

Datenanalyse, Informationsaufbereitung, Planung und Monitoring der Maßnahmen des Qualitätsmanagements zur Messung, Bewertung und Steuerung der Veränderungsprozesse.

Qualitätsevaluation

Qualitätsevaluation als Teilbereich des Qualitätsmanagements steht für die systematische Prüfung, Bewertung und Beurteilung von Artefakten, die für die Erreichung der Qualitätsziele als relevant festgelegt worden sind.

Qualitätsmanager

Stabsstelle im Unternehmen, die die Unternehmensleitung beim Festlegen der Qualitätsstrategie berät sowie sicherstellt, dass die Qualitätsstrategie in allen Unternehmensbereichen in operationalisierte Qualitätsziele herunter gebrochen wird.

Qualitätsmanagement

Qualitätsmanagement steht für Strukturen, Aktivitäten und Verfahren, die zur Planung, Sicherung, Verbesserung und Prüfung der Qualität eines Bildungsproduktes, eines Bildungsangebotes oder einer Bildungsdienstleitung gehören. Qualitätsmanagement kann auf Teile der Organisation fokussieren, wie beispielsweise die kundenorientierte Optimierung von Prozessabläufen, die Erhöhung der betriebswirtschaftlichen Effizienz, die Verbesserung der Umweltanbindung oder die Mitarbeiterzufriedenheit, aber auch als umfassende ganzheitliche, die Philosophie des Unternehmens prägende Veränderung der Organisation verstanden werden, die in einen Prozess der kontinuierlichen Verbesserung eingebunden ist.

Qualitätssicherung

Qualitätssicherung ist der Bestandteil des Qualitätsmanagements, welcher sich mit der langfristigen Erhaltung eines erreichten Qualitätsstandards beschäftigt.

Total Quality Management

Total Quality Management (umfassendes Qualitätsmanagement) ist eine auf der Mitwirkung aller ihrer Mitglieder gestütztes Managementkonzept einer Organisation, die Qualität in den Mittelpunkt stellt und durch Zufriedenstellung der Kunden auf langfristigen Geschäftserfolg sowie auf Nutzen für die Mitglieder der Organisation und für die Gesellschaft zielt. TQM bedient sich verschiedener Qualitätssysteme zur Implementierung eines Qualitätsverbesserungsprozesses, z. B. dem EFQM-Modell oder der ISO-Norm.

10. ANLAGEN

Anlage 1

Zusatzmaterial zu Abschnitt 1.2.1 Qualitätskriterien für optimales Lehrerverhalten

Kriterien	Indikatoren
Enthusiasmus und Motivationskraft sowie hohe Sach- und Leistungsorientierung	• Die Lehrpersonen zeigen eine spürbare Begeisterung für ihren Fachbereich. • Sie orientieren sich an hohen fachlichen Standards (hohe, aber erfüllbare Anforderungen aufgrund klarer Ziele) und verfügen selber über hohe fachliche Qualifikationen. • Sie stärken die Motivation der Lernenden, indem sie (1) häufig und möglichst alle Lernenden aktivieren, (2) positive Erfolgserwartungen an die Lernenden haben, (3) den Lernenden Gelegenheiten für Lernerfolge verschaffen und Erfolgserlebnisse zu vermitteln helfen und schließlich (4) das Selbstvertrauen der Lernenden stärken.
Positive emotionale Steuerung	• Das Unterrichts-/Seminarklima ist angstfrei. • Es besteht eine hohe Fehlertoleranz (Fehler werden für Lernprozesse als bedeutsam betrachtet). • Die Lehrperson steuert den Unterricht mit positiven Mitteln, indem sie (1) ermutigt und verstärkt (Anerkennung), (2) auf Lern- und andere Probleme eingeht, (3) gezielte Unterstützung bei Lernschwierigkeiten gibt und (4) Interesse an den Lernerfolgen der Lernenden hat. • Die Lehrperson fördert positive Gefühle (Sympathie, Vergnügen) und vermeidet negative Gefühle (Angst, Neid, Ärger).
Hohe affektive Qualität der Lehrer-Schüler-Beziehung	• Die Lehrperson fördert mit ihrem Verhalten den Aufbau einer Kooperations- und Vertrauenskultur, in der respekt- und verantwortungsvoll miteinander umgegangen wird. • Die Interaktion zwischen Lehrenden und Lernenden ist seitens der Lehrperson durch folgende Merkmale charakterisiert: Reversibilität des Verhaltens, Empathie und Rücksichtnahme, Echtheit, Berechenbarkeit, Geduld, Wertschätzung und emotionale Wärme.
Techniken des unterrichtlichen Verhaltens von Lehrkräften	• Die Lehrperson nutzt die Unterrichtszeit konsequent für die Arbeit am Lerngegenstand (time on task) bei gleichzeitiger Orientierung an den Lernenden durch (1) knappe Übergänge und die Vermeidung von Unterbrechungen, (2) ein optimales (nicht maximales) Unterrichtstempo, das Zeit für ein individuelles Reflektieren und Verarbeiten lässt, (3) eine angemessene Langsamkeitstoleranz. • Fähigkeit zur Aktivierung der Lernenden mit guter Frage- und Impulstechnik sowie Gewandtheit im Scaffolding (lernunterstützende Fähigkeiten durch gute Denkgerüste). • Feedbacktechniken (Verstärkung) und die Fähigkeit zur Diagnose von Lernschwierigkeiten und individueller Hilfe. • Klare, prägnante und strukturierte Ausdrucksweise und verständliche Sprache.

Kriterien	Indikatoren
	• Fähigkeit zur Fokussierung (Zurückführung der Lerndialoge in eine Struktur, Zusammenfassungen). • Fähigkeit, bei Lernproblemen mit unterschiedlichen Unterrichtsansätzen die Erarbeitung der Lerninhalte zu wiederholen. • Fähigkeit, die Lernenden bei Motivationsschwächen und Ermüdungserscheinungen zum zielstrebigen Lernen zurückzuführen (hoher Antrieb durch eindeutige Aufgabenorientierung). • Fähigkeit, zweckmäßige Lernkontrollen (Klausuren, Tests, Prüfungen) zur Lernsteuerung und Diagnose zeitgerecht durchzuführen.
Effiziente, aufgabenorientierte und störungsvorbeugende Klassenführung	• Die Lehrperson zeigt eine aktive Kontrolle der unterrichtlichen Situation mit dem Ziel einer angemessenen Disziplin. • Sie gibt den Lernenden/Kursteilnehmern begründete Verhaltensregeln vor, die sie vorlebt und durchsetzt. • Sie verfügt über Problemlösungsstrategien, die sie bei Problemen mit einzelnen Lernenden unmittelbar einsetzt. • Sie ist wohlwollend, aber konsequent, und setzt sich durch.

Quelle: nach M. Wirth 2005, S. 109 f.

Anlage 2

Zusatzmaterial zu Abschnitt 1.2.1 Qualitätskriterien für Unterricht

Qualitätskriterien	Indikatoren für die Qualität
Didaktische Kriterien	
Bedeutsame und anspruchsvolle Lernziele	• Die Lernziele sprechen im Zeitverlauf alle Lernbereiche (kognitiv, affektiv, sozial, volutativ, psychomotorisch) an. • Die Lernziele sind unter Berücksichtigung der Lernvoraussetzungen bei den Schülern anspruchsvoll. • Die Lernziele sind für die Lernenden bedeutsam und langfristig orientiert. • Die Lernziele sind verständlich.
Aufbau von Wissensstrukturen	• Das Wissen (deklaratives Wissen) wird zusammenhängend organisiert (Aufbau von Wissensstrukturen statt Addition von zusammenhanglosem Wissen).
Anwendung von Wissen	• Wissen wird zielgerichtet angewendet, mit dem Ziel, Kompetenzen erleben zu lassen und Erfolgserlebnisse zu ermöglichen. • Zur Förderung der Generalisierungs- und Transferfähigkeiten findet ein intensives Üben zur Automatisierung von Grundfertigkeiten und zum Anwenden des Wissens in wechselnden Kontexten (Anwendungsbezügen) statt.
Systematisch geplanter und strukturierter Unterrichtsaufbau	• Der Unterrichtsaufbau ist kontinuierlich lernzielorientiert und für die Lernenden spürbar strukturiert (der „rote" Faden ist erkennbar). • Unterricht baut systematisch auf dem Vorwissen auf. • Die Lehrperson bemüht sich um die Herstellung der Zusammenhänge zwischen den vielen Wissenselementen und Strukturen. Ihr Bemühen um die Herstellung von Querverbindungen und die Unterstützung mit Orientierungshilfen ist erkennbar.
Motivationale Kriterien	
Sinngebung für das Lernen	• Den Lernenden werden die Bedeutung und der Sinn der Lerngegenstände deutlich gemacht. Es wird erklärt, warum etwas zu lernen ist.
Gehaltvolle Lernumgebungen	• Die Lernumgebungen (Einteilung von Lernprozessen, Problemen und Aufgabenstellungen) sind herausfordernd, anschaulich, wissensbasiert, relevant und sinnstiftend. • Die Lernumgebungen sind bedeutsam, d. h. es wird von realen, anspruchsvollen Lernsituationen mit vielfältigem Material (Informationen, Daten, usw.) ausgegangen und weitgehend auf die didaktische Reduktion (vom Einfachen zum Komplexen, vom Lebensnahen zum Abstrakten) verzichtet.

Qualitätskriterien	Indikatoren für die Qualität
Lehr-/Lerntheoretische Kriterien	
Förderung von anspruchsvollem (analytischem, kritischem und kreativem) Denken und Arbeiten	• Die Lehrperson regt fortwährend zu problemlösungs-, zielerreichungs- und transferorientierten Denk- und Lernprozessen auf einem angemessenen Anspruchsniveau an. • Die Lehrperson bemüht sich, in allen Lernvorhaben in integrierter Weise Arbeitstechniken, Lerntechniken und Lernstrategien sowie Denkfertigkeiten und Denkstrategien (prozedurales Wissen) sichtbar zu machen, zu erarbeiten sowie die Lernenden in der eigenständigen Anwendung dieser Techniken und Strategien zu stärken.
Ausbalancierte, situative Gestaltung der Lernprozesse	• Die Gestaltung der Lernprozesse besteht – bedingt durch das jeweils unterschiedliche Vorwissen, die verschiedenartigen Schul- und Lebenserfahrung sowie die unterschiedlichen Leistungsfähigkeiten – aus einem optimalen, situativ geprägten Mix von (1) aufnehmendem (rezeptiven) und selbsterarbeitetem (konstruktivem) Lernen, (2) fachorientiertem (systematischem) und themen- oder anwendungsorientiertem (situiertem) Lernen, (3) fremd- und selbstgesteuertem Lernen.
Ausbalancierte, aktive Steuerung des Lernens durch die Lehrkraft	• Die Steuerung der Lernprozesse besteht – bedingt durch die verschiedenartigen Lernerfahrungen und die unterschiedlichen Lernerfahrungen – aus einem optimalen, situativ geprägten Mix von (1) stark gesteuertem (direktem) Lehrerverhalten (im Anfängerunterricht und mit schwächeren Lernenden), (2) zurückhaltend gestaltender Steuerung (indirektes Lehrerverhalten) und (3) Lernberatung bei selbstregulierendem Lernen der Schülerinnen und Schüler. • Jedes Lernen bedarf einer Steuerung durch die Lehrperson. Entscheidend ist es, den optimalen Mix zwischen diesen drei Grundformen des Lehrerverhaltens zu bestimmen.
Förderung des selbstgesteuerten (selbstregulierten) Lernens	• Die Lehrperson leitet gezielt zum selbstgesteuerten Lernen an und schafft im Zeitverlauf zunehmend mehr Freiräume dazu. • Sie bietet beim selbstregulierten Lernen Lernberatung (Scaffolding, d. h. keine Lösungen, sondern Hilfestellungen zur Fortführung der selbständigen Arbeit) an, um Ineffizienzen und Misserfolge mit der Selbsttätigkeit zu vermeiden (Lernberatung).
Metakognition	• Die Lehrperson unterstützt die Lernenden bei der Reflexion über ihr eigenes Lernen. Sie hilft ihnen, ihre Lern- und Denkprozesse zu beschreiben und zu analysieren sowie ihr Lernen zu planen und zu überwachen.
Methodische Kriterien	
Ausbalancierte Methodenvielfalt	• Im Unterricht werden je nach Zielsetzungen und Voraussetzungen bei den Lernenden sowie je nach den jeweiligen Rahmenbedingungen unterschiedliche Methoden (Lehr- und Lernformen) eingesetzt. • Für den Lernerfolg entscheidend ist nicht eine bestimmte Methode, sondern die Aktivierung der Lernenden in geeigneter Form Auch ein Lehrervortrag kann in diesem Sinne durch gezielt eingebaute Fragen und Aufgaben wirksam sein, wenn es darum geht, in wenig Unterrichtszeit viel Orientierungswissen zu vermitteln.

Qualitätskriterien	Indikatoren für die Qualität
Medien und Hilfsmittel	• Der Medieneinsatz (E-Learning, Video Clips usw.) ist wirksam, wenn er unmittelbar auf die Lernziele ausgerichtet ist, synchron (keine Multimedia-Schau) erfolgt, im Umfang angemessen bleibt und die Erkenntnisse ausgewertet werden. • Eine zielgerichtete Visualisierung (vor allem während des Unterrichtsverlaufes entwickelte Darstellungen am Hellraumprojektor oder an der Wandtafel, aber keine „Folien-Orgie") erhöht die Lernwirksamkeit. • Die unterrichtliche Arbeit mit Dokumenten, Modellen, Versuchen und Simulationen usw. erhöht den Lernerfolg, sofern der Einsatz zielgerichtet erfolgt und eine Auswertung von Erkenntnissen stattfindet.
Erarbeitung und Festigung von Wissen	• Bei der Erarbeitung des Lerngegenstandes soll das Verstehen im Vordergrund stehen. • Die Lernfortschritte müssen durch Üben verfestigt werden. • Das neu Gelernte soll in die Gesamtstruktur und in die Gesamtzusammenhänge eingebaut werden.
Aufgaben	• Es sollten vielgestaltige und auf die Lernziele abgestimmte Aufgaben erteilt werden. • Hausaufgaben sollten beurteilt und besprochen werden (diagnostischer Zweck). • Hausaufgaben sollen bereits während der Lektion eingeleitet werden, damit die Lernenden verstehen, was sie zu erbringen haben und bei Schwierigkeiten erste Hilfestellungen erhalten.

Quelle: nach M. Wirth 2005, S. 105 ff.

Anlage 3

Zusatzmaterial zu Abschnitt 3.1.4 Umsetzungsbeispiel der DIN ISO 9000:2001 bei dem Bildungsträger WBS TRAINING AG am Beispiel für zertifizierte Seminare:

1	**Prozessverantwortung**	• Standortleiter, Leiter Berufliche Bildung • Leiter Produktentwicklung • Fachleitung Berufliche Bildung
2	**Zweck und Ziel**	• regelt die verbindlichen Abläufe mit der „Fachkundigen Stelle“ • regelt Abläufe für Produktentwicklung und Durchführung von Trainings im Bereich BB • verbindliche Abläufe für Produktentwicklungen, die sicherstellen, dass die Erfordernisse der Kunden und des Marktes in allen Entwicklungsschritten berücksichtigt werden • regelt die Abläufe zur Kurs-, Förderungs- und Berufsfeld-Beratung sowie die Vermittlungsunterstützung von Teilnehmern der öffentlich geförderten Beruflichen Bildung • regelt Schnittstellen zu anderen Prozessen, • Aufrechterhaltung und Verbesserung der Qualität
3	**Anwendungsbereich**	• alle Standorte • alle Mitarbeiter im Bereich Berufsbildung • Marketing und Produktentwicklung • Supportbereich e-campus • Fachleitung Berufliche Bildung
4	**Eingehende Dokumente, verfügbare Grundlagen**	• Stellenmarktanalyse und Arbeitsmarktrelevanzrecherchen bei Arbeitgebern und Arbeitgeberverbänden • Anfragen an die zentrale Produktentwicklung • FB G3.26 Liste Lehr- und Lernformen • Liste der Bildungsziele der regionalen Genehmigungsinstitutionen (Arbeitsagenturen, ARGEn, optierende Kommune, regionale Einkaufszentren der BA) • SGB III-, SGB II- und ESF-Beantragungsvorschriften, SAP-Zertifizierungswissen • Gesprächsnotizen / Besuchsberichte mit öffentlichen Förderträgern, Arbeitsmarktkonferenzen • Zertifikat FKS / Bewilligungsbescheide • Bildungsgutscheine und andere Bewilligungsbescheide • FB G3.27 Checkliste Zeitplan Maßnahme • VA G4 Trainer beschaffen und beurteilen • VA G6 Blended Learning • VA U8 Arbeitsmarktrelevanz
5	**Kunde (intern / extern) bzw. Empfänger**	• Zertifizierungsinstitutionen, Bundesagentur für Arbeit, ARGEn, ESF • Standortleiter, Leiter Berufliche Bildung • Teilnehmer an den Kursen

6	**Ergebnis-Dokumente, Aufzeichnungen**	• Interessentenprofil FB G3.1 • Qualifizierungsvertrag M G3.3 • Honorarabrechnung FB G3.4 • Erfolgsbeobachtungen FB G3.5 • Zertifikate FB G3.6 • Anmeldung zur Nachprüfung FB G3.7 • DB Konzepte PE-Anfrage • Referentenbeurteilungsbogen FB V1.3 • Referentenfeedback FB V1.4 • Buchungsbeleg FB U3.1 • Projektanträge und Ausschreibungen Praktikumsplatzliste, Jour-Fixe-Protokoll • Kursplan / Kursorganisation, Klassenbuch: Anwesenheitslisten + Bausteinbericht • Vermittlungsfragebogen FB G3.10 • Änderungsmitteilung AZWV FB G3.11 • Einreichung Maßnahmen FB G3.12 • Trainervertrag FB G3.13 • Kurzfragebogen FKS Maßnahmen FB G3.14 • Qualifizierungsordnung FB G3.15 • Hausordnung (Vorlage) FB G3.16 • Qualifizierungsordnung SZ FB G3.15 • Infos für TN M G3.19 • Trainerbriefing M G3.20 • Kurz Jour Fix FB G3.21 • Abmahnung FB G3.22 • EXCEL-Tabelle oder GEDYS zur TN-Akquise, -Beratung und -Auswahl
7	**Kriterien / Methoden zur Bewertung (Kennzahlen)**	• TN-Zufriedenheit besser befriedigend • Vermittlungsquote in den Arbeitsmarkt • Kosten-Nutzen-Analyse (Deckungsbeitrag I) • Marktrecherchen • mind 20% E-Anteile (VA G6 Blended Learning)
8	**Schnittstellen / Wechselbeziehungen zu anderen Prozessen**	• Trainer beschaffen und beurteilen VA G4 • Blended Learning VA G6 • Teilnehmer-/Trainerbefragungen VA V1 • Lenkung von Vorbeugungsmaßnahmen VA V4 • Lenkung von Fehlern VA V5 • Lenkung von Korrekturmaßnahmen VA V6 • Dauerbuchungsbelegen erstellen VA U4
9	**Prozessbeschreibung**	• Siehe Prozess-Ablaufdiagramm • Siehe Prozessbeschreibung

10	**Abkürzungen / Begriffe**	VA	Verfahrensanweisung
		FB	Formblatt
		HV	Hauptverantwortliche
	Bewertung	MV	Mitverantwortliche
	❍ Prozessschleife	I	Information
		SL	Standortleiter
		FL BB	Fachliche Leitung BB
	Vertrieb	LSB MKT	Leiter Supportbereich Marketing
	Entwicklung	PE	Produktentwicklung
	Durchführung	e-campus	Supportbereich e-campus
		LBB	Leiter Berufliche Bildung
		RBB	Referent Berufliche Bildung

Prozess-Ablaufdiagramm

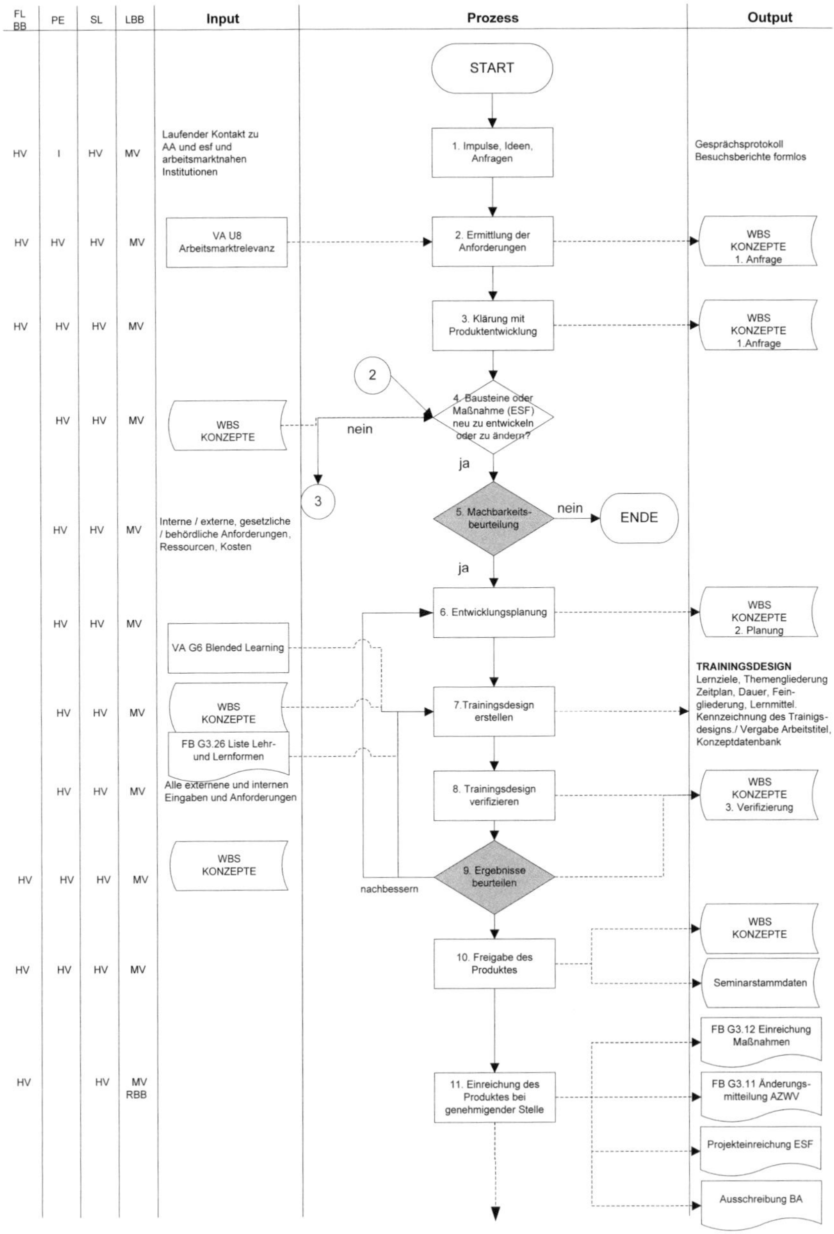

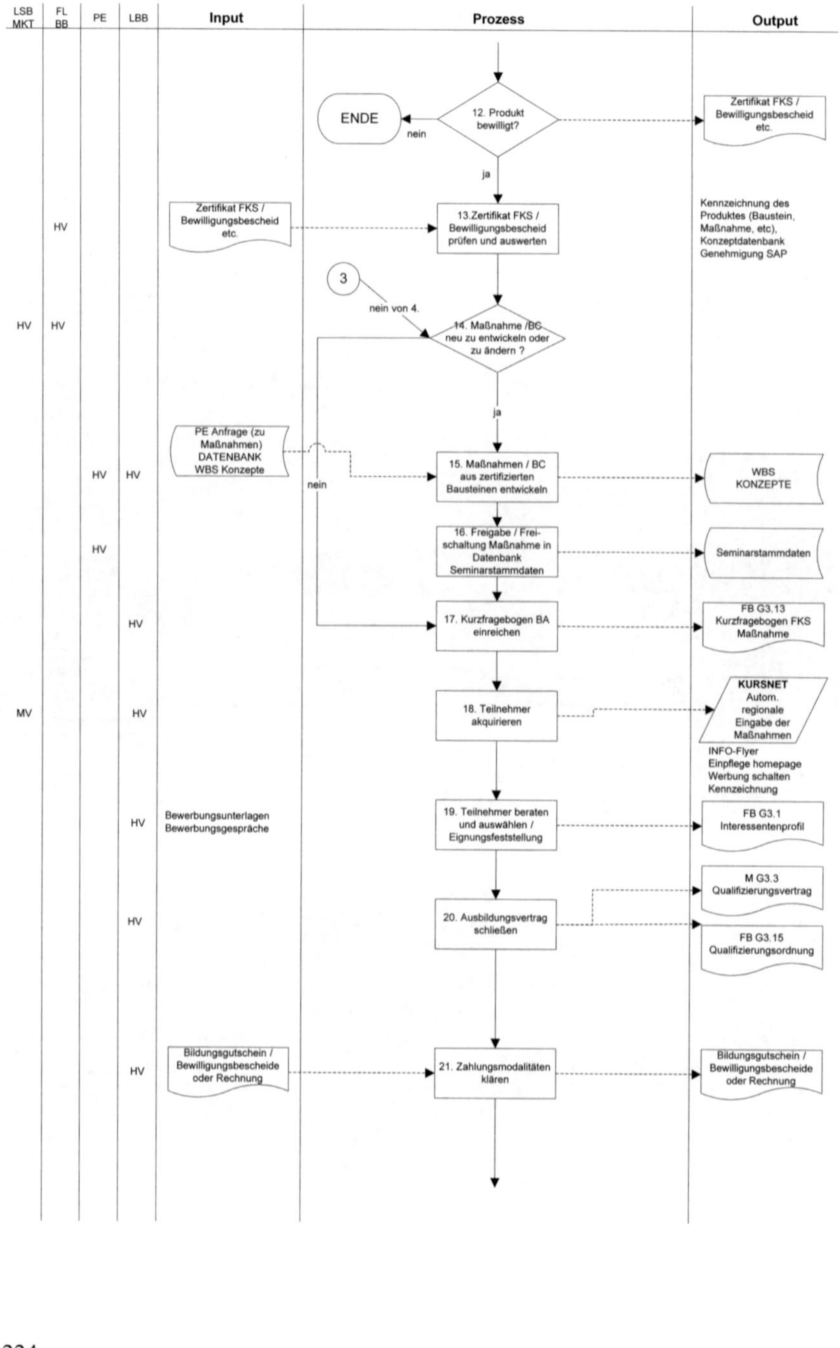
LSB MKT
FL BB
PE
LBB
Input
Prozess
Output
12. Produkt bewilligt?
nein
ENDE
Zertifikat FKS / Bewilligungsbescheid etc.
ja
HV
Zertifikat FKS / Bewilligungsbescheid etc.
13.Zertifikat FKS / Bewilligungsbescheid prüfen und auswerten
Kennzeichnung des Produktes (Baustein, Maßnahme, etc), Konzeptdatenbank Genehmigung SAP
3
nein von 4.
HV
HV
14. Maßnahme /BC neu zu entwickeln oder zu ändern ?
ja
nein
HV
HV
PE Anfrage (zu Maßnahmen) DATENBANK WBS Konzepte
15. Maßnahmen / BC aus zertifizierten Bausteinen entwickeln
WBS KONZEPTE
HV
16. Freigabe / Freischaltung Maßnahme in Datenbank Seminarstammdaten
Seminarstammdaten
HV
17. Kurzfragebogen BA einreichen
FB G3.13 Kurzfragebogen FKS Maßnahme
MV
HV
18. Teilnehmer akquirieren
KURSNET Autom. regionale Eingabe der Maßnahmen
INFO-Flyer
Einpflege homepage
Werbung schalten
Kennzeichnung
HV
Bewerbungsunterlagen
Bewerbungsgespräche
19. Teilnehmer beraten und auswählen / Eignungsfeststellung
FB G3.1 Interessentenprofil
HV
20. Ausbildungsvertrag schließen
M G3.3 Qualifizierungsvertrag
FB G3.15 Qualifizierungsordnung
HV
Bildungsgutschein / Bewilligungsbescheide oder Rechnung
21. Zahlungsmodalitäten klären
Bildungsgutschein / Bewilligungsbescheide oder Rechnung

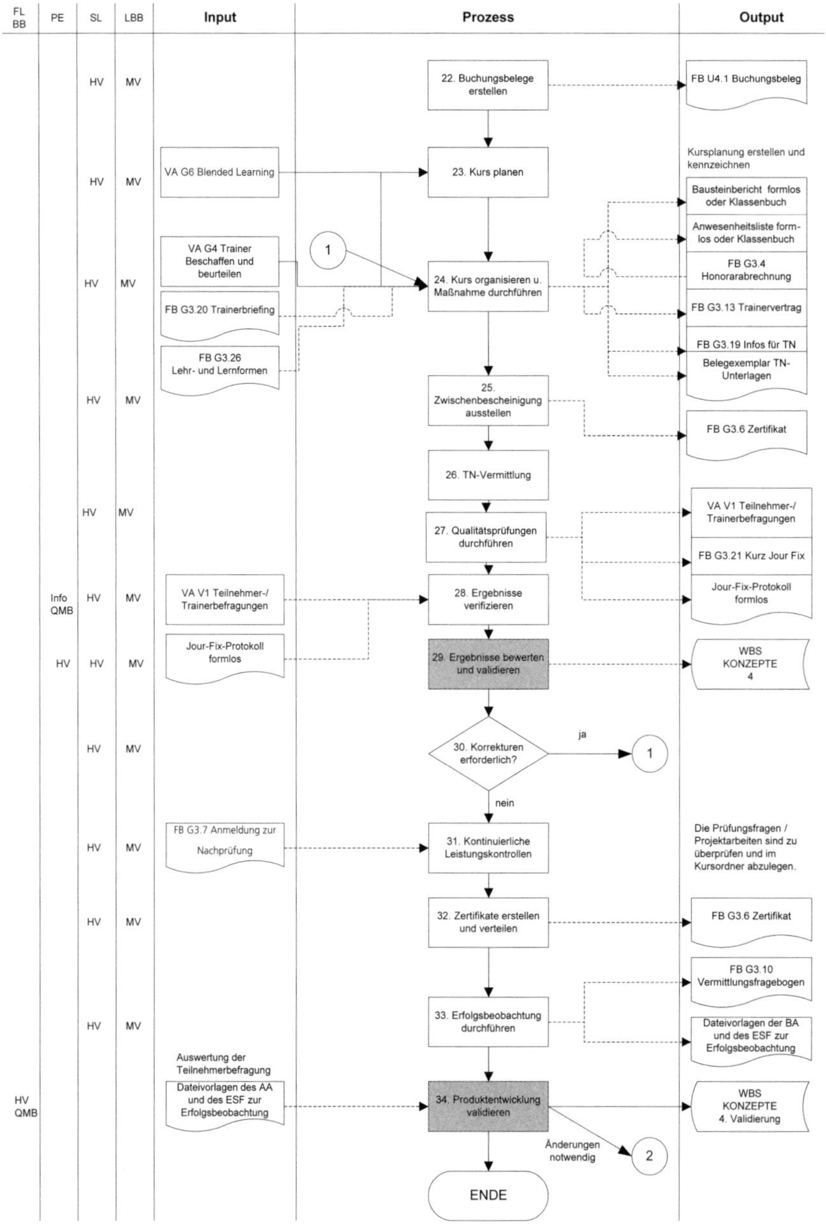
FL BB
PE
SL
LBB
Input
Prozess
Output
HV
MV
22. Buchungsbelege erstellen
FB U4.1 Buchungsbeleg
VA G6 Blended Learning
23. Kurs planen
Kursplanung erstellen und kennzeichnen
Bausteinbericht formlos oder Klassenbuch
Anwesenheitsliste formlos oder Klassenbuch
VA G4 Trainer Beschaffen und beurteilen
1
24. Kurs organisieren u. Maßnahme durchführen
FB G3.4 Honorarabrechnung
FB G3.20 Trainerbriefing
FB G3.13 Trainervertrag
FB G3.26 Lehr- und Lernformen
FB G3.19 Infos für TN
Belegexemplar TN-Unterlagen
25. Zwischenbescheinigung ausstellen
FB G3.6 Zertifikat
26. TN-Vermittlung
27. Qualitätsprüfungen durchführen
VA V1 Teilnehmer-/Trainerbefragungen
FB G3.21 Kurz Jour Fix
Info QMB
Jour-Fix-Protokoll formlos
28. Ergebnisse verifizieren
29. Ergebnisse bewerten und validieren
WBS KONZEPTE 4
30. Korrekturen erforderlich?
ja
nein
FB G3.7 Anmeldung zur Nachprüfung
31. Kontinuierliche Leistungskontrollen
Die Prüfungsfragen / Projektarbeiten sind zu überprüfen und im Kursordner abzulegen.
32. Zertifikate erstellen und verteilen
FB G3.6 Zertifikat
FB G3.10 Vermittlungsfragebogen
33. Erfolgsbeobachtung durchführen
Dateivorlagen der BA und des ESF zur Erfolgsbeobachtung
Auswertung der Teilnehmerbefragung
Dateivorlagen des AA und des ESF zur Erfolgsbeobachtung
HV QMB
34. Produktentwicklung validieren
WBS KONZEPTE 4. Validierung
Änderungen notwendig
2
ENDE

Nr.	Prozessschritt	Prozessbeschreibung
1	Impulse, Ideen, Anfragen	Die Ideen zu neuen Produkten (z.B. als Ergebnis aus Arbeitsmarktrecherche), die Ergebnisse der Gespräche mit Förderinstitutionen sowie der Katalog der Bildungsziele sind die Basis für Entwicklung und Durchführung von Kursen/Kursinhalten. Aufzeichnungen können formlos sein.
2	Ermittlung der Anforderungen	Grundlage hierzu können die Ergebnisse des Prozesses Arbeitsmarktrelevanz sein. Die Anforderungen an ein solches Produkt (Maßnahmen / Baustein) werden formuliert und in der Datenbank Konzepte PE-Anfragen 1. Anfrage aufgezeichnet. Damit erfolgt die Anfrage an die zentrale Produktentwicklung.
3	Klärung mit Produktentwicklung	Mit der zentralen Produktentwicklung wird geklärt, ob diese Kurskonzepte schon vorliegen und ob die Ideen weiter verfolgt werden sollen. Aktuell: • Produktentwicklung SAP • Produktentwicklung Vertrieb, Marketing, Personal, QM, Organisation, kaufmännisch, Büro und fachübergreifend, Journalismus, PR, Medien • Produktentwicklung Healthcare • Produktentwicklung IT • Produktentwicklung HOGA • Produktentwicklung Sprachen • Produktentwicklung Automatisierungstechnik • Produktentwicklung Migration • CAD, CNC, Alternative und erneuerbare Energien
4	Produkt neu zu entwickeln oder anzupassen	Liegen vorhandene Konzepte vor, werden diese auf Aktualität hin geprüft. Muss ein Produktkonzept (Trainingsdesign für Bausteine / Maßnahmen) neu entwickelt oder angepasst werden, beginnt hier das Trainingsdesign.
5	Machbarkeitsbeurteilung	Die Verantwortlichen prüfen unter Berücksichtigung sämtlicher Anforderungen an das Produkt und der Wirtschaftlichkeit die Machbarkeit.
6	Entwicklungsplanung	Es werden sämtliche Festlegungen getroffen und aufgezeichnet, die die Produktentwicklung betreffen: • Verantwortlichkeiten in der Entwicklung • Termine / Kurskalkulation • Preisinformationen und Dauer • Ggf. Budget für externe Berater • Ggf. einfließendes SAP Wissen **ESF:** mittels Kurzantrag ESF wird hier einer Vorabanfrage gestellt, Inhalte sind Produktidee, Stundenumfang, Zielgruppe. Alle Informationen fließen in die DB Konzepte PE-Anfragen ein. **AZWV Kennzeichnung**: dieses wird für zu entwickelnde Bausteine mit einem Arbeitstitel gekennzeichnet. **ESF und TM Kennzeichnung**: dieses wird für neue Maßnahme wie folgt gekennzeichnet: Kurzname der Maßnahme _ Standortkürzel _Version _ Erstellungs-

		datum **USAP_DD_1_150106** Die Kennzeichnung erfolgt im Dateinamen und in der Kopfzeile oder Fußzeile, damit ein Ausdruck auch gekennzeichnet ist.
7	Trainingsdesign erstellen	Erstellung des Trainingsdesigns erfolgt durch die Produktentwicklung (siehe Punkt 3) und beinhaltet: • Kompetenz- und Lernziele • Themengliederung, die die Erreichung der Lernziele sicherstellt • Zum Zeitpunkt der Einreichung ein Feincurriculum mit Angabe von detaillierten Lerninhalten • Blended Learning: im Feincurriculum des Kurses sind mind. 20% E-Anteile explizit darzustellen (siehe VA G6 Blended Learning) • Zeitplan und Dauer • Lehrausstattung und Lernmittel etc. Das FB G3.26 Lehr- und Lernformen ist Input für diesen Prozessschritt. Das Trainingsdesign in der Exceltabelle für den Import in die DB Konzepte oder direkt von der Produktentwicklung in der DB Konzepte erstellen. Der Import von Excel-Bausteinen in Arbeit erfolgt durch die Produktentwicklung. Alle das Trainingsdesign betreffenden Dokumente werden wie folgt gekennzeichnet: **AZWV Kennzeichnung**: Das Trainingsdesign der Bausteine wird mit einem Arbeitstitel gekennzeichnet. **ESF und TM Kennzeichnung**: Das Trainingsdesign für diese neuen Maßnahme wird wie folgt gekennzeichnet: Kurzname der Maßnahme _ Standortkürzel _ Version _ Erstellungsdatum **USAP_DD_1_150106** Die Kennzeichnung erfolgt im Dateinamen und in der Kopfzeile oder Fußzeile, damit ein Ausdruck auch gekennzeichnet ist. Dieses Trainingsdesign wird in die Konzeptdatenbank eingestellt.
8	Trainingsdesign verifizieren	Abweichungen zwischen den Anforderungen an das Produkt und dem Trainingsdesign feststellen und aufzeichnen in DB Konzepte PE-Anfragen 3. Verifizierung
9	Ergebnisse beurteilen	Ergebnis-Abweichungen in Bezug auf Bedeutung beurteilen und aufzeichnen. Sind die Abweichungen nicht zu tolerieren, ist ggf. die Planung oder die Erstellung des Trainingsdesigns zu wiederholen.
10	Freigabe des Produktes	Das Ergebnis der Produktentwicklung wird durch die FL BB und die Produktentwicklung in die Konzeptdatenbank und die Seminarstammdatenbank eingestellt. Die Entwicklungsergebnisse werden freigegeben zur Einreichung des Produkts bei der genehmigenden Stelle.
11	Einreichung des Produktes bei genehmigender Stelle	**AZWV: Neueinreichung von Bausteinen** Das Antragsformular FB G3.12 Einreichung Maßnahmen ist bei der fachkundigen Stelle einzureichen um die Stichprobe zu ermitteln. Nach der Bekanntgabe der Stichprobe durch die FKS werden alle weiteren erforderlichen Unterlagen nachgereicht. Verantwortlich FL BB.

		AZWV: Änderung von schon zertifizierten Bausteinen Sollten Änderungen an schon zertifizierten Bausteinen vorgenommen werden (Dauer, Inhalte, Preise, etc.), so ist eine Genehmigung von der FKS einzuholen. Dies geschieht durch Dokumentation der Änderung und Einreichung an die FKS mit dem Formblatt FB G3.11 Änderungsmitteilung AZWV. Verantwortlich FL BB. **ESF und TM:** Einreichung der detaillierten Projektanträge an die koordinierende Mittelvergabestelle. Verantwortlich SL **TM über im Ausschreibungsverfahren.** Einreichung aller erforderlichen Ausschreibungsunterlagen an das zuständige Einkaufszentrum der BA. Verantwortlich SL oder FL BB.
12	Produkt bewilligt	**AZWV:** Nach Prüfung der Stichprobe durch die FKS werden die Bausteine genehmigt **ESF:** Nach Prüfung durch die koordinierende Mittelvergabestelle gibt es einen Bewilligungsbescheid. **TM:** Nach Prüfung der Einreichungsunterlagen gibt es einen Maßnahmebogen **TM Ausschreibungsverfahren:** erfolgt durch Zusage des Losgewinnes
13	Zertifikat FKS / Bewilligungsbescheid prüfen und auswerten	**AZWV:** Zertifikat FKS prüfen/auswerten. Geprüft wird, ob der Gültigkeitsbereich und der Stundensatz mit der Einreichung übereinstimmen. In der Seminarstammdatenbank werden die Bausteine in Arbeit, die nun zertifiziert wurden, freigegeben. Zertifizierte Bausteine werden in der Datenbank, im Dateinamen unter Windows wie auch in jeder Printversion wie folgt gekennzeichnet: Fachkundige Stelle _ Verfallsdatum der Zertifizierung _ laufende Nummer auf dem Zertifikat ***DQS_271208_001*** **ESF und TM Kennzeichnung**: Alle entstehenden Dokumente werden wie folgt gekennzeichnet: Kurzname der Maßnahme _ Standortkürzel _ Erstellungsdatum **USAP_DD_1_150106** Die Kennzeichnung erfolgt im Dateinamen und in der Kopfzeile oder Fußzeile, damit ein Ausdruck auch gekennzeichnet ist.
14	Maßnahme / BC neu zu entwickeln oder zu ändern?	Es ist zu prüfen, ob eine geplante Maßnahme für diesen Standort vorliegt und aktuell ist, oder ob die Maßnahme/BC erst beantragt oder aktualisiert werden muss.
15	Maßnahmen / BC aus zertifizierten Bausteinen entwickeln	**AZWV:** Aus den nun zertifizierten Bausteinen können verschiedenste Angebote (Maßnahmen/Bildungscenter) entstehen. Dabei ist unbedingt zu beachten, dass Bausteine nicht teilbar sind. • Bausteinketten, die zu einer bestimmten externen Zertifizierung des TN führen (LPI, MCSE, SAP Anwender oder -Berater-Zertifizierung) sind oft vorgegeben. Dieses zertifizierungsrelevante Wissen liegt in der Produktentwicklung vor und muss zwingend Bestandteil einer Maßnahme sein. Andere Kombinati-

		onen von Bausteinen hin zu klassischen Maßnahmen meist mit Berufsziel-Namen können von den Standortverantwortlichen im Produktmanagement über die Datenbank Konzepte PE-Anfragen angefragt werden. Wer sein Angebot im Rahmen eines Bildungscenters platzieren, organisieren und durchführen will, bezieht sich grds. auf zertifizierte Bausteine. Die Dokumentation der Ergebnisse für die Phasen Anfrage, Planung, Verifizierung und Validierung erfolgt in der Konzeptdatenbank. Zwingend ist hier die Freigabe und Erfassung der Maßnahme in der Konzeptdatenbank durch die Produktentwicklung. Der Eintrag in der Seminarstammdatenbank wird nach Freigabe von der Produktentwicklung wie folgt gekennzeichnet: Kurzname der Maßnahme _ Standortkürzel _Version _ Erstellungsdatum **USAP_DD_X_150106**
16	Freigabe / Freischaltung Maßnahmen in der Datenbank Seminarstammdaten	Maßnahmen (AZWV,) werden von der Produktentwicklung freigeschaltet und in der Datenbank Seminarstammdaten, im Dateinamen unter Windows wie auch in jeder Printversion wie folgt gekennzeichnet: Platzhalter X für laufende Nummerierungen der Durchführungen. Kurzname der Maßnahme _ Standortkürzel _ Version _ Erstellungsdatum **USAP_DD_X_150106**
17	Kurzfragebogen BA einreichen	• Die Abrechnung der Bildungsgutscheine ist zurzeit nur möglich, wenn auf dem Bildungsgutschein eine gültige regional vergebene Maßnahmenummer der Bundesagentur eingetragen ist. • Mittels Kurzfragebogen ist es spätestens zum Zeitpunkt des ersten Bildungsgutscheines eines TN erforderlich sinnvolle zertifizierte Bausteine, entweder im Rahmen eines Bildungscenteransatzes oder Maßnahmeansatzes, der BA mitzuteilen. Der Standort erhält dann von der Arbeitsagentur für Arbeit eine Maßnahmenummer zugewiesen. Maßnahmebögen sind umgehend an die Debitorenbuchhaltung zu senden. • Eine Preisänderung (Stundensatzerhöhung) ist ab dem Tag abrechnungswirksam, ab dem das DQS-Änderungszertifikat bei der Leistungsabteilung der regionalen Arbeitsagentur vorgelegt und bearbeitet wurde. Rechtsgültig ist das Datum des „Veränderten Maßnahmebogens“. Dies ist das Datum, ab dem die Agentur für Arbeit auf den neuen Preis umgestellt hat. Alle Bildungsgutscheine mit einem Ausstellungs- bzw. Unterschriftsdatum vor diesem Datum sind mit dem alten Preis zu verrechnen. Alle Bildungsgutscheine mit einem Ausstellungs- bzw. Unterschriftsdatum nach diesem Datum, sind mit dem neuen Preis zu verrechnen. • Hier erfolgt für klassische Maßnahmen die terminliche Planung, für die das FB VG3.27 Checkliste Zeitplan herangezogen wird. Ziel dieser Checkliste ist es, den Umgang mit Feiertagen in der Zeitplanung zu regeln. Diese Checkliste findet auch Berücksich-

<table>
<tr><td></td><td></td><td>tigung, falls aufgrund unvorhergesehener Ereignisse umdisponiert werden muss.</td></tr>
<tr><td>18</td><td>Teilnehmer akquirieren</td><td>
<ul>
<li>Erstellen der Info-Flyer und Produktblätter</li>
<li>Die Texte für die Flyer werden von der Marketingabteilung nach Vorlage binnen zweier Arbeitstage redaktionell überprüft und zum Druck freigegeben.</li>
<li>Hierzu werden die Textvorlagen ab Februar 2007 von den Standorten an die E-Mail Adresse XXX übermittelt.</li>
<li>Die Marketingabteilung sieht ihre Aufgabe vor allem in der Prüfung des Schreibstils und der Sprachwahl sowie in Bezug auf die Korrektheit der allgemeinen Informationen. Die fachliche Richtigkeit der Inhalte sollte weiterhin jeweils am Standort gewährleistet werden.</li>
<li>Produktblätter sowie Einträge in websites (automatische Meldungen an KURSNET) oder anderen Anbietern mit Informationen auf der Ebene von Maßnahmen sind in der Datenbank, im Dateinamen unter Windows wie auch in jeder Printversion wie folgt gekennzeichnet:</li>
</ul>
<table>
<tr><th>Maßnahme laut DB Seminarstammdaten</th><th>laufende Durchführung, Kennzeichnung aller begleitenden Aufzeichnungen NEU</th></tr>
<tr><td>TR_HH_X_150306</td><td>TR_HH_1_150306</td></tr>
<tr><td>TR_HH_X_150306</td><td>TR_HH_2_150306</td></tr>
<tr><td>TR_HH_X_150306</td><td>TR_HH_3_150306</td></tr>
<tr><td>TR_HH_X_160806</td><td>TR_HH_4_160806</td></tr>
<tr><td>TR_HH_X_160806</td><td>TR_HH_5_160806</td></tr>
<tr><td>TR_HH_X_160806</td><td>TR_HH_6_160806</td></tr>
<tr><td>TR_HH_X_120607</td><td>TR_HH_7_120607</td></tr>
<tr><td>TR_HH_X_120607</td><td>TR_HH_8_120607</td></tr>
<tr><td>TR_HH_X_120607</td><td>TR_HH_9_120607</td></tr>
</table>
Die Nummerierung der Durchläufe einer Maßnahme an einen Standort erfolgt also unabhängig von dem Freigabedatum (Modifikation) in der Seminarstammdatenbank.
Kurzname der Maßnahme _ Standortkürzel _ Version _ Erstellungsdatum
USAP_DD_1_150106
Produktblätter sowie Einträge in websites oder anderen Anbietern mit Informationen auf der detaillierteren Ebene von zertifizierten Bausteinen sind in der Datenbank, im Dateinamen unter Windows wie auch in jeder Printversion wie folgt gekennzeichnet:
Fachkundige Stelle _ Verfallsdatum der Zertifizierung _ laufende Nummer auf dem Zertifikat
DQS_271208_001
<ul>
<li>Erste Informationsgespräche am Telefon führen</li>
<li>Zusenden der Infopost</li>
<li>Persönliche Beratungsgespräche zeiteffizient durchführen (möglichst Gruppengespräche, siehe 19. TN-Beratung)</li>
<li>Den Kundennutzen vom Kursbesuch darstellen,
Teilnehmer wichtige Entscheidungsgrundlagen bieten, Ab-</li>
</ul>
</td></tr>
</table>

<table>
<tr><td></td><td></td><td>schlusstechniken einsetzen
• Nachfassgespräche initiieren</td></tr>
<tr><td>19</td><td>Teilnehmer beraten und auswählen / Eignungsfeststellung</td><td>Teilnehmerberatung:
Die Beratung basiert auf dem Fähigkeitenprofil der Interessenten auf der einen Seite und dem Maßnahmen-/Bausteinangebot auf der anderen Seite. Die Beratung wird sich im Allgemeinen unterscheiden durch:
• Der Interessent hat Vorstellungen zu seinem Berufszielwunsch
• Der Interessent ist noch in der Orientierungsphase

Wesentliche Merkmale und Inhalte der Kundenberatung sind:
• Sichtung der persönlichen Unterlagen des Interessenten, Ist-Situation ermitteln
• Klärung des bisherigen Kompetenz-Profils und Wissensstandes, Klärung des Qualifizierungsbedarfs
• Berufsfeld- und Karriereberatung
• Arbeitsmarktchancen
• Darstellung des regionalen und ggf. bundesweiten Kursangebotes
• Modalitäten und Förderungsmöglichkeiten durch die BA, ESF, etc.

Teilnehmerauswahl / Eignungsfeststellung:
Es finden folgende Eignungstests Anwendung:
• Deutsch Einstufungstest CEF
• Englisch Einstufungstest CEF
• Eignungstest IT
• Kenntnistest Netzwerke

Alle Tests befinden sich in der Seminarstammdatenbank Ansicht Infos neu.
Die Eignung des Teilnehmers wird auf dem Formular FB G3.1 Interessentenprofil dokumentiert.
Bewerbungsunterlagen sichten, Erfolgsaussichten des TN beurteilen sowie Gruppenfähigkeit beurteilen.

Hinweis: Werden im Rahmen des Bewerbungsgespräches spezielle Fragen des Bewerbers (z.B. nach Computerausstattung oder dgl.) beantwortet, so wird dies auf dem Formular FB G3.1 Interessentenprofil dokumentiert.

Der Teilnehmer erhält ein individuelles Bildungsangebot, welches er der Arbeitsagentur vorlegen kann. Dieses Angebot enthält Aussagen zum zeitlichen Umfang der Qualifizierung, zu den verwendeten zertifizierten Bausteinen, zu den Stundensätzen und zum abschließenden Preis sowie zu den Startterminen am Standort.

Bildungsangebote sind umgehend zusammen mit dem Buchungsbeleg an die Debitorenbuchhaltung zu senden.</td></tr>
</table>

20	Qualifizierungsvertrag schließen	Qualifizierungsvertrag verwenden **AZWV: D**ie einzelnen zu besuchenden zertifizierten Bausteine sind analog der Regeln zur Kennzeichnung von Bausteinen zu kennzeichnen. Auch bei einem Maßnahmeangebot ist hier auf Bausteinebene zu kennzeichnen. **ESF UND TM:** Die Maßnahme ist analog den Regeln zur Kennzeichnung von Maßnahmen zu kennzeichnen. Abgeschlossene Qualifizierungsverträge sind umgehend an die Debitorenbuchhaltung nach Berlin zu senden.
21	Zahlungsmodalitäten klären	Bildungsgutschein ausfüllen und in Kopie behalten. Der TN gibt den ausgefüllten Bildungsgutschein an die Arbeitsagentur zurück. Bewilligungsbescheide anderer Förderträger bearbeiten oder Rechnung für Selbstzahler erstellen. Kopien der Bildungsgutscheine sowie andere Kostenübernahmeerklärungen von Förderträgern sind umgehend an die Debitorenbuchhaltung nach Berlin zu senden.
22	Buchungsbelege erstellen	• Den Excel-Buchungsbeleg teilnehmer- oder maßnahmebezogen erfassen und an die Buchhaltung mailen. • Änderungen und vorzeitige Ausstiege sind gesondert per Excel-Buchungsbeleg zu erfassen und auch zu mailen
23	Kurs planen	Erstellung eines detaillierten terminierten Kursplans mit Angaben zu den im Curriculum ersichtlichen Tagesqualifikationen, Dozenten, Projekttagen etc. NEU: Die Planung der Selbstlernelemente (CBT/WBT) regelt die VA G6 Blended Learning Hier erfolgt die terminliche Planung, für die das FB VG3.27 Checkliste Zeitplan herangezogen wird. Ziel dieser Checkliste ist es, den Umgang mit Feiertagen in der Zeitplanung zu regeln. Diese Checkliste findet auch Berücksichtigung, falls aufgrund unvorhergesehener Ereignisse umdisponiert werden muss. **AZWV: D**ie Kursplanung der Maßnahme oder des Bildungscenters ist analog der Regeln zur Kennzeichnung von Maßnahmen zu kennzeichnen Kurzname der Maßnahme _ Standortkürzel _ Version _ Erstellungsdatum **USAP_DD_1_150106** **ESF UND TM**: Die Kursplanung der Maßnahme ist analog der Regeln zur Kennzeichnung von Maßnahmen zu kennzeichnen Kurzname der Maßnahme _ Standortkürzel _ Version _ Erstellungsdatum **USAP_DD_1_150106**
24	Kurs organisieren und Maßnahme durchführen	• Pro Kurs- oder Baustein/Modulstart stellen wir Teilnehmern eine einheitliche „Teilnehmermappe“ zur Verfügung. Infos für TN M G3.19 • Darin sind enthalten auf der Infoebene: 1. Liste der Ansprechpartner/innen am Standort

		2. Parkplatzmöglichkeiten 3. Muster Vordruck Fehlzeiten/Entschuldigungen 4. Erläuterungen der BA zu Fehlzeiten 5. Standortspezifische Belehrung (z.B. Rauchersituation, Vermieterhinweise) 6. Kursplanung (Haupttageslerninhalte (Tagesqualifikationen) für jeden Tag) 7. Hinweise Telefonieren/Kopieren am Standort 8. Hinweis „Erste-Hilfe-Kasten“ und Ersthelfer • Auf der Feelingebene stellen wir bereit: 1. 1 Block mit 5 Seiten 2. 1 Kugelschreiber 3. 1 Tasche 4. 1 Süßigkeit • Bei Kursstart stellen sich die Mitarbeiter des Standorts vor. • Briefing der Trainers anhand des Trainingsdesigns / Rahmenplans, es werden die Curricula aus der Seminarstammdatenbank verwendet Dem Trainer wird das FB G3.26 Liste Lehr- und Lernformen zur Verfügung gestellt. • Es ist das Trainerbriefing (z.B. als Mailanhang als PDF M G3.20 Trainerbriefing) um folgende Punkte zu ergänzen: 0) Informationen über die Zielgruppe (Teilnehmerzahl, Zusammensetzung) 1) Der Trainer hat sich vorab zu informieren wer der Auftraggeber ist (Produkte, Standorte, siehe Homepage). 2) Kleiderordnung 3) Anfahrtsbeschreibung inkl. Parkmöglichkeiten 4) Durchführung der Anwesenheitskontrolle 5) evtl. Passwörter 6) Welche technische Ausstattung findet er/sie vor 7) Raumangabe 8) Unterrichtszeiten/Pausenzeiten (wenn nicht schon in Trainervertrag) 9) Verpflichtung Tagesablauf-Protokoll und Klassenbuchführung 10) Verpflichtung Anruf bei Vorgängertrainer in der Gruppe • Jeder Unterrichtstag wird in einem Bausteinbericht so dokumentiert, dass die erteilten Inhalte nachvollziehbar sind und mit dem Trainingsdesign/Feincurriculum abgleichbar sind. Dies dient als Unterrichtsnachweis und kann zur Koordination der Themen verschiedener Referenten eingesetzt werden. Der Kursverantwortliche legt fest, wer den Bausteinbericht führt (Teilnehmer, Referenten, Kursverantwortlicher). Hinweis: Auch an Projekttagen muss ein Bausteinbericht geführt werden. • Die den Teilnehmern ausgehändigten Unterlagen (TNU) werden auf Aktualität / aktuelles Datum überprüft und mit einem Deckblatt versehen. Dies bezieht sich auch auf die Aktualität des Release-Standes einer geschulten Software. Das Deckblatt beinhaltet das LOGO und ein aktuelles Datum.

		• Es wird jeweils eine TNU sichergestellt. (Belegexemplar für Kursdokumentation) An jedem Unterrichtstag ist eine Anwesenheitsliste zu führen. Abwesenheitsliste und Bausteinbericht sollten in Form eines Klassenbuches geführt werden. Fehlzeiten sind analog der Vorschriften der Agentur für Arbeit zu dokumentieren und monatlich mit dem TN bezogenen BA Vordruck dem zuständigen Betreuer des TN bei der BA zu melden. Fehlzeiten sind schriftlich zu begründen, hierzu gibt es Vorgaben der Agentur für Abwesenheitsgründe, die als entschuldigte Fehlzeit gelten. Krankheit muss durch eine Arbeitsunfähigkeitsbescheinigung des Arztes ab dem ersten Tag belegt werden. Der Agentur muss die Original-AU-Bescheinigungen zugesandt werden • Der **Bausteinbericht**, das **Deckblatt** der TNU, die **Abwesenheitsliste**, etc sind zu kennzeichnen: **AZWV:** Dokumente zu einzelnen zu besuchenden zertifizierten Bausteine sind analog der Regeln zur Kennzeichnung von Bausteinen zu kennzeichnen. Auch bei einem Maßnahmeangebot ist hier auf Bausteinebene zu kennzeichnen. **ESF UND TM:** Die Kursplanung der Maßnahme ist analog den Regeln zur Kennzeichnung von Maßnahmen zu kennzeichnen. • Mindestens die im Curriculum als verpflichtend gekennzeichnete Literatur ist als Referenzbibliothek bereit zu stellen. • Das Briefing der Referenten bezüglich Einsatz der CBT/WBT regelt die VA G6 Blended Learning • Das Briefing der Teilnehmer bezüglich Online-Lernen, CBT/WBT regelt die VA G6 Blended Learning • Wesentlicher Bestandteil der Kursorganisation ist die Beschaffung von Trainern/Referenten, dies geschieht nach der Verfahrensanweisung VA G4 Trainer / Referenten beschaffen und beurteilen. • Bei Buchungen von Trainern wird der Mustervertrag FB G3.13 Trainervertrag benutzt. • Bearbeitung der Honorarabrechnungen (Prüfen, Kostenstelle festlegen, Zahlungsfreigabe, Weiterleiten ans Controlling). • Über den Weg der 1. und 2. Abmahnung kann sich der Träger von Teilnehmer/innen trennen. Klagen vor dem Sozialgericht sind denkbar, jedoch prozentual eher zu vernachlässigen. Es sind die Vorlagen FB G3.22 Abmahnung zu nutzen.
25	Zwischenbescheinigung ausstellen	• Im Zusammenhang mit Bewerbungsbemühungen ist für den TN u.U. eine Zwischenbescheinigung zielführend. Dazu stellen wir bei Bedarf einmalig eine Zwischenbescheinigung mit den bisherigen Ergebnissen im FB G3.6 Zertifikat aus.
26	TN-Vermittlung	Die Maßnahmen zur Unterstützung der TN-Vermittlung starten bereits zu Beginn der Maßnahmendurchführung. Sie sind in den meisten Fällen geprägt durch „Hilfe zur Selbsthilfe". WBS fördert und coacht den Teilnehmer entlang seiner Bewerbungsaktivitäten und aktiviert den Teilnehmer zur permanenten Eigeninitiative. Wesentliche Bestandteile sind: • Bewerbungstraining (Feedback zu Bewerbungsunterlagen sowie Simulation von Bewerbungsgesprächen)

		• Einzelcoaching der TN durch Trainer oder Weiterbildungs-referent/in • Förderung der Eigeninitiative • WBS stellt Räume, Ansprechbarkeit und Technik für die Stellenrecherche zur Verfügung • Förderung des Netzwerk-Gedankens • Weiterleitung von eingehenden Stellenangeboten durch Aushang oder konkreten Mail-Verteiler an TN.
27	Qualitätsprüfungen durchführen	Jour-Fixe werden in Maßnahmen regelmäßig (mindestens alle 4 Wochen) durchgeführt. Die Durchführung wird dokumentiert. Zusätzlich hat der RBB sich wöchentlich im Kurs beim Klassensprecher / Gruppensprecher und dem Trainer im Rahmen eines Kurzblitzlichtes zu informieren, ob alles störungsfrei läuft. Auch dies wird dokumentiert, hier allerdings auf dem Formblatt FB G3.21 Kurz Jour Fix. An dieser Stelle findet der Prozess „VA V1 Teilnehmerbefragungen durchführen" bzgl. Teilnehmerbefragung, Referentenbeurteilung, Dozentenbefragung statt. VA V6 Lenkung von Korrekturmaßnahmen Wann? → wenn etwas nicht so gut lief, eine interne Beschwerde aus einem Gespräch vorliegt oder eine Eingriffsgrenze im Rahmen eines TN-Feedbacks überschritten wurde und es etwas zu korrigieren gibt. VA V5 Lenkung von Fehlern Wann? → wenn eine fehlerhafte mit externen Beschwerden behaftete Dienstleistungsrealisierung vorliegt. Wenn Selbstzahler (BB und OS) die Zahlung verweigern, im Rahmen von firmeninternen Seminaren die Auftraggeber sich beschweren oder bei denen externe Beschwerden der TN eingehen. Wenn ein TN sich direkt an den Vorstand mit einer Beschwerde wendet oder wenn er am Standort nicht weiterkommt.
28	Ergebnisse verifizieren	Es wird an dieser Stelle die Teilnehmerzufriedenheit des entwickelten Kurses analysiert und die Differenz zwischen Anforderung (Eingriffsgrenzen) und Ergebnis dokumentiert.
29	Ergebnisse bewerten und validieren	Die Maßnahme wird auf ihre Relevanz hin bewertet und abschließend unter dem Aspekt der Kundenzufriedenheit validiert.
30	Korrekturen erforderlich?	Sollten Korrekturen an dieser Stelle notwendig sein, so muss die bisherige Kursplanung überprüft werden. Ggf. sind Korrektur- oder Vorbeugungsmaßnahmen zu ergreifen.
31	Kontinuierliche Leistungskontrollen	• **Regelmäßige Leistungskontrollen**: bausteinbezogen i.d.R. nach zertifizierter Bausteinlänge – spätestens nach vier Wochen. Nachprüfungen sind möglich und vom TN mittels FB G3.7 Anmeldung zur Nachprüfung anzumelden. Nachprüfungen sollten an fest kommunizierten Terminen stattfinden. • **Ausnahme**: Bausteine „Fachübergreifend" – keine Leistungskontrollen

		• **Ganzheitliche Verfahren**: Bei längeren Maßnahmen treten themenbezogene Prüfungen (z.B. in Form von Projektarbeiten) hinzu. • **Leistungsbewertung**: nach IHK-Notenschlüssel (siehe Qualifizierungsordnung). Zur endgültigen Durchschnittsnotenberechnung wird das arithmetische Mittel herangezogen. 0 Punkte für Nichtteilnahme ohne AU. • **Ausnahme Bewertung**: bei den Kursen Fachredakteur, PR-Referent, Personalreferent etc. kann der Baustein Projektarbeit mit maximal 50% in die Endnote eingehen. • **Abschlussprüfungen (trägerintern):** • Trägerinterne Abschlussprüfungen finden aufgrund der regelmäßigen bausteinbezogenen Leistungskontrollen nicht statt. • Maßnahmebezogen werden Abschlussprojekte durchgeführt (z.B. in den Kursen Fachredakteur, PR-Referent, Personalreferent etc.). Ihre Bewertung geht mit einem Anteil von maximal 50% in die Endnote ein. • Der Trainer reicht die Prüfungsfragen beim Kursleiter ein. Der Kursleiter prüft, ob die Fragen sich auf die gelehrten Inhalte beziehen. Die Teilnehmer wurden im Vorfeld über die Prüfungsordnung informiert. Diese Aufzeichnung ist vorzunehmen und im Kursordner abzulegen. • **Abschlussprüfungen (externe Zertifizierungen):** Es erfolgt ein Monitoring der Fremdabschlüsse in Zusammenarbeit von SB PE, den Standorten und dem QM. Die Informationen werden auch dem Marketing zur Verfügung gestellt.
32	Zertifikate erstellen und verteilen	Jeder TN erhält ein Zertifikat. Das Zertifikat besteht aus 2 Seiten. Auf der 2. Seite sind die vermittelten Inhalte dargestellt. Die 2. Seite kann pro Standort angepasst werden. **AZWV:** auf der 2. Seite sind die einzelnen besuchten zertifizierten Bausteine zu kennzeichnen Fachkundige Stelle _ Verfallsdatum der Zertifizierung _ laufende Nummer auf dem Zertifikat ***DQS_271208_001***
33	Erfolgsbeobachtung durchführen	Die Erfolgsbeobachtungen werden analog den Vorgaben der Bundesagentur und des ESF durchgeführt. 6 Monate nach Ende der Bildungsmaßnahme wird telefonisch, per Mail oder per Post der Vermittlungsfragebogen FB G3.10 pro/vom TN ausgefüllt, aus dem die Wiedereingliederung in ein Arbeitsverhältnis (Vermittlung) ersichtlich wird. Da bei dem Modell des Bildungscenter alle Einstiege/Austritte sehr individuell sind, erfolgt die Erhebung stichtagsgebunden, so z.B. am 1.10. für alle Austritte im Zeitraum vom 01.01. bis 31. 03. 2007. Zum nächsten Stichtag am 01.11. werden dann die Austritte im Zeitraum vom 01.04. bis 30.04. erhoben und die bis dahin kumulierte Erfolgsbeobachtung (Erhebung I + Erhebung II) ermittelt. Die Ergebnisse werden nach den Vorgaben der Bundesagentur und des ESF erfasst und aufbereitet. Die Erfolgsbeobachtung wird in Kopie an den QMB geschickt.

34	Produktentwicklung validieren	Das Produkt BB-Kurs wird hinsichtlich der Erfüllung sämtlicher Anforderungen an dieser Stelle abschließend unter Kundenaspekten validiert. Die Ergebnisse werden aufgezeichnet. Die Teilnehmerbefragungen, Zertifizierungsquoten (bei externen Zertifizierungen) wie auch die Erfolgsbeobachtung fließen in diese Bewertung ein und dienen dazu, das entwickelte und durchgeführte Produkt einer Überprüfung zu unterziehen und weiter zu verbessern.

Quelle: VA G3 Zertifizierte Seminare. Handbuch Qualitätsmanagement WBS TRAINING AG, Stand 2007.

Anlage 4

Zusatzmaterial zu Abschnitt 4.3.1 DIN-PAS 1032-1:2004 Prozessmodell mit Prozesskategorien und einzelnen Prozesse

ID	Prozesskategorie	Beschreibung	ID	Prozess	Beschreibung
1	**Anforderungsermittlung**	Ermittlung des Bedarfs, der Ziele und der Anforderungen der Stakeholder	1.1	**Initiierung**	Initiierung eines Bildungsprojektes durch Identifikation und Beschreibung von Bildungsbedarf und Bildungsbedürfnis
			1.2	**Identifikation der Stakeholder**	Identifikation, Beschreibung und Bewertung der Stakeholder und ihrer Interessen
			1.3	**Zieldefinition**	Identifikation, Beschreibung und Bewertung der Ziele der relevanten Stakeholder
			1.4	**Bedarfsanalyse**	Spezifikation, Beschreibung und Bewertung des Bildungsbedarfs und der Ziele des Bildungsprojektes
2	**Rahmenbedingungen**	Ermittlung der Rahmenbedingungen für die Entwicklung eines Bildungsangebots	2.1	**Analyse des externen Kontextes**	Identifikation, Beschreibung und Bewertung des externen Kontextes der Bildungsprozesse
			2.2	**Analyse der personellen Ressourcen**	Identifikation und Beschreibung der Rollen, der Kompetenzen und der Verfügbarkeit von Aktoren
			2.3	**Analyse der Zielgruppe**	Definition und Beschreibung der Zielgruppe und der Lernerprofile
			2.4	**Analyse des organisationalen und institutionellen Kontextes**	Identifikation und Beschreibung des organisationalen und institutionellen Kontextes
			2.5	**Terminplanung und Budgetplanung**	Identifikation und Beschreibung der zeitlichen, finanziellen und vertraglichen Rahmenbedingungen
			2.6	**Analyse der Ausstattung**	Identifikation und Beschreibung der räumlichen und technischen Rahmenbedingungen
3	**Konzeption**	Konzeption eines Bildungsangebotes unter Berücksichtigung von Anforderungen und Rahmenbedingungen	3.1	**Lernziele**	Definition und Begründung der Lernziele und des Kompetenzmodells
			3.2	**Inhaltliche Konzeption**	Konzeption der Lerninhalte
			3.3	**Didaktik/Methodik**	Didaktisches Gesamtkonzept, Curriculum und Lernszenarien; Didaktische Modelle und Konzepte

ID	Prozesskategorie	Beschreibung	ID	Prozess	Beschreibung
			3.4	**Rollen und Aktivitäten**	Definition der relevanten Rollen und Aktivitäten im Lernszenario
			3.5	**Organisatorische Konzeption**	Konzeption der organisatorischen Rahmenbedingungen
			3.6	**Technische Konzeption**	Konzeption der technischen Umsetzung
			3.7	**Konzeption des Medien- und Interaktionsdesigns**	Definition des Medien- und des Interaktionsdesigns
			3.8	**Konzeption des Medieneinsatzes**	Auswahl der einzusetzenden Medien
			3.9	**Konzeption der Kommunikationsmöglichkeiten und -formen**	Auswahl und Beschreibung der einzusetzenden Kommunikationsformen und Interaktionsmöglichkeiten
			3.10	**Konzeption der Tests und Prüfungen**	Festlegung der Testformate und des Testverfahrens
			3.11	**Konzeption der Wartung und Pflege**	Konzeption der Pflege und Aktualisierung der Lernressourcen
4	**Produktion**	Umsetzung der Konzeptionen in Produktstrukturen und Produkte	4.1	**Inhaltliche Realisation**	Realisation der Lerninhalte
			4.2	**Designumsetzung**	Umsetzung des Medien- und Interaktionsdesigns
			4.3	**Medienrealisation**	Produktion der einzusetzenden Medien und medialen Ressourcen
			4.4	**Technische Realisation**	Umsetzung der technischen Konzeption
			4.5.	**Wartung und Pflege**	Pflege und Aktualisierung der Lernressourcen
5	**Einführung**	Überführung der Lernressource von der Entwicklungs- in die Betriebsumgebung	5.1	**Test der Lernressourcen**	Überprüfung und Validierung der Lernressourcen
			5.2	**Anpassung der Lernressourcen**	Sicherstellung der Angemessenheit und Nachvollziehbarkeit der Anpassungen hinsichtlich Funktionalität, Gestaltung und Dokumentation
			5.3	**Freigabe der Lernressourcen**	Ablauf der Bereitstellung und Freigabe von Lernressourcen

ID	Prozesskategorie	Beschreibung	ID	Prozess	Beschreibung
			5.4	**Organisation des Betriebs und der Nutzung**	Schaffung der organisatorischen Voraussetzungen anhand der Anforderungen für die Nutzung des Bildungsangebots
			5.5	**Einrichtung der technischen Infrastruktur**	Schaffung der technischen Voraussetzungen anhand der Anforderungen für die Nutzung des Bildungsangebots
6	**Durchführung**	Durchführung und Nutzung eines Bildungsangebots	6.1	**Administration**	Bereitstellung der Administration und der begleitenden Maßnahmen
			6.2	**Aktivitäten**	Lern-, Unterstützungs- und Transferaktivitäten
			6.3	**Überprüfung von Kompetenzniveaus**	Aktivitäten zur Feststellung und Bescheinigung von Kompetenzniveaus
7	**Evaluation**	Systematische Untersuchung der Verwendbarkeit bzw. Güte eines Bildungsangebotes	7.1	**Planung**	Parameter, Kriterien, Instrumente und Methoden sowie der organisatorischen Rahmenbedingungen zur Durchführung einer Evaluation
			7.2	**Durchführung**	Umsetzung des Evaluationsplans
			7.3	**Auswertung**	Auswertung der ermittelten Messdaten
			7.4	**Optimierung**	Verbesserung von Produkten und Prozessen

Quelle: DIN-PAS 1032-1:2004, S.10 ff.

11. Abbildungsverzeichnis

12. Tabellenverzeichnis

13. Stichwortverzeichnis

MEDIEN IN DER WISSENSCHAFT

Herausgegeben von der Gesellschaft für
Medien in der Wissenschaft (GMW)

■ BAND 30

Udo Hinze

Computergestütztes kooperatives Lernen

Einführung in Technik, Pädagogik und Organisation des CSCL

2004, 165 S., br., 19,90 €
ISBN 978-3-8309-1422-8

■ BAND 32

Thomas Pfeffer, Alexandra Sindler, Ada Pellert, Michael Kopp (Hrsg.)

Handbuch Organisationsentwicklung: Neue Medien in der Lehre

Dimensionen, Instrumente, Positionen

2005, 200 S., br., 19,90 €
ISBN 978-3-8309-1462-4

■ BAND 36

Alexandra Sindler, Claudia Bremer, Ullrich Dittler, Petra Hennecke, Christian Sengstag, Joachim Wedekind (Hrsg.)

Qualitätssicherung im E-Learning

2006, 212 Seiten, br., 24,90 €,
ISBN 978-3-8309-1632-1

Die Autoren widmen sich der Fragestellung, ob es einer neuen Qualitätssicherung mediengestützter Lernarrangements bedürfe – und wie diese gestaltet sein kann: Mit E-Learning und Blended Learning sind sehr hohe Qualitätsansprüche verbunden, die Erwartungen aus der Perspektive der Wirtschaft zielen insbesondere auf effiziente und effektive Lernangebote, die in weiterer Folge die Wettbewerbsfähigkeit steigern sollen. Effektivität und Effizienz sind aber auch bei Hochschulen von großem Interesse, begleitet von einem bildungsrelevanten Qualitätsbegriff.

■ BAND 37

Angela Carell

Selbststeuerung und Partizipation beim computergestützten kollaborativen Lernen

Eine Analyse im Kontext hochschulischer Lernprozesse

2006, 296 Seiten, br., 29,90 €,
ISBN 978-3-8309-1633-8

Dieser Band befasst sich mit der detaillierten Analyse der Selbststeuerung von Gruppen und des Partizipationsverhaltens beim computerunterstützten kollaborativem Lernen. Ziel ist es, Wirkzusammenhänge zwischen diesen beiden Faktoren aufzudecken und Ansatzpunkte für die Förderung selbstgesteuerten Lernens von Gruppen herauszuarbeiten. Die sich daraus ergebenden Fragen werden am Beispiel eines Online-Seminars untersucht, das abgesehen von einer Auftaktveranstaltung ausschließlich virtuell durchgeführt wurde.

Im Schatten prestigereicher, ressourcenintensiver Projekte des E-Learnings erarbeiteten sich viele Hochschulen unspektakulärere, solide und breitenwirksame Maßnahmen und Modelle des Einsatzes von Bildungstechnologien. Diesen weniger spektakulären, aber für eine Universität sehr wichtigen Ansätzen soll in diesem Band mehr Sichtbarkeit verliehen werden.

■ BAND 38

Eva Seiler Schiedt, Siglinde Kälin, Christian Sengstag (Hrsg.)

E-Learning – alltagstaugliche Innovation?

2006, 414 Seiten, br., 25,50 €,
ISBN 978-3-8309-1720-5

In this study, e-learning support strategies of three innovative American research universities are investigated. The findings from over 50 interviews are presented in form of detailed qualitative case studies. On the basis of a comparative analysis recommendations are formulated on how structural and cultural conditions for e-learning support may be derived in order to effectively reach out to the faculty. The necessity of adequate strategic management practice on different levels is illustrated.

■ BAND 39

Franziska Zellweger Moser

The Strategic Management of E-Learning Support

Findings from American Research Universities

2007, 332 pages, pb., 29,90 €,
ISBN 978-3-8309-1732-8

E-Learning in Schule, Hochschule und Betrieben ist leider vielfach hinter den Erwartungen zurückgeblieben. Darüber hinaus setzt zurzeit mit den Online-Communities ein zwar langsamer, doch weit reichender Strukturwandel ein. Wie funktionieren Gemeinschaften also, wenn es sie nur online gibt? Der Band liefert viele Beispiele für die Anwendung von Wikis, Weblogs und Social Software: in virtuellen Autoren-Kollektiven, Unternehmen und studentischen Initiativen.

■ BAND 40

Ullrich Dittler, Michael Kindt, Christine Schwarz (Hrsg.)

Online-Communities als soziale Systeme

Wikis, Weblogs und Social Software im E-Learning

2007, 224 Seiten, br., 24,90 €,
ISBN 978-3-8309-1775-5

Anhand von theoretischen Positionen, Praxisbeispielen und empirischen Ergebnissen zeigt die Autorin auf, inwiefern die tutorielle Betreuung einen wesentlichen Erfolgsfaktor für das mediengestützte Lernen darstellt und welche Typen von Lernenden sich hinsichtlich ihrer Erwartungen an die Betreuung unterscheiden lassen.
In diesem Buch werden verschiedene Maßnahmen vorgestellt, wie die Erwartungen und ihre Veränderungen im Rahmen eines Betreuungskonzeptes berücksichtigt werden können, um die Lernenden bei der erfolgreichen Absolvierung eines Blended Learning-Angebotes optimal zu unterstützen.

■ BAND 41

Nadine Ojstersek

Betreuungskonzepte beim Blended Learning

Gestaltung und Organisation tutorieller Betreuung

2007, 252 Seiten, br., 24,90 €,
ISBN 978-3-8309-1814-1

Im Buch werden gezielt aktuelle didaktische Ansätze und die Erfahrungen bisheriger Onlineseminare analysiert und Lösungsansätze für die Schwierigkeiten netzbasierter, kooperativer Onlineseminare extrahiert. Die Ergebnisse sind die Basis für die Gestaltung des Onlineseminars zur computergestützten Text- und Inhaltsanalyse, welches mehrfach interdisziplinär durchgeführt und jeweils formativ und summativ evaluiert wurde.
Die daraus gewonnenen Erkenntnisse enthalten wichtige Handlungsansätze und praktische Anweisungen für die erfolgreiche Gestaltung und nachhaltige Integration kooperativer Onlinelehre in geisteswissenschaftliche Studiengänge.

■ BAND 42

Thorsten Dresing

Entwicklung und Evaluation eines hybriden Onlineseminars zur Textanalyse

2007, 224 Seiten, br., 24,90 €,
ISBN 978-3-8309-1834-9

Hypertext, eine Schlüsseltechnologie des WWW, geht mit der Versprechung einher, Dokumente und Menschen zu vernetzen. Entpuppt sich dies nun als Mythos, als eine auf das Medium projizierte naive Heilserwartung oder stellen hypertextuelle Spezifika vielmehr zentrale Paradigmen künftiger wissenschaftlicher Tätigkeiten dar?
Die kritische und liebevolle Annäherung an Möglichkeiten und Grenzen der „Spielwiese Hypertext“ für die (Geschichts-)Wissenschaften und deren Rezipient/inn/en bietet nicht zuletzt zahlreiche Anregungen für den Einsatz von Hypertext im (hoch-)schulischen Unterricht.

■ BAND 43

Jakob Krameritsch

Geschichte(n) im Netzwerk

Hypertext und dessen Potenziale für die Produktion, Repräsentation und Rezeption der historischen Erzählung

2007, Seiten, br., 29,90 €,
ISBN 978-3-8309-1835-6

Die Beiträge stellen innovative Konzepte für mediengestütztes Lehren und Lernen vor, indem sie eLearning aus mehreren Perspektiven beleuchten: Sie entwerfen neue Lernszenarien, die auf Ideen für partizipatives Lernen beruhen, sie diskutieren deren Einbettung in die Prozesse und Prinzipien der Hochschul- und Personalentwicklung, sie erörtern die Konsequenzen für die Kompetenzenentwicklung der Lehrenden und stellen Open Educational Resources (OER) als zukünftige Strategie für Hochschulen vor.

■ BAND 44

Marianne Merkt, Rolf Schulmeister, Kerstin Mayrberger, Angela Sommer, Ivo van den Berk (Hrsg.)

Studieren neu erfinden – Hochschule neu denken

2007, 432 Seiten, br., 25,50 €,
ISBN 978-3-8309-1877-6